高校体育运动理论与训练策略

詹 歌 著

中国原子能出版社

图书在版编目（CIP）数据

高校体育运动理论与训练策略 / 詹歌著. --北京：
中国原子能出版社，2023.11
ISBN 978-7-5221-3092-7

Ⅰ. ①高…　Ⅱ. ①詹…　Ⅲ. ①体育运动–运动训练–
研究–高等学校　Ⅳ. ①G808.1

中国国家版本馆 CIP 数据核字（2023）第 215631 号

高校体育运动理论与训练策略

出版发行	中国原了能出版社（北京市海淀区阜成路 43 号　100048）
责任编辑	刘　佳
责任校对	冯莲凤
责任印制	赵　明
印　　刷	北京九州迅驰传媒文化有限公司
经　　销	全国新华书店
开　　本	787 mm × 1092 mm　1/16
印　　张	15
字　　数	260 千字
版　　次	2023 年 11 月第 1 版　2024 年 4 月第 1 次印刷
书　　号	ISBN 978-7-5221-3092-7　　**定　价**　88.00 元

前　言

作为体育教学的基础项目，体育运动训练是指学生在专业的体育教师的指导下在规范动作、技能提升、运动思维等方面进行系统性的训练以实现预期教学目标的一种施教活动。系统性体育运动的训练练习能够增强学生自身的身体素质，而且规律性的训练能够锻炼学生的思维意识，使学生在做事情的时候能够有条不紊地进行。同时还能培养学生的规则意识，为日后步入社会顺利进行工作奠定了坚实的基础。因此，高校需要明确体育运动训练对于学生发展的重要性，并且应根据时代发展的规律及高校现有体育教学的实况，不断优化课程教学，推动高校体育教学专业化的改革进程。

本书首先对体育运动训练的概念和特点、运动训练发展的概况分析、国内外运动训练学研究进展做了简要介绍；其次阐述了高校体育教学改革的思想基础，其中包括"寓德于体"教育思想、"寓智于体"教育思想、"寓美于体"教育思想及"寓乐于体"教育思想；再次分析了高校体育教学方法的设计与革新，让读者对高校体育教学方法的设计与革新有了全新的认识；然后对高校体育教学模式、运动训练的原理与方法、专项身体素质理论及训练方法进行了较大幅度的改进；最后从多维度阐述了乒乓球运动的理论与教学训练，反映了 21 世纪我国在高校体育运动理论与训练策略方面的前沿问题，力求让读者充分认识高校体育运动理论与训练的基本策略。本书兼具理论与实际应用价值，可供高校体育教学相关工作者参考和借鉴。

为了提升本书的学术性与严谨性，在撰写过程中，笔者参阅了大量的文献资料，引用了诸多专家学者的研究成果，因篇幅有限，不能一一列举，在此一并表示最诚挚的感谢。由于时间仓促，加之笔者水平有限，本书在撰写过程中难免出现不足的地方，希望各位读者不吝赐教，提出宝贵的意见，以便笔者在今后的学习中加以改进。

目 录

第一章 体育运动训练理论概述 ……………………………………… 1

  第一节 体育运动训练的概念和特点 ……………………………… 1

  第二节 运动训练发展的概况分析 ………………………………… 7

  第三节 国内外运动训练学研究 …………………………………… 11

第二章 大学体育教学的基本思想 ………………………………… 16

  第一节 "寓德于体"教育思想 …………………………………… 16

  第二节 "寓智于体"教育思想 …………………………………… 29

  第三节 "寓美于体"教育思想 …………………………………… 37

  第四节 "寓乐于体"教育思想 …………………………………… 64

第三章 高校体育教学方法的设计与革新 ………………………… 77

  第一节 体育教学方法概述 ………………………………………… 77

  第二节 传统体育教学方法及应用 ………………………………… 81

  第三节 符合现代教育理念的体育教学方法 ……………………… 92

  第四节 高校体育教学方法的创新与发展 ………………………… 95

第四章 高校体育教学模式 ………………………………………… 101

  第一节 高校体育自主教学模式 …………………………………… 101

  第二节 高校体育快乐教学模式 …………………………………… 111

  第三节 高校体育网络教学模式 …………………………………… 120

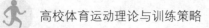
第五章　运动训练的原理与方法 ·········· 130

第一节　运动训练的理念及发展创新 ·········· 130

第二节　运动训练的基本原理及原则 ·········· 134

第三节　运动训练的方法及创新性探索 ·········· 146

第四节　运动训练负荷的科学安排 ·········· 151

第六章　专项身体素质理论及训练方法 ·········· 157

第一节　专项特征基础认知 ·········· 157

第二节　体能与专项能力 ·········· 160

第三节　专项身体素质训练方法 ·········· 170

第七章　乒乓球运动基本理论常识 ·········· 183

第一节　乒乓球技术原理的构成 ·········· 183

第二节　乒乓球各种类型打法及特点 ·········· 186

第八章　乒乓球技术教学与训练多元化 ·········· 191

第一节　乒乓球教学基本知识 ·········· 191

第二节　发球与接发球技术训练 ·········· 196

第三节　推挡技术训练 ·········· 205

第四节　攻球技术训练 ·········· 209

第五节　弧圈球技术训练 ·········· 222

参考文献 ·········· 228

第一章

体育运动训练理论概述

第一节　体育运动训练的概念和特点

　　体育是在人类的生产和生活中逐渐产生的，不同类型的体育项目根据其自身的功能和特征在实践过程中会产生不同的表现。如果要对具体的运动项目训练进行研究，就必须先要了解体育运动训练的基础知识。因此，本节将对体育运动训练的概念和特点这两方面的基础知识进行论述。

一、体育运动训练理论的概念

　　"运动训练"是一种专门组织的、有准备性的体育教育过程。其目的是全面提高运动员的竞技能力，创造优异运动成绩，争取比赛胜利，这一过程以教练员和运动员为主体，并伴有各方面人员的积极参与。因此，以教练员和运动员为主体，在各方面人员的积极参与下，为全面提高运动员的竞技能力，创造优异运动成绩，争取比赛胜利而专门组织的一种准备性的体育教育过程，就是所谓的"运动训练"理论。从一般意义上来讲，"训练"的原意为教导、练习，指为提高某种机能和掌握某种技能而进行的反复练习的过程。而在运动训练中，"训练"则指为提高竞技运动能力和运动成绩而专门进行的一种体育实践活动。体育运动训练是对人的运动能力的改造和提高过程。

（一）运动训练的广义概念和狭义概念

1. 运动训练的广义概念

从广义上看，运动训练不仅指运动场上的身体性练习活动，也指运动员选材，组织管理，运动竞赛，生活管理，心理、智力和思想教育活动，以及恢复和营养等一切与提高和保持运动成绩有关的全过程。这个过程不仅有教练员和运动员参与，还有科研人员、管理人员及后勤保障人员等与此全过程有关的各方面的人员参与。

2. 运动训练的狭义概念

从狭义上看，传统观点认为运动训练主要指与教练员有关的、运动场上的各种教练活动。现代运动训练则将与提高运动技术水平和运动成绩有关的所有过程均称为运动训练，运动训练是提高和保持运动成绩的一切因素和措施的总和。

狭义运动训练为广义的运动训练的核心。从事运动训练实践时既要考虑狭义运动训练，即影响运动成绩的直接因素，又要顾及影响运动成绩的训练以外的因素，从而对运动训练的全过程进行全方位的调控。

（二）运动训练概念所包括的三层含义

1. 运动训练是一个专门组织的教育过程

教育以培养人，并使人将来走向社会、为参加各种社会实践活动做好准备为直接目的，运动训练也是如此，但运动训练又有其自身的特殊性。就运动训练来说，其更侧重于人的运动能力的培养与提高。这便使得运动训练过程的目的任务、组织形式、内容、手段、方法等都有其自身的特点。因而在运动训练这一过程中，必须根据运动训练固有的特点对运动员进行科学训练，并为国家培养优秀的人才。

2. 运动训练应在教练员和运动员双方积极参与下实现

从人的因素看，教练员和运动员是运动训练最直接的参与和组织实施者，失去任何一方，运动训练过程将无法存在。运动训练以运动员为主体，教练员则为直接组织者、实施者和指导者。运动训练具体成效是通过运动员在比赛中的成绩来体现的,所以在训练中既要发挥运动员的主体作用,又要发挥教练员的主导作用;既要有运动员的主观努力,又需要教练员的科学指导。只有教练员和运动员协调配合,共同努力,才能够最大限度地提高运动训练效果。

3. 运动训练的主要目的

运动训练并不是一种随意性的活动,而是有非常明确的目的。运动训练以不断提高运动技术水平、创造和保持优异运动成绩、争取比赛胜利为主要目的。因而,训练中必须用各种手段和方法来充分挖掘、培养、发挥人体机能潜力,创造并保持优异运动成绩。

(三)体育运动训练与竞技体育、竞技运动的关系

运动训练对于竞技体育和竞技运动有着非常重要的作用和意义。它们之间有着非常紧密的关系,其不仅是一种从属性、层次性关系,还表现为以下四方面的内在联系。

第一,运动训练安排和要求在很大程度上都是以各个竞技运动项目的特点和竞赛规则的要求为依据的。

第二,运动训练的成果只在运动竞赛中才能最有效地表现出来,而运动竞赛的特定条件和气氛又为创造高水平运动成绩提供了平时训练中难以具备的良好应激刺激条件。

第三,只有在正式比赛中表现出来的运动成绩才能得到社会的承认。

第四,竞技体育发展使运动训练项目和内容更加多样化,使训练方法和手段更加丰富。

二、体育运动训练的特点

(一)训练专项的专一性

运动员从事训练的运动项目一般是特定的、专一的,其训练目标也是依据运动员从事的特定专项的训练任务而确定的。虽然运动员有可能在几个性质相近的项目上取得同样优异的运动成绩,但很难甚至不可能在几个性质不同的项目上取得同样优异的运动成绩,所以运动员训练的专项必须专一。

尽管我们强调运动训练的专一性的重要性，但是我们也并不排斥有利于专项竞技能力提高的其他项目的训练内容和手段，只是在选用时要认真分析它们对于提高专项竞技能力的作用，包括直接作用和间接作用、长期作用和短期作用，从而使选用的这些训练内容和手段能有效地服务于专项运动水平的提高。

（二）竞技能力结构的整体性与各子能力之间的互补性

尽管不同项目运动员竞技能力的构成各有自己的特点与侧重。但不论是哪一个项目，运动员的竞技能力都是由体能、技能、战术能力、心理能力及运动智能构成的。各项目运动员的主导竞技能力及次要的竞技能力，各以适当的发展水平、相应的结构协调地组合在一起，构成了运动员表现于专项竞技之中的综合竞技能力。同时，各子能力之间相互促进、相互制约。子能力还可在一定程度内对发展滞后的劣势子能力产生补偿作用。

（三）训练方法的多样性以及训练过程的系统性

运动训练方法多种多样，每种方法对于人体的作用都较为特殊。在运动训练的不同阶段、不同时期，训练要解决的具体任务并不相同，训练手段内容的多样性便是由这种具体任务的多样性所决定的。运动训练的基本手段就是身体练习，因此，进行各种身体练习就成了提高运动能力的必要手段。在具体的训练实践中，既要根据不同任务选择运用最有效的手段和方法以提高训练的效果，又要采用多种手段、方法达到同一目的，从而提高运动员的兴趣，使他们主动、自觉、积极地进行训练。

一个完整的训练过程必须确立明确的训练目标，使训练工作具有鲜明的目的性。不管是多年训练，还是年训练，或者周训练、课训练，如果没有明确的目标，那么训练工作就是盲目的、没有方向的。

所谓训练过程的系统性，就是所有的训练工作都是有一定顺序的。它们之间是不断层层推进的过程。完整的训练过程必须分阶段进行，不可能一气呵成，每个阶段的训练任务、内容、方法、手段及负荷，都各有自己的特点，这些特点使它们明显地区别于其他阶段而得以独立存在。尽管这些阶段有不同划分，但这种划分必须符合运动训练过程本身发展的规律，只有这样才能取得良好的效果。

（四）不同训练负荷影响下机体的适应性及劣变性

人类对于环境有着很强的适应能力。外部加于人体的负荷能引起人体功能的改变，使之更好地承受外加的负荷，这就是机体对训练负荷的生物适应现象。在负荷保持在一定范围的条件下，机体的应激及随之产生的一系列变化，也都会保持在一个适度的范围内。这时，负荷的量度越大，对机体的刺激就越深，所引起的应激也就越强烈，机体产生的相应变化也就越明显，人体竞技能力提高得也就越快。负荷的适度增加能够导致运动竞技水平的显著提高。但当负荷超出了运动员的最大承受能力时，运动员的机体便会产生劣变现象。这种劣变现象会对运动员竞技能力的提高产生消极的作用，甚至会迫使一名优秀运动员过早地结束运动寿命。

（五）训练调控的必要性

运动训练目标的实现离不开科学的调控。正确制订和实施运动训练计划是对运动训练全过程实施科学调控的最重要、最基本的环节。在运动训练与竞技比赛过程中，由于受到各种因素的影响而使训练和比赛产生了意想不到的变化时，就需要对计划与安排进行适当的调节，实施必要的变更。如果内外条件产生巨大变化，原定目标、计划已不可能实现时，则需要调整训练目标及各相应环节训练工作的要求。

（六）训练的科学性

竞技体育与运动训练有着广泛的多学科联系。决策科学、人文社会科学、医学、力学、化学、数学与计算机科学的广泛知识都对运动训练有着巨大的影响，各种不同的科学学科、科技理论、科技思想、科技方法与仪器器材都能在竞技体育领域发挥各自的影响和作用。运动训练活动的直接任务，即运动员各种竞技能力（包括身体能力、技术能力、战术能力、心理能力和运动智能）的提高，都在很大程度上需要借力于现代科技的帮助与支持。

在运动训练全过程的每一个环节，即运动员状态诊断、训练目标的建立、训练计划的制订、训练活动的组织实施、训练效果的检查评定、训练状况的反馈调控，直至训练目标的最终实现中，无一不广泛地应用着现代科技的成果。其不但是运动训练的重要影响因素——运动负荷的组织实施与监控，而且对于负荷后的恢复过程、训练课上的各种训练方法和训练手段及训练课外的多种合法的强力手段，运动训练的过程自身，以及竞技体育活动的其他重要环节，即运动员选材、运动竞赛和竞技体育管理都有巨大影响，其有力地支持和引导着竞技体育向前更快地发展。

（七）参与训练的个体性与训练安排的针对性

一般来说，运动员进行的运动训练都是以个体为单位参与的，以此为基础，然后才形成群体间的协调配合。所以运动员个体的机能和运动状态十分重要。在运动训练中，并不是某一个因素决定了运动技术水平的提高和优异运动成绩的取得，运动成绩是多种因素综合作用的结果。这些因素包括运动员个体的形态、机能、运动素质，还有技战术掌握程度和心理发展水平等。运动员个体间在这些方面有很大差异。所以在运动训练中要利用、发挥每一名运动员的优势，弥补不足，必须从每一名运动员的实际状况出发，用各种有效的手段和方法有针对性地进行科学训练。如此才能使训练刺激更有成效地作用于运动员，使运动员的各种能力得到提高。运动训练过程要重视区别对待，反映在训练目的任务的确定、内容手段的选择、方法的应用及负荷大小的安排等方面。只有进行针对性强的训练刺激，才能最大限度地挖掘和发挥运动员的潜力，提高运动员训练水平。但要注意的是，针对性并不是否认群体训练中特定的训练过程和时间，以及练习形式、内容、方法安排上的一致性。

（八）训练负荷的适应性

运动员在运动训练中必然要受到生物的、心理的、社会的等各方面因素的影响，特别是生物方面的影响，因此要求运动员必须具有较强的适应性。实践表明，外界加于人体的负荷，能引起人体功能的改变，使之更好地承受外加的负荷，这就是机体对运动训练负荷的生物适应现象。在负荷保持在一定范围的条件下，机体的应激及随之产生的一系列变化，也都保持在一个适度的范围内。如果负荷量增大，对机体的刺激就会越深，所引起的应激也就会越强烈，机体产生的相应变化也就越明显，人体竞技能力的提高也就更快。但是，当负荷超出了运动员的最大承受能力时，运动员的机体便会产生劣变现象，对运动员竞技能力的提高相反地会产生消极影响，使运动员过度疲劳，甚至会迫使一名优秀运动员过早地结束运动寿命。

第二节　运动训练发展的概况分析

一、中国高校运动训练的发展情况分析

（一）运动训练发展的现状分析

1. 运动训练思路的合理性较为欠缺

训练思路是训练工作的指导思想，是对训练规律的认识。运动训练思路方面存在的核心问题在于"对运动成绩本质的理解和对训练工作的设计及对训练过程的控制"。训练思路的正确与否，会对训练工作产生重大的影响。

当前，在运动训练界，并没有所谓的唯一的训练理论，但是，传统训练理论的"思维范式"已经深深地扎根在教练员与训练员的脑海中，并且被他们贯彻在日常的运动训练中，这就导致许多先进的训练理论无法得到推广与应用。因此，教练员和相关学者必须加大对运动训练的研究力度，借鉴国外的经验，取其精华，去其糟粕。只有这样才能重新建立更加全面、完善、系统的训练思路，才能对运动训练的不断进步产生积极的促进作用。

2. 运动训练的理论指导较为缺乏

理论能够在一定程度上指导实践的进行，教练员用反映运动训练规律的有关理论来对学生的头脑进行积极的指导，能使学生自觉地遵从训练的基本规律进行训练，这不仅有助于运动员掌握技能、提高技战术水平，还有助于运动实践能力的提高。在当前的运动训练中，这方面却存在着一定的问题，即一方面强调对运动训练理论的研究，另一方面理论研究成果却被置之一边，没有被真正应用到运动实践中去。

3. 运动训练人才培养的完善程度不够

相较于竞技强国来说，我国运动训练人才相对缺乏，人才培养不完善是一个不争的事实，也是我国现代运动训练存在的一个突出问题。

就我国体育运动发展现状来说,运动人才的培养主要依靠的是高等体育院校及综合大学的体育专业。而针对运动训练方向的专门人才培养来说,健全的培训计划相对缺乏,运动训练人才培养体系不完善,具体主要从以下三个方面进行说明:第一,运动训练的后备人才、教练员和相应教材较为缺乏;第二,理论体系和实践操作环节较为缺乏,且教法千篇一律;第三,运动训练研究的实验室或运动训练中心较为缺乏。这几个方面致使我国未来运动训练缺乏必要的专业人才队伍,对我国运动训练的可持续发展产生了严重的制约作用。

(二)我国高校运动训练专业课程现状

随着国家对于体育教育的重视以及素质教育、终身教育等教育观念的提出,高校的运动训练教学也悄然发生着变化,最主要的变化就集中在训练课程的变化上,高校在运动训练课程上的改革正在逐步深入。

1. 运动训练专业课程的研制指导思想发生了转变

我国高校运动训练专业课程经过多年的研制发展,正在逐渐发生着一些变化。从其演进轨迹可看出,我国高校体育训练课程研制以满足社会和经济发展需要为宗旨,十分重视课程的"社会本位"功能。高校全面素质教育观强调教学要注重发挥学生的主体性,所以高校运动训练专业的课程研制也逐渐向人本位方向转变。主要表现在以下两个方面。

(1)逐渐重视对人文社会科学知识的选择和传授

长期以来,中国传统的体育训练最重视的是运动训练水平的提升及学生对运动技术的掌握,对于学生个体的思想品德、情感、自我实现方面的要求比较低,甚至有的高校根本就没有将这些培养内容纳入体育运动训练的体系。其实,人文社会科学知识在运动训练中的作用非常明显,高校也逐渐认识到了这一点,现今高校运动训练专业课程研制也逐渐重视起人文社会科学知识的选择和传授。

(2)必修的术科课程向多样化的选修课程转变

术科课程在很长一段时间内是高校运动训练专业课程结构的核心,是必修课程。这种课程设置有不少的弊端。前些年,许多新的教学计划逐渐开始将原必修的术科课程向多样化的选修课程转化,这样更适应于全面素质教育。

2. 高校运动训练存在的主要问题

（1）高校运动训练的训练实习基地数量不多，建设也不完善

高校学生不仅要学习运动训练的基础理论知识，最重要的是他们还要提升自己的训练水平，而训练水平的提升需要高校为学生提供足够的训练实习基地。但是，现实情况是，我国有一部分学校明显存在着实习基地不足的现象。因此，补足一些学校的训练基地，完善不同层次的实习基地的设施是目前高校学生实习需要着重解决的问题之一。

（2）我国高校运动训练专业实习的评价不够科学规范

一般实习学生最终实习成绩评定的主要过程是实习指导老师写评语打分，学校指导老师依实际考核来进行评价，回学校后再依照学生的自我评价和实习报告内容进行综合评价，从而确定最终的实习成绩。高校指导老师对集中实习的学生评价较为具体客观，但实习基地的指导老师对学生的评价就比较模糊。主观评价很强，因而并不能反映实习学生真实的实习成绩。如此，我国高校运动训练专业实习的评价显然不够科学规范，不利于运动训练专业实习的开展。

二、运动训练发展的趋势分析

通过对运动训练发展现状进行分析，能够对其发展的趋势进行一定的总结和预测。具体来说，当前运动训练发展的趋势主要表现在以下几个方面。

（一）科学化程度越来越高

随着现代科技的不断发展，现代体育科技也得到了丰富，其对体育运动实践发挥着越来越重要的作用。

充分利用各种科学技术能在训练实践中对运动员的训练产生积极的指导和促进作用。如利用生理、生化指标控制运动量和运动强度、利用先进测试仪器评价运动员在训练中的机能状况和身体素质水平、利用高速三维摄影仪分析运动员的技术动作等，这都在不同程度上对运动员运动技术水平的提高起着积极的促进作用。由此可以看出，训练的科学化程度越来越高是现代运动训练的一个重要发展趋势。

（二）专项化程度越来越高

现代竞技运动的不断发展对运动训练科学化程度的不断加深起着积极的促进作用，运动训练呈现出专项化程度越来越高的趋势。由于不同的运动项目对运动员的运动专项体能素质要求不同，传统的枯燥、简单的田径场训练和杠铃练习正在不断减少。现阶段，多样的高度专项化训练方法不断出现，这也是运动训练未来的重要发展趋势之一，对此要引起重视。

（三）周期化趋势明显

运动训练周期化趋势越来越显著，主要表现在以下两个方面。

第一，现代运动训练的训练周期概念被更新，并且开始重视全年训练的多周期理论。现阶段，传统的全年双周期训练模式被打破，准备期运动训练减少，专项训练成分增加；训练负荷不断增大，并且突出了专项强度。

第二，由于比赛数量的大幅增加，越来越多的运动员和教练员开始重视以赛带练，以此来促进运动员竞技水平的不断提高。

（四）训练方法逐渐趋于多样化

我国运动员和教练员在运动训练方面积累了丰富的经验。因此，他们总结了多种多样的训练方法来指导运动训练，这也是运动训练方法日益多样化发展的原因所在。现代体育发展和运动员体能的提高以"速度"和"力量"为核心，对实效性、运动员的特长发挥的重视程度也越来越高，同时使传统科学运动训练方法得到了保存。同时电刺激法、计算机训练法等新的训练方法因高科技手段的引进在运动训练中得到了应用，新的训练方法与传统的训练方法相结合，使得运动训练更加科学、有效，正因如此，才促使运动员能不断突破极限，创造更优异的运动成绩。

（五）对以赛带练的重视程度逐渐提高

利用竞赛的杠杆作用以赛促练是运动训练中提高运动员竞技水平的重要发展趋势，因此要对此引起高度的重视。随着现代体育赛事的不断增多，运动员必须始终保持较高的竞技水平以参加各种不同的比赛。因此，现代运动训练中重视以赛代练的发展趋势越来越显著。

第三节　国内外运动训练学研究

随着竞技体育的训练实践、赛事组织等组成部分的发展与变革，运动训练经历了诸多在训练理论和方法层面的冲击和挑战。在此过程中也不免产生了新观念、新理论、新方法。通过比较国内外运动训练学的发展现状，旨在揭示我国在运动训练理论、运动训练研究方法、运动训练方法手段等方面与国外的异同，并对未来我国运动训练学发展方向进行趋势分析。

一、运动训练学的研究内容

按涵盖运动项目的多少可将运动训练学理论的研究内容划分为一般训练理论、项群训练理论和专项训练理论三个层次。其中一般训练理论研究适用于所有运动项目的规律性问题，项群训练理论研究适用于不同项群的规律性问题，专项训练理论适用于研究不同专项的规律性问题。从这一认识上看，运动训练学理论研究的是所有与运动训练有关的规律与行为，超出了一般训练理论的范畴。

训练理论研究的具体内容包括运动训练学的含义、目的、任务、特点、原则、方法、运动能力（竞技能力）、运动训练计划制订与过程控制、运动员选材、教练员、运动竞赛和训练管理等。

二、国内外运动训练学研究进展

（一）国外运动训练学研究进展

1. 运动训练理论体系不断完善

马丁将成绩系统的影响因素分为训练技术和内容及运动员个性两大类。这一模式的中心是运动员的个性。它分为动机、经验、遗传和发育程度等因素，这些因素都影响着训练效果。运动员的个性把成绩状态的影响因素主体化，并且把这些因素连接成整体行为。成绩状态的所有影响因素最终只能通过运动员的个性发挥整体作用并转化为个人运动成绩。训练技术和内容方面的影响对训练过程和训练目标的确立起着决定性作用。无论身体素质能力、协调能力、运动技术水平，还是战术行为能力和认知能力，最终都取决于成绩动机、成绩准备、态度和意志等心理素质。因此，心理过程是影响成绩状态的关键因素。

2. 更加关注对运动训练过程的各个环节的研究

运动训练活动是由准备活动、基本部分与恢复（结束）部分构成的。长期以来人们更多关注的是基本部分和恢复（结束）部分的研究。近年来人们开始更加深入地对训练与比赛活动的开始部分，即准备活动进行研究。准备活动安排水平的高低直接影响着运动员运动训练与比赛的状态。随着人们对运动训练、比赛以及人体机能认识水平的提高，人们对准备活动的研究也越来越深入。

近期的研究认为，在准备活动中，大强度、长时间的静力拉伸练习可能会影响到运动员的力量、爆发力、垂直起跳高度、短距离跑的速度及平衡和运动员完成动作的时间。在爆发性项目中，肌肉温度应该有所升高，但对于运动时间为 2～3 分钟的比赛，比赛开始前温度升高过多会导致运动员成绩的下降体温显著升高时，特别是大脑等中枢神经系统的温度升高会导致中枢神经系统疲劳。

3. "训练周期"理论的发展

随着职业竞技体育的发展，国外越来越多的学者认为马特维耶夫训练周期理论中固有的内容已不能满足现代赛制的发展和指导高水平运动训练的需要。20世纪 90 年代初，康复训练的理念、方法、手段逐步进入高水平运动员常规训练领域。一些欧美学者开始认识到干肌的重要作用，将这个以往主要用于健身和康复力量训练的方法扩展到了竞技体育领域中。

（二）国内运动训练学研究进展

1. 运动训练学概念的释义

运动训练学的界定是与竞技体育、运动训练实践紧密联系在一起的。国内的一些译著中阐述了国外学者对运动训练学下的定义。另外，国内的一些学者在前人研究的基础上对训练学的概念做出了阐述。

（1）指出运动训练学是在研究和总结运动训练实践的基础上，运用其他有关学科的基本原理，阐明运动训练过程普遍规律的一门新兴交叉学科。

（2）从研究对象出发，指出运动训练学是一门建立在专项实践、专项理论和现代体育科学技术发展的基础上，系统地概括了训练的目的、任务、训练原则、训练内容、训练方法和训练过程的结构、措施、计划和安排，以及对教练员与运动员的要求等训练过程一般规律的一门新兴的、综合性的体育科学交叉学科。

（3）运动训练学是一门根据各个项目的共性，从宏观的层面对训练过程进行指导、监测和控制的体育应用学科。国内外学者对运动训练学所下的定义不尽相同，但大都认为运动训练学是研究运动训练过程一般（普遍）规律的一门学科。

2. 对运动训练科学化、系统化的认识与理解

（1）项群训练理论的研究

中国的运动训练学从20世纪50年代初的专项训练理论研究，到20世纪80年代初一般训练理论研究，实现了从个别到一般的跨越。这也是自运动训练学建立以来，德国、俄罗斯等国家一直延承着的一般训练学和专项训练学两个层次的理论研究体系。但是这个一般的理论并不能解释超出专项范围的所有理论与实践问题。随着运动训练实践的发展，这一体系的缺陷与不足日益明显，中国学者敏锐地意识到了这一点。

中国学者于1983年提出了建立"分类训练学"的构想，并指出众多国外学者（如马特维耶夫）的竞技项目分类体系存在着不同的逻辑失误，普遍违反了分类应遵从的同一标准和母项与子项之和相应相称两条准则，致使分类体系混乱，多处出现了交叉重叠的现象。在此基础上，他们通过优选择定了三个各自独立而又密切联系的分类标准，即竞技能力的主导因素、运动项目的动作结构和运动成绩的评定方法。我国于1987年完成了《项群训练理论的构思与命名》，之后于1990年在《体育科学》上发表了《项群训练理论的建立与应用》，1998年正式出版了《项群训练理论》，这标志着该理论已趋于完善。2000年"项群训练理论"被编入全国体院通用教材《运动训练学》，至此项群训练理论得到了训练学界的普遍认同。

项群训练理论的建立在原有两个理论层次之间搭建了一个桥梁，形成了一般

训练理论、项群训练理论和专项训练理论三个层次。项群训练理论研究者分别对不同运动项目群的训练规律进行了深入的探讨。这对制定科学、合理的竞技体育发展战略、项目训练规律的探讨和揭示、选材和竞技人才流动提供了宝贵的理论支持和指导。项群训练理论的提出显示出中国运动训练学的理论研究开始由引进转化为发展，形成了独具特色的理论层次，同时也是理论上实现自主创新的标志。

（2）对优势项目制胜规律的研究

一般训练理论的研究最终还要回到指导项目上去，探索项目制胜特征。谢亚龙、王汝英及有关方面的专家对"中国优势竞技项目发展规律的总结"的研究是一项从宏观上揭示和把握竞技体育发展历程内在规律的重要论述。这项研究开发出竞技运动实践的博弈系统，将复杂的竞技运动的实践活动划分为三个层次，用三个同心圆表示，由里向外依次是"博弈原理""博弈决策"和"博弈实施"，圆心是制胜规律。"实施"是指人们看得见的选材、训练、竞赛等活动。人们的实践受"决策"支配，博弈原理则是人们进行决策、实施必须遵循的准则。其核心制胜规律（在竞赛规则限定竞争制胜的法则）是指导人们制订战略计划、方针、政策、选材、训练、竞赛、科研等活动所必须遵循的基本原理，是竞争制胜的法宝。回顾中国优势竞技项目的发展过程，发现在其博弈实施过程中表现出了如下几个方面的共同特征：培养了一支以教练员为核心的优秀专业技术队伍；狠抓运动员拼搏精神的培养；把握项目发展趋势；形成了中国特色；抓住创新这一提高运动技术水平的关键环节；坚持"三从一大"训练原则，推行科学化训练；高度重视科学选材。

在具体专项制胜规律研究上，郑伟涛等人在帆船帆板运动项目特征与制胜规律初探的研究中认为：帆船帆板项目极为复杂，影响成绩的因素众多，其规律难以把握，从帆船帆板项目对体能要求的相对性和高度的心智能力等特征可以看出，"风的利用是根本，体能是基础，航线是关键，速度是核心，心智是保障"，以上内容构成了帆船帆板项目的制胜规律。郑湘平在《第 29 届奥运会中国男子体操队制胜因素探析》一文中认为：从管理学和训练学视角进行分析得出，第29 届奥运会中国男子体操队的制胜因素主要表现为：在管理上充分发挥了举国体制的优势，提高了教练员的集体智慧和凝聚力，建立了科学合理的人才选拔体系；在训练上充分把握了体操项目的制胜规律，发挥了科研团队的作用，在科学化训练中更新了训练理念、加速了体能恢复和伤病防治，提高了运动员的心理能力和比赛能力。宫士君等在《竞技篮球制胜原理及我国认识现状的研究》中提出，竞技篮球制胜原理是在篮球竞赛规则的条件下，在竞赛过程中，保证运动员的体能、技术、战术、心理和智能得到充分发挥，同时抑制对手目的的发挥，以达到战胜对手的目的。不难发现，对项目制胜规律的理念存在的问题主要表现在：对制胜因素认识不清；没有处理好制胜规律与制胜因素之间的关系；对影响竞赛成绩和制约关系的因素认识不够；对世界发展新格局认识不清；对自身估计过高等。

第二章

大学体育教学的基本思想

第一节 "寓德于体"教育思想

一、"德"在高校体育教学中的意义分析

增强学生体质，培养学生良好的身心素质，是高校体育教学的根本目标和出发点。学校的体育课程是学生身心共同参与的活动。在学校体育教学中，学生通过参与身体锻炼及互相配合来获得知识与技能，这就在客观上为教师培养学生的道德品质提供了条件。但实际情况并非如此，在我国很多高校，大部分体育教师往往只注重课堂组织教法的运用和学生技能的提高，忽视了体育教学中的德育教育，甚至认为德育是文化课的任务。德育，具体来讲就是对人的思想品质、生活品质的培养。其任务是提高受教育者的思想认识，培养高尚、健康的人格，丰富情感世界，培养积极乐观的人生态度。

叶圣陶曾说过："什么是教育，简单地说就是要养成良好的习惯，对于德育而言，就是要养成良好的行为习惯。"体育教学过程主要是一个让学生身体素质得到全面发展的过程。在体育教学的过程中，教师向学生传递知识、答疑解惑，提高其身体的力量、速度、耐力、柔韧、灵敏等素质。与常规的文化课教学不同，体育教学以体育锻炼实践为主，更侧重身体素质的培养。当今社会，由于亚健康人群的增多，身体健康日益成为人们关注的焦点，体育健身锻炼逐渐成为人们生活中不可或缺的部分。体育教育的地位也因此变得越来越重要。伴随着体育教育影响范围的扩大，人们也挖掘出体育教育的德育价值。德育，主要是指对学生思想素质和道德层面的教育。德育的过程实际上是一个善恶辨别和道德价值观树立的过程。德育的最终目的是要帮助学生树立正确的道德价值观，对是非荣辱形成正确的评价标准，最后内化为自身的内在品格，保持并发扬于有形的生活之中。德育是教育教学的重中之重，它同样也应该贯穿体育教学的始终。因此，现代高校体育教学也成了德育教育的重要载体和桥梁。

纵观体育教学，"德"在其中主要具有以下五点意义。

（一）培养学生的坚强意志

与竞技类体育教学不同，高校体育教学对学生的技战术没有那么高的标准和严格要求。但是，现代体育教学已经不完全等同于技战术和身体素质教育了，它还需要培养学生的优良品质和良好的意志力来共同达成当今社会所提出的全新的体育教学目标。例如，跳马、双杠需要学生的勇气、自信和自我挑战，长跑运动需要学生的耐力和坚持不懈，足球、篮球等需要学生长期的摸索和学习，等等。基于此，体育教师应以体育课程标准为基本着眼点，适时创新教学内容，对每一个学生进行个性化的特殊处理。经过一系列的体育教学活动培养学生坚持不懈、敢于拼搏、勇敢向前的道德品格，并将其融入未来的工作和生活之中。

（二）培养学生的竞争意识

现代社会是一个高效率、快节奏的社会，因此，人们若想在社会中脱颖而出，必须时刻保持最佳的竞争状态。现代社会要求人们必须具备敢于拼搏、敢于竞争的精神。体育教学为竞争素质提供了很大的发展空间。竞争意识，简而言之，就是对外界活动持有积极应对的心理反应。人们在竞争意识的引导下进行一系列竞争行动。作为体育运动项目突出特点的竞争因子在体育竞赛中可表现得淋漓尽致。体育教学过程中所组织的一系列体育竞赛和活动，可以激发学生身上的竞争因子，调动学生的竞争细胞，激发学生的最大潜能，让学生在体育竞争中内化竞争意识，树立顽强拼搏的竞争精神。从此种层面上来说，体育教学的德育功能主要体现在激活学生的内在竞争意识，培养学生勇于拼搏、敢于拼搏的竞争意识，在竞争中树立良好的道德行为规范。

（三）培养学生的团队合作意识

虽然当今社会充满竞争，但是仍然掩盖不了合作是主旋律的事实。任何一个个体力量所创造的效益与合作产生的群体效益是无法匹敌的。合作意识是个体对共同行动及其行为规则所赋予的情感与认知。合作意识是合作行为的方向标，引领着合作行为的产生与发展。合作意识也体现在体育运动项目之中。如篮球、排球、足球、接力、拔河等集体类运动项目的开展，单靠一己之力根本无法完成。如若想很好地完成上述这些活动，除了要掌握这些运动项目特有的技战术外，还需要队员之间的团队合作。只有通过队员之间的紧密配合，个人的价值才能在集体中得到最大的体现，最终实现自我价值，取得比赛的胜利。所以，体育教学不但给学生提供了交流沟通的平台，还为学生良好人际关系的搭建起到桥梁的作用。学生与学生之间关系密切了，交流频繁了，无形之中营造出相互帮助、相互关心、团结合作的融洽氛围。学生们在感受到集体温暖之余，也逐渐养成团结协作的精神，树立起集体主义的观念。这一切也必将为他们在日后融入社会奠定坚实的人生基础。

（四）培养学生的自我约束能力

自我约束能力，简而言之，就是自己能够控制自己的所作所为的能力。学校体育教学是一种以室外活动为主的动态群体行为。教学管理，相对于常规学科来说，较为困难，这就需要有一定的行为规范来保证体育教学活动的顺利开展。以运动竞赛项目为例，像"三大球"、"三小球"、田径和各种集体类体育运动竞赛项目，必须遵循该项目特定的规则，用切身行动去维护它、捍卫它。规则无论对他人还是对自身都是公平的。它像一把标尺，衡量和监督每一位参赛者，让他们时刻保持清醒的头脑，用明确的规则来约束自己的运动行为。所以，长此以往，学生就可自然而然地形成良好的组织纪律观，提高自我约束能力。

（五）调节学生的身心健康

随着社会经济的不断向前发展，人们的生活压力、工作压力越来越大，各种"富贵病"接踵而来。研究发现，体育运动可以帮助人们释放压力，保持心情愉悦，满足一定的心理需求。因此，在体育教学过程中，我们应该注重学生生理和心理的双发展。我们不仅要让学生们在科学合理的运动负荷下，实现身体素质的全面提升，还要让学生在日常的体育教学训练之余，得到精神上的放松。学生在体育课堂上收获的不仅仅是健康的身体，还应该包含愉悦的心情，这才是体育教学的真正价值所在。

二、中外"寓德于体"教育思想的比较分析

（一）国外不同时期的"寓德于体"思想研究

1. 古埃及和古希腊时期

在古埃及，人们很注重子女的教育问题，古埃及人在关心子女身体是否健康之余，还很关注对子女智力和德育的培养。当子女还处于婴儿期，古埃及的父母们就让他们的子女赤裸着身体尽情地拥抱大自然，让孩子们在户外运动的过程中尽情享受充足的阳光和新鲜的空气；当子女成长为儿童少年时，古埃及的父母们会适时开展一些适合他们年龄特征、个性特征的游戏；当子女成长为青年时，古埃及的父母们会让他们尝试一些激烈的球类游戏和剧烈的户外运动，充分满足孩子们的身心需求。孩子们通过这些体育运动项目的锻炼，逐渐养成了遵守纪律、团结友爱、协作共赢的良好品格。体育运动的开展不仅有利于人们"体"的发展，也有利于人们"德""智""美"的综合发展。

古希腊人眼中的美德不单单指心灵美，它更关乎人们的道德和心理。古希腊人认为，只有道德、心理、身体均健康发展才可以称之为美德。所以，他们倡导"智慧的人"与"行动的人"相统一的教育理想。古希腊人训练身体素质，不单单是出于自身力量素质和军事的考虑，他们更多的是侧重于通过体育锻炼，培养坚强、勇敢、礼让、果断、智慧等良好品格。苏格拉底曾说过："体育和音乐教育一样，应该让他们从小就开始接受，而且体育训练应该十分小心且要终其一生。我并不认为不良好的体质本身有利于灵魂的修养，相反，美好的灵魂它本身能够在可能的范围内改善体质。"此外，其他一些古希腊思想家也都分别从各个维度详尽地论述了体育与道德之间的关系，但万变不离其宗，其主要论点依然是体育有着不可比拟的道德教育价值。

在体育之于品格的价值研究上，古埃及人和古希腊人是明智的，他们很早就看到体育游戏和体育比赛的深层隐性价值。选取适合各个年龄阶段的体育游戏和

体育比赛，不单单可以帮助锻炼者强身健体，更能在强身健体的同时丰富业余生活，提升他们的道德水平。古埃及人和古希腊人主张人的全面发展。全面发展不只包含身体强壮，还包含心理健全和道德完善。通过体育锻炼这一载体，让人发展成为健全的人，是他们更希望看到的结果。"寓德于体"的教育思想在古埃及人和古希腊人身上体现得淋漓尽致，值得我们学习与反思。

2. 文艺复兴和启蒙运动时期

文艺复兴后期法国人文主义思想家蒙田指出："教育绝不是着重于一个人心灵的培养；我们的教育也不是注重到一个人身体的锻炼，教育的对象是整个的人；我们决不能将之一分为二……我们必须同等地给予发展，就像一鞭指挥着双马一样。"基于此教育思想，我们可以将体育的目的归纳如下："为了使他有坚强的心，就需要他有结实的肌肉；使他养成劳动的习惯，才能使他养成忍受痛苦的习惯；为了使他将来受得住关节脱落、腹痛和疾病的折磨，就必须使他历尽体育锻炼的种种艰苦。"因此，那一时期体育教育的本质是想让学生在体育锻炼的过程之中提高身体素质、道德素质和心智素质。学生在体育锻炼之余，也间接促进了坚毅顽强、敢于挑战、吃苦耐劳等良好品格的养成。由此，"身心既美且善"成了该时期希腊人体育教育的主旋律。

英国著名教育家约翰·洛克认为，体育是一切教育的基础。他认为教育主要由德育、体育和智育三部分构成，但是，三者中的重中之重，他认为是体育。因为在他的观念里，培养出健康的人才是教育的最核心任务，而体育是能够实现这一任务的首要之选。继而，他在这一套教育理论的基础之上，又研究出了一套适应该时期社会发展的"绅士评比准则"。在"绅士评比准则"的第一条里，他要求绅士必须具备平衡发展的身心。他认为，一个真正的绅士不应该只拥有强健的体魄，还应该拥有良好的教养和优雅的风度。这一点在他的经典作品《教育漫话》中得到了印证。"人生幸福有一个简短而充分的描述：健康的心智寓于健康的身体。凡身体和心智都健全的人就不必再有什么别的奢望了；身体或心智如果有一方面不健全，那么即便得到了种种别的东西也是枉然。"从此以后，"健全的精神寓于健康的身体"成为人们推崇的主流教育思想。

谈起启蒙运动，不得不谈到卢梭。"身心统一论"是他的基本理念。在他的思想世界里，人的身体和心理是不可割裂的，二者成比例地良好发展，才是适应社会、适应大自然的前提条件。他认为："教育的最大秘诀是使身体锻炼和思想锻炼互相调剂。"卢梭注重感觉经验，他倡导积极参与体育运动和比赛。他认为，运动和比赛可以帮助人们平衡竞争与合作，在体育运动和比赛过程中锻炼身体，净化心灵。此外，他还倡导广泛修建体育设施，推广体育竞技项目和游戏环节。他还提出进行体育锻炼的关键时期应该是在童年。因为该时期的孩子自我意识刚刚形成，理智还不成熟，可塑性极大。他主张在该时期通过体育锻炼来塑造儿童的自我意识和理智情感。

约翰·亨里希·裴斯泰洛齐是瑞士著名的民主主义教育家。他认为，体育教育对身体素质的价值是无可厚非、有目共睹的，然而，体育教育对道德教育的价值也是旗鼓相当、不容小觑的。经过适宜的体育训练，儿童的身体和心理都可以获得健康、长足的发展，这无形之中促进了道德教育目标的达成。除此之外，长期坚持不懈的体育锻炼，也必将会对锻炼者的意志品格产生重要的影响。不怕吃苦、敢于拼搏、勇于挑战、团结友爱、互助协作等都是体育锻炼衍生出来的无形的道德价值。由此可知，裴斯泰洛齐主张体育教育之初，应遵循客观规律，安排儿童进行科学合理的运动，在儿童可承受的能力范围内进行体育锻炼、提高身体素质、培养道德品格是正确的。他认为，体操的目的在于"使儿童的身体四肢、智慧和心灵处于相互统一的和谐整体之中"，并指出手工劳动、竞技、体操和游戏都意义重大。

综上所述，众多教育家和思想家都主张人的身心要和谐发展。他们认为，身体和心灵是紧密关联的，应该抓住塑造良好品格的黄金时期——童年时期，安排一些合理的、适宜的体育运动锻炼，让孩子们在游戏、竞技比赛活动之中，养成不畏吃苦、自立坚强、团结合作、勇于竞争、挑战自我等优良道德品格。这即是"寓德于体"。

3. 近现代时期

近代时期的德国，体育被视为保持身体健康的一种手段。体育教育未受到人们的重视。当时德国的体育课程是以养生为主的，主要从卫生角度出发，研究一些与之相关的饮食、锻炼、着装、日光、空气等问题。被称为近代学校体育之父的德国体育教育家约翰·克里斯托夫·弗里德里希·古兹姆茨则认为，保养不足以成为体育运动锻炼的所有重心，体育运动锻炼应该侧重于帮助学生强筋健骨、提升技能、塑造品格。由此可知，体育教学的三大任务早在 18 世纪后期就已经基本明确了。有着"幼儿教育之父"美誉的德国学前教育家、教育理论家弗里德里希·威廉·奥古斯特·福禄贝尔，主张抓住儿童早教这一黄金时期，优先开展体育锻炼，在游戏和竞技中开启学生的运动天赋，形成科学的道德品格，开发深层的大脑智慧。他曾说："游戏是人类心灵发展的首要手段，是认识外在世界，从事物及事实中汇集原始经验与练习身心能力的首要任务。""游戏是一种能形成非常强大的力量的心灵沐浴。"由此可知，他对游戏活动之于心灵意义是肯定和认同的。一系列的体育游戏活动必然会对其道德品质和智力产生一定的影响。体育锻炼过程中逐渐养成的公平正义、忠诚苦干、顽强拼搏、自我约束、团结友爱的品质就是最好的证明。

19世纪20年代末，英国体育思想家托马斯·阿诺德很重视体育运动以及体育游戏对教育的作用，他主张在学校教育中广泛开展竞技游戏，培养学生顽强、果断、正直的思想品格，提升学生的全面素质，提高整体教学效果。19世纪50年代，小说《汤姆·布朗的学校生活》横空出世。该小说主要描绘了英国拉格比公学的生活，小说所折射出来的对竞技和体能的关注远比现实生活中多得多。这使得当时的人们，尤其是广大的教育家、思想家、神职人员和普通大众深受启迪，体育教育思想理念也随之发生了重大变革，竞争精神深入人心。赫伯特·斯宾塞紧随其后出版了《教育论》一书。书中的主要观点为，注重游戏的自然性，反对一切赋予游戏鲜明的人为色彩。他主张体育教育过程中要记得遵循客观规律，要用科学的思想统领体育锻炼的全过程。他推崇以人的自然本性为核心内容的游戏环节，因为他认为只有让学生充分发挥本性，才有利于兴趣持久的激发和保持。他重视体育锻炼过程中人是否释放了最大的自主能动性。他曾说过："自主能动性是人的品质中一个最有价值的因素。"此外，他口中所说的自主能动性还包含有一定的独立性，他所希望的自主能动性是在独立性的基础之上产生和发展的。他认为，人的独立性可以使人获得自信，获得坚强不屈和肯吃苦的优良品格。

爱默生发展了他的人类自我完善和自立哲学的思想理念，这种思想在健身运动和竞技之中都有着重要的指导意义。他认为强健的体魄是完成伟大使命的敲门砖、奠基石，体能是人类勇气和道德力量的源泉。因此，健康才是人这一辈子最大的财富。他认为，离开游戏活动，单独谈一些空理论的教育是不完整的。尤其是对儿童而言，只有赋予游戏活动的游戏理论才会在他们身上生效，这些游戏本身才是最终的幕后的真正教育者。清教哲学认为竞技运动在一定程度上会对道德品格的形成有影响。基督教也认为一定程度的竞技训练和身体素质练习可以帮助实现道德、心理和宗教的教育目的。

苏联现代著名教育实践家、理论家瓦西里·亚力山德罗维奇·苏霍姆林斯基认为，体育在人个性的全面发展进程中发挥着不可替代的作用。德育、智育、体育、美育、劳动教育都是教育旗下的几个重要分支，都从属于教育，它们之间虽然侧重点有所不同，但是它们之间的关系是相互影响、密不可分的。因此，在对学生进行体育教育的同时，必然也会对其进行一定程度的道德教育、智力教育、审美教育和劳动教育。他认为，在学生的不同成长阶段应进行不同的体育教育。例如，儿童时期的体育教育就应该以发展儿童的身体机能和促进健康为主；少年时期，体育教育的侧重点应当有所转变，除了提高身体素质外，还应拓展精神世界，发展智力潜能，激发道德情感，塑造道德品格，丰富审美内容，提高审美层次。在有了一定量体育锻炼的基础之后，身形的变化，增添了人们的青春活力与自信，心态和性格也因此变得柔和。他还特别强调："体育不可能仅局限于锻炼身体与增进健康，它还涉及培养道德尊严、建立纯洁与高尚的情感、确定道德与审美的准绳及对周围世界做出评价与自我评价等人的个性方面的复杂问题。"

这一时期"寓德于体"教育思想突出表现为人们对体育教育中德育教育的重视程度。众多体育家和教育家都十分重视人在体育活动中的独立性和自主能动性，他们普遍认为体能是人类勇气和道德力量的源泉与奠基石。他们主张依靠纯天然的游戏和竞技来强壮人们的筋骨与体魄，激发情感，培养道德品格，最终塑造人的性格、磨炼人的心智。深入进行体育锻炼可以帮助人养成忠诚正义、果断勇敢、自我约束、自主自立等优良品格。

（二）国内不同时期的"寓德于体"思想研究

1. 先秦时期

"造棋教子"源于《路史·后记》记载："（丹朱）骜很媚克，兄弟为阋……帝悲之，为制弈棋，以闲其情。"故事大意为：尧的儿子丹朱，嫉妒心强，骄傲蛮横、凶狠残暴，品德恶劣，兄弟之间争吵不休，矛盾重重。尧得知后心里很是焦虑，于是就命人制作了围棋教育丹朱，希望在"棋道"的教育下，人也能改邪归正。可见，围棋的教育功能不可小视，它教会人们"守之以仁、行之以义、秩之以礼、明之以智"。

春秋时期伟大的思想家、教育家、哲学家老子有云："不失其所者，久也。死而不亡者，寿也。"这句话的意思是人若想肉体活得长久就不能离开生命的根基，但若想获得真正意义上的长寿还是要保持精神上的人格。因此，要想获得真正意义上的长寿，光靠鲜活的肉体来维持是远远不够的，还必须不断完善自己的品格，让精神之光常亮。养生，顾名思义，就是指身体的保养。但是究其实质，养生需要保养的不仅仅是单纯的肉体，还应包括精神人格。整个养生系统应该始终包含肉体和精神，二者缺一不可。庄子有云："形劳而不休则弊，精用而不已则竭。"这就告诉我们应该把形体和精神都抓起来，并且"两手都要抓，两手都要硬"。"静而与阴同德，动而与阳同波。"这句话的意思是与阴同德，就像大地一样，厚德载物；与阳同波，就像九天之上，自强不息。由此可知，养生这一概念，在先秦就产生了，并且已从鲜活肉体的养生过渡到精神领域，开拓了养生领域的新篇章。

孔子是儒家学派的代表人物，也是伟大的教育家、思想家。他在传承西周官学中"六艺"的基础之上，发展了独特的"礼、乐、射、御、书、数"等教学内容。这一教学内容反映了孔子的教育思想。他主张培养德、智、体全面发展的人。孔子的道德标准是"礼"，政治思想是"仁"，对于体育思想而言，他倡导遵"礼"。他所期冀的教育目标是发展文武双全、道德高尚的仁义之人。孔子尚文，但文必须"之以礼"；孔子尚勇，他认为"仁得不忧，知者不惑，勇者不惧"。但是，他又警告世人"勇而无礼则乱"。他主张无论"武"多么"勇"，也要服从奴隶主贵族之"礼"。故孔子有云："有文事者必有武备，有武事者必有文备。"这里所提到的"武"是军事的意思，但由于古代体育大部分以军事为主，故"武"在这里可以狭义地理解为当今体育的源头了。对于"礼"而言，孔子讲求将其应用于实践，空谈"礼"绝不是他的本意。孔子善射御。在他行射的过程中，他对周围的旁观者和身在其中的参与者都有严格的礼仪要求。凡是道德礼仪低下者，均不允许参与其中。因为他认为行射的最终目的并不是谁输谁赢，而是在于品鉴人的道德。"君子无所争，必也射乎！揖让而升，下而饮，其争也君子。""射"不只拼技艺、讲方法，而且要以"礼"当先。行射的最终目的是从行射中学习礼数。由此可知，孔子注重身心合一的教育方式，倡导体育强身健骨之余，更加看重体育之于人的道德的影响。

墨子是墨家学说的代表人物，他主张"厚乎德行，辩乎言谈，博乎道术"。他认为，"德"为"力行"提出了标准，指明了方向。他对学生进行德行教育，首先要求学生能够吃苦耐劳，坚毅不屈，敢于挑战。他也主张通过"行射""习御"这一体育途径来强健人的筋骨、内化人的品格。

荀子是著名的唯物主义教育家、思想家。他崇尚"乐行而志清，礼修而行成，耳目聪明，血气和平，移风易俗，天下皆宁，美善相乐"。他认为，体育活动不单对人的身心健康有所裨益，还会影响社会风气。

这一时期"寓德于体"教育思想可以归纳为：肯定了体育对身心健康的价值，但是，这两方面相比较而言，更突出体育的健心价值，尤其是其德育价值。古代重视"行射""习御"，但是出发点绝不仅仅是为了强健身体，更多的是通过体育这一媒介，对人的心性进行磨炼，使人形成良好的品格和德行。

2. 唐宋、明清时期

在唐代，以木射为代表的体育活动盛行：用木为侯，以球代箭，用球击射木侯。木射场地上一端设立 15 根笋形平底木柱，其中有 5 根木柱分别用墨笔写上"傲、慢、佞、贪、滥"，10 根木柱分别用朱笔写上"仁、义、礼、智、信、温、良、恭、俭、让"。参加比赛的人员纷纷在木柱的对面用木球往木柱方向抛撒，击中有朱笔写字的木柱即获得胜利，反之，则视为失败。通过这种带有朱笔和墨笔字迹的木柱，我们可以看出古人对哪些道德信仰持肯定态度，对哪些道德信仰持否定态度，进而帮助参加体育运动的人们形成正确的道德评判准绳。儒家"仁爱"思想在古代体育运动中也得到了很好的体现。在体育运动过程中，侧重点由取胜转移到了道德层面的比较，倡导"君子之争"，体育的礼仪性、娱乐性、伦理性在该时期体现得淋漓尽致。

明末清初杰出的教育家、思想家颜元，倡导施行文武双全、全面发展、综合素质高的学生教育。他认为，体育的价值不仅在于强壮筋骨，还有很多内化的智育和德育价值。他对体育的德育功能有如下理解："人之心不可令闲，闲则逸，逸则放"；"习礼则周旋跪拜，习乐则文舞、武舞，习射御则挽强把髻，活血脉，壮筋骨"；"以礼、乐、兵、农，心意身世，一致加功，是为正学"。因此，他招收学生时就明确提出"礼、乐、射、御、书、数、兵"都将作为学习的重点课程，而其中"射""御""兵"是基础中的基础。颜元认为身体锻炼过程中，人们的道德修养和智慧成果必然有所增加。如若每日加以练习，假以时日，身心必将得到双向和谐发展。颜元倡导身心一致，主张德育、智育、体育同时发展，只有这样才能培养出社会发展所需的栋梁。颜元的体育德育论、体育智育论都是一种崭新的尝试，为后期体育的多功能发展奠定了坚实的基础。

这一时期"寓德于体"教育思想主要可以概括为：儒家思想中，体育运动蕴含着忠诚仁义、谦虚宽厚、包容礼让等"仁爱"思想。教育思想家颜元透过体育的健体价值表象，挖掘出体育更深层次的智育和德育价值，他倡导促进学生德、智、体全面发展的教育。

3. 近现代时期

近代著名教育家蔡元培肯定了体育的首要地位，他说"完全人格，首在体育"。关于体育和德育的辩证关系，他坚持体育是基础，体育是根本，而道德教育是体育教育的衍生品。空谈道德的体育，会让人嗤之以鼻；空谈体育的道德，会让人的心灵无处安放。1917年，伟大的无产阶级革命家、思想家毛泽东在《新青年》上发表了《体育之研究》一文。他在文中写道："愚拙之见，天地盖唯有动而已。""人者，动物也，则动尚矣；人者，有理性之动物也，则动必有道。""动也者，盖养乎吾生，乐乎吾心而已。""欲图体育之效，非动其主观，促其自觉不可。""学校之设备，教师之教训，乃外在的客观的也，吾人尚有内的主。夫内断于心，百体从令……苟自之不振，虽使外的客观的尽善尽美，亦犹之乎不能受益也，故讲体育必自动始。"此番言论很好地论述了德、智、体三者之间错综复杂的关系。"身心并完""三育并重"是毛泽东所倡导的体育发展观，也成为学校培养人才的硬道理。

中国奥运先驱张伯苓认为，体育学科在学校教育中是一门基础学科，除了强健体魄外，还能培养公民的道德意识。张伯苓注重体育运动过程对人的道德素质的建构。他曾说过："运动之所争也，胜负而已，苟一战而负，人格上固尤在己，若人格一有所损伤，则虽胜又岂值得若许代价哉？"由此可见，"德体并进""体与育并重"是他的主要观点。著名大学校长梅贻琦认为体育是实现高尚人格的最佳途径。他认为，在体育锻炼过程中，可以使人和人之间变得亲近，团队荣誉感增强，竞争与合作共存。因此，他总结道：竞赛是为了练习团队的合作守法的习惯，而体育旨在促进团队道德的养成。著名体育家马约翰在体育的价值问题研究上又有所突破。他认为，体育除了具有强身健体和道德塑造的价值之外，还具有磨炼性格的价值。在体育的世界里，人的勇敢、顽强、拼搏等性格品质被极大地激发出来。他曾说："体育最重要的效能是塑造人格，弥补教育不足之处，要学生学会负责任，学会帮助关心别人。"这一点在他的作品《体育的迁移价值》中有具体的体现："体育是培养学生品格的良好场所和最好工具，体育可以批评错误，鼓励高尚，陶冶情操，激励品质。"

这一时期"寓德于体"教育思想可以大致归纳为：肯定了体育的基础地位，与此同时也提出了"德体并进"思想。体育的价值从健身层面拓展到了培养道德、塑造人格等精神层面。体育的团结协作、竞争突破精神可以向爱国强国精神靠拢，为祖国的建设提供综合性人才。

三、体育教学中武术武德教育的实例分析

伴随着近几年的"国学热"，传统文化又重新进入现代人的视野。武术历史悠久，以其博大精深的内涵成为中华民族灿烂文明传播的载体之一。随着北京2008 年奥运会的成功举办，武术被越来越多的人所了解。武术以其独特的动作风格和表演形式受到人们的喜爱，在全世界广泛传播，让无数人为之痴迷。因此，武德教育应引入高校教育。

（一）在教学计划中渗透武德教育

在武术教学计划的订立之初，武术教师应该端正自己的立场，把武德教育视为与武术技术教育同等重要，让武德教育融入武术技战术教育的血液中来。诚然，开设武德教育课程是对此理念最好的诠释。武德教育课程可以围绕武德内涵、习武观念、武德精神等内容展开，让学生体会到中华武德的真正内涵，并引以为鉴，严格要求自己，树立科学的世界观、人生观和价值观，激发爱国热情，为祖国的建设贡献一份自己的绵薄之力。此外，武德学习的结果还应按照一定的考核标准纳入考试范畴，以便学生对武德的学习有着清醒的认识。

（二）将武德教育应用于武术教学实践之中

在武术教学实践中，武术教师应该采用多样多变的教学手段和方法对学生进行武德渗透。例如，在上课前期阶段，武术教师可以对学生开展武术礼仪教育，让学生对抱拳礼、递接礼、器械礼有科学的认知和学习。在一系列的武术道德学习之后，学生便会逐渐养成尊师重道、以礼待人的美德。上课期间，武术教师在教授武术技术的过程中，可以鼓励进度快的学生主动帮助进度慢的学生，形成互帮互助的良好竞争氛围，进而帮助其养成乐于助人的良好美德。上课后期，教师

可以教育学生把课上的武术方法和武术精神广泛应用到课下的日常练习中，让学生坚持练习。这样一来，学生就养成了坚持不懈、坚忍不拔的良好美德。

（三）将武德教育渗透到武术竞赛之中

课堂上的武德教育仅仅是武德教育的一方面，武德教育还应包含在课堂外的一切体育运动竞赛之中。只有这样，武德教育才能全方位、立体化。在武术竞赛中，学生们可提高技术水平，相互交流思想，增加感情。竞赛的过程实际上也是一个自我品德提升的过程。在竞赛中，可以从对手身上汲取精华，提高自己的道德修养。武术教师在完成基本教学任务之余，还可以以提高学生的武德认知为目标，广泛组织学生开展一些武术课外活动。这些活动可以跨越班级、年级、系别之间的界限，只要是对武德教育有益的，都可以为我所用。组织形式也可以广泛采纳学生的意见，只要学生能积极参与的都是可行的。

（四）选取优秀人文素材适时进行武德教育

历朝历代为国家和民族牺牲的武林豪杰的故事都可以作为优秀的人文素材。他们身上忠于祖国、甘愿牺牲的精神可歌可泣，他们为我们阐明了武术的真谛，值得后人学习。中华武术因为有了这些英雄的存在而变得更加高尚。他们不断地为武术精神补给养料，为习武之人树立了良好的榜样。抗击倭寇的戚继光、抗击英国侵略者的关天培，以及"灭洋"的义和团都是英雄。可见，忠于国家民族是中华武术的优良传统之一。中华武术的另一优良传统是仗义济民。习武之人应不畏土匪强盗，不畏恶霸地痞，不畏残暴的统治者，不畏凶恶的侵略者。勤学苦练是中华武术的又一优良传统。但凡去过少林寺的人，都会看到武僧在那里勤学苦练，风雨无阻，无不对他们充满敬仰，被他们所感动。综上所述，学生通过武术的学习，武德必然也会有所提升。

（五）提升武术教师自身的武德修养

教师的言行对学生有很大的影响力，学生会模仿教师的言行。因此，教师要意识到自己言行的重要性，对学生起到更多的积极影响。对于武术教师而言，要加强武德修养，提高武德风范，身体力行，潜移默化地影响每一位学生，引导他们形成正确的世界观、人生观、价值观和道德观。因此，高校武术教师不仅要在专业知识方面做足功课，还要不断提升自己的武德修养。凡是要求学生做到的事情，自己都应身体力行，为学生树立道德榜样。武术教学实践的过程，是每一位武术教师的必经过程。只有经历过武术教学实践，武术教师的武德教育才更加具有说服力。

在全面推进素质教育的今天，作为学校体育教学重要内容之一的武术教学，应该适时进行教育改革，将武德教育融入武术教学中，并与武术技战术教学并驾齐驱，充分发挥武术教育的武德教育功能，力求把每一位习武学生都培养成为技术底蕴深厚、道德素养较高、适应现代社会发展的新型人才。

第二节　"寓智于体"教育思想

一、"启智促健"是高校体育教学的必然选择

当今社会，素质教育成为教育的主旋律，然而体育教育作为教育的一个重要分支，除关注学生的身心健康外，还应把视野放宽，关注智慧技能的提升。体育教学中的"启智促健"应用，是促进学生思维活跃、提高学生综合素质的重要方法。基于上述因素，"启智促健"也是高校体育教学改革的大势所趋。

（一）体育教学过程中"启智"的必要性

"启智"，顾名思义，就是启发学生的智力，最终获得智慧的过程。这也是各门学科教授知识的最基本目的。研究表明，虽然经常参加体育运动可以启发学生的智力，但并不表示只要参加运动，智力就会随之增长。当然，智力和运动之间存在着某种关联。但是，两者之间也存在一定的矛盾。因此，找到智力和运动这两者的平衡点，才能找到解决问题的突破口，这也是我们研究的重要课题之一。体育教育找到了智力与运动之间的最佳平衡点，它帮助学生成长为德、智、体全面发展的综合型人才。如果单纯依靠体育运动，虽可达到强身健体之功效，也能在一定程度上促进智力的发展，但是智力的发展和体力的发展绝不会是同步的。因为体育运动首先能确保的是让大脑这个物质器官获得良好发育，继而为大脑智力的发展提供沃土，至于将来智力如何发展则需要时间去印证。而体育教育可以弥补体育运动之不足，它好比是体育运动的营养剂和催化剂，在体育运动过程中

影响学生智力的发育，最终帮助学生获得德、智、体全面发展。

在体育教学过程中运用"启智"是十分必要的。如果在体育教学中一味注重技能练习，忽视对学生智力的开发，那么将会使学生不能全面认知和掌握所学运动技术的规律，进而对其智力的发展和智慧技能的习得产生阻碍。体育教学必须通过外在的、具体的体育锻炼，将学生内在的智慧激发出来。体育教师要善于指导学生学习运用多种学习策略来提高自己的体育学习效率。

（二）启发学生智力，习得智慧技能的方法

1. 启发学生元认知参与体育教学

西方有"未来的文盲不是不识字，而是没有学会怎样学习的人"的说法。东方有"授人以鱼，不如授之以渔"的古语。很显然，东西方不谋而合。我国宋代教育家朱熹倡导教师应该教会学生学习的方法，而不仅是学习内容，教师只要负责为学生引领方向，其余的就要靠学生自己了。我国当代教育家叶圣陶主张"教是为了不教"。他也建议让学生学会学习，而不是一味地、无休止地教导学生。由此可知，"教会学生学习"已成为人们普遍认可的教育真理，也充分体现了学生的主体地位和教师的主导地位，符合当今教学改革的理念。"授之以渔"对教师的教学提出了新要求，它要求教师要启发学生，让其运用元认知能力来学会体育学习。

"元认知能力"是对认知能力进行调节和监控的能力，对促进学生学会学习有着重要的意义。元认知过程，实际上是一个对任务知识认知、对个体知识认知和对策略知识认知的过程。以体育教学为例，让学生在上体育课之前就对自己在要达到的体育目标、体育过程中将会遭遇的制约因素和学习该体育知识需要调动哪些思维和记忆等有所了解的话，那么学生进行体育知识学习的效率将会大大提高。元认知体验是体育教学中最重要的体验，它使学生不断调整认知策略，以选取最佳策略。学生通过观察和体验，逐步验证自己的动作是否正确合理，进而在一次次的失败中进行调整，直到最终掌握。元认知的体验可以调动学生认知的积极性，激发学生的认知潜能。教师应教会学生掌握正确的元认知知识，让学生体验认知活动中自我调节与自我监控的快感，启发学生自觉思考。教师应在教学中调动学生参与体育活动的热情，激发想象潜能和创造性思维，让学生从传统的"接受"学习束缚中解放出来，学会发现学习，形成适合自己的一套独特的学习理论

和学习方法，引领自己掌握学习规律，从此成为学习的主人。教师还应引导学生进行学习方法和学习策略的分析与总结，从而不断地调整、控制学习活动，使学生成为学习的真正主人。

2. 启发学生进行新知识的建构

与动物不同的是，人脑可以对已掌握的知识、方法加工整理后，形成一套新的知识和方法，广泛应用到未来的学习生活之中。体育活动具有多变性，这就对学生知识的建构提出了新要求。因此，学生要学会根据不同的变化，改变自己的认知策略，对大脑中已成形的知识进行重新建构，以适应新的认知要求，掌握新的体育知识和技能，获得好的比赛成绩或练习效果。当然，有些建构的内容是可以提前预测或演练模拟的，但是对比赛中的任何一个细节任何人都是无法预料的。这就要求参加者调动身上的每一个认知细胞，找到适合当下比赛的技战术方法，在比赛过程中创造属于自己的一个又一个奇迹。布鲁纳认为，从外部进入知觉的因素为智力的成长提供了很大的空间，学生对各种新技术的不断掌控需要在教师的引导下，对大脑中已经积攒下的体育技能重新组建，利用重新组建的新结果来尝试解决面临的新问题。因此，教师的引导和帮助显得尤为重要，它能帮助学生习得智慧技能和发展智力，以便学生在未来可以独自应对新问题。

体育教师要教会学生拓宽思维，建构知识，首先应该从全面了解学生做起，在全面了解学生、掌握其智力的发展规律之后，还要钻研教材，找到适宜学生的教学方法，激发学生的参与积极性和创造性。体育教师一定要突破常规思维，杜绝懒惰，教授学生常规的技术动作组合后，还应创编一些新的动作组合，以满足学生不同的兴趣需要。只有极大地激发学生的主观能动性，才能让学生学会学习，进而在未来的学习生涯中能够主动学习、主动探索、主动创新。

3. 启发学生进行知识的迁移

知识的迁移是未来学习过程中一种不可或缺的学习手段，它可以将人们大脑中已有的知识应用到类似的事情之中，借以解决新面临的极其类似的问题。这种特征也是人类所特有的。知识的迁移教会学生用一种学习方法去解决后面遇到的诸多相似的问题。学习的信息加工理论认为，新知识在记忆系统编码、储存和提取的过程，是新旧知识相互作用的过程。学习就是用新掌握的知识不断地去替代原有知识的过程，但是这种替代不是简单的、毫无连接的替代，而是有着某种特殊关联的替代。在这种替代作用下，形成知识的迁移。通过知识的迁移，学生能够举一反三，闻一知十。当然，迁移也有正负之分。正迁移，顾名思义，即是大脑中已有知识对后面技能习得有着积极影响的迁移。我们在教学过程中要多多鼓励学生进行正迁移，这也将对学生提高学习效率产生积极的影响。在日常体育教学过程中，技能迁移成为我们关注的焦点，而对横向学科联系与技术原理方面的迁移的关注则少之又少。从学生角度出发，一味地学习动作根本无法吸引他们的注意力，在不感兴趣的前提下进行某些技能知识迁移，更是难上加难。以体育教学为例，教师在教授体育运动技能的同时，也可以引导学生将体育学、生物学、物理学、卫生学等进行关联思考，将众学科紧密地联系起来，使其逐渐建构一个全方位的、立体的完整知识体系。最后学生运用新获得的知识体系再理解体育的技术动作结构和意义，收获将颇丰。在这样来回的摸索过程中，学生会慢慢体会到教师让他们完成这些动作背后的真正意义。学生在深刻地理解体育运动技能规律的来龙去脉之后，在遇到新的困难时，他们解决起来也将更加轻松。像这种知识的迁移，则属正迁移范畴。其间，教师的正确引导是至关重要的。在学生困惑的时候，教师应对学生进行耐心引导，启迪他们往正确的关联方向思考，最终促成正迁移的产生，让学生在不断的正迁移过程中，摸索出体育学习的真谛，将体育学科规律学习延伸到未来的各个学科和领域之中，成为一个会利用已学知识举一反三的真正会学习的人才。

今天的体育课程标准，早已脱离了安排具体教学内容的低级阶段，给学生和教师提供了更大的学习与教学空间，赋予了更多的创新性。因此，在体育教学过程中，教师应根据学生的兴趣需要和身心发展特点，选取能够调动学生积极性的体育运动内容，充分安排能够为学生带来乐趣和成功体验的运动项目，让学生积极加入到课堂教学中来，享受主体地位。当然，在体育教学过程中，掌握知识和技能仍然是基础教学目标。帮助学生实现从"学会体育"向"会学体育""会用体育"良性过渡，才能最终达成"终身体育"的目的。

二、"尽心尽智"是高校体育教师应有的态度

现代体育教育的重要性已经得到越来越多教育专家的认可，它不仅承担着提高学生身心健康的重要使命，而且帮助学生发展德育和智育。为此，"尽心尽智"地上好体育课才是体育教师应秉持的正确态度。

但如今，大多数人仍把体育视为非主要学科来对待，甚至体育课被其他学科抢占的现象时有发生。但是，体育也是素质教育的一项重要指标之一，没有体育的素质教育是不完整的教育。相反，它承载着促进学生身心健康的双重使命。从这个意义层面上来看，体育教师所肩负的责任比其他任何学科的教师都重得多。因此，体育教师应该"尽心尽智"地上好每一节体育课，认认真真地完成每一个教学目标和任务，踏踏实实地做好以下五项工作。

（一）以爱为本，因材施教

教育家程红兵说："有真诚的爱心，才有流动的血脉，才有生命的教育。"一个优秀称职的体育教师要有一颗爱学生的心，把学生当作是自己的孩子，就像苏霍姆林斯基那样乐于把整个心灵献给孩子。以体育考试成绩为例。经过一个学期的体育学习，大部分的学生在期末考试中获得优异成绩，也有少数学生的成绩不够理想。此时，老师需要付出更多的耐心，帮助他们在一次次练习中重新挑战自己，获得自信，让学生在老师有爱的教学中茁壮成长，进而创建一支"有爱"的教师队伍。那么在接下来的补测中，这些学生的成绩会取得质的飞跃，他们每个人的脸上也会露出满意的笑容。诚然，要让他们知道，测试并不是最终目的，重要的是要让他们在爱的浇灌下茁壮成长，这才是每一位教师的最大心愿。

（二）营造氛围，提高效率

体育课与文化课教学不一样，它本身的特性决定了它活泼、愉快的课堂氛围。体育课的最终目的是让学生在和谐愉快的氛围中，调动兴趣，掌握运动技能。体育课大部分内容以单纯的技战术教学训练为主，课程自然会略显枯燥乏味，激发不了学生的学习兴趣。体育教师可以通过在体育教学中融入适当的体育游戏，激发学生的学习兴趣，满足学生日益增长的体育需求。通过游戏的开展，学生学习专项运动技术的效率也会大为提高。由此可见，体育教师在教育过程中加入游戏环节，可以营造出一个愉悦、融洽的学习氛围。

（三）优化结构，转差培优

"爱是教育的前提。"作为一名教育工作者，要关爱每一个学生，不管是成绩优异的，还是成绩平平的。面对一些成绩不理想、调皮捣蛋的学生，教师不要言语讥讽，不管不顾，要学会科学、合理、机智应对，谆谆教导，循循善诱，抓住他们的兴趣和在意的事情，打开他们的心扉，让他们意识到老师对他们的注意、尊重与认同。诚然，这期间需要体育教师付出真诚和无私的爱。体育教育应该坚信真诚永远大于技巧的原则。教师对学生全心全意地付出，相信终有一天学生能感觉得到，进而向好的方向转变。苏联学者苏霍姆林斯基多次谆谆告诫教育者，不能让学生那种"成为一个好人"的愿望的火花熄灭。

（四）重视道德培养，教育学生做人

大学时期，是学生从学校走向社会的转折时期。那么对于一个高素质的体育教师来说，培养学生良好的体育道德也是体育教学的重要任务。古今中外伟大的教育家、思想家都认为体育教学不仅要提高学生的身体素质，更应注重对学生进行精神教育和道德教育。以奥运会为例。奥运最重要的不是比赛的名次和奖牌的数量，而是全世界人民之间的友爱和人类在奥运场上一次又一次的自我挑战。良好的体育道德才是体育事业得以兴盛的因素之一，人们也终将受益于此。

（五）转变教育理念，倡导合作学习

现阶段，我国很多高校大力推行教育改革，体育教学也在其中，"合作学习"便是体育教学改革的一项重要内容。合作学习就是要营造一种"在合作中竞争，在竞争中合作"，"在乐中求学，在学中取乐"的全新学习氛围，它符合素质教育的最新要求。合作学习可以培养学生的主体性意识，激发学生的创新和成功的意识，培养学生的责任感和合作精神，因此它是一种愉快的体育教学方法。它还有利于形成师生之间相互尊重、相互配合、相互理解的良好氛围。

综上所述，体育教学的最终目的是帮助学生塑造健康的道德品格，发展学生的综合素质，使之成为满足社会需要的栋梁之材。因此，体育教育工作者一定要倾注全部的爱心、力量和智慧于教育之中。

三、高校体育教学中实施培智教育的有效途径

（一）体育与智育相互联系，对人的全面发展具有重要意义

马克思曾说过："我们把劳动力或劳动能力，理解为人的身体即活的人体中

存在的、每当人生产某种使用价值时就能运用的体力和智力的总和。"从马克思这一政治经济学观点中，我们可以看到他对人的全面发展的定义，那就是对体力劳动和脑力劳动都能运用自如的人才算得上是一个合格的全面发展的人。由此可见，人的全面发展的本质特征应该是涉及各个方面的，但最基础的当属体力和智力的发展。因为对于任何一个社会个体而言，无论你从事哪种社会活动，最后都需要手脑并用才能够完成。任何只单纯依靠体力或者脑力的劳动都是不存在的，这也是人之所以是人而不是动物的决定性因素。只有使二者有机结合起来，运用到具体的社会实践之中，人才能获得全面发展，而且人的发展最终也会反作用于体力和智力的发展。马克思和恩格斯不仅揭示了人类自身发展是片面向全面发展的客观规律，而且详尽地阐述了人全面发展的本质特征和真正含义。

（二）体力与智力发展并进

纵观世界，不管东方还是西方，教育的目的就是育人成才，克服人自身的不足，进一步发展人的体力和智力，使人趋于完善。智力是人对客观事物的自我认知和运用已储备的知识解决现实问题的能力。通常情况下，人们常说的智力主要包含观察、想象、注意、记忆、思维、分析、判断等一系列心理内容。首先，智力的发展离不开它赖以生存的土壤——大脑，大脑为它提供生存的土壤并源源不断地供应其营养。其次，智力的发展还离不开社会实践活动，没有深入社会实践活动中，人是不可能获得超越常人的智力的。在现实生活中，我们熟知的伟大人物都是经历过人生的历练才成长起来的。当然，伟大的人物并不一定都是外表威武强壮的，他们中也不乏瘦弱矮小的心灵巨人。由此可见，智力和体力并不一定是成正比的。于是，有一些人就开始把智力和体力对立起来看待，重文轻体和重体轻文是其中最常见的两种错误思想。居里夫人说过："科学的基础是健康的身体。"古今中外许多做出丰功伟绩的英雄人物，其才能不仅表现在智慧上，也表现在顽强拼搏和舍己忘我的精神上，他们还很注重身体的健康。为了实现强国富民，我们不仅需要储备大量的科技人才，还应该大力发展一批优秀的体育人才，尤其是发展一批文武双全的人才。

（三）体育锻炼能促进智力发展

受传统观念的束缚，长期以来，体育教学一直不受重视。很多学校注重学生的文化课成绩，对于体育成绩持忽略态度，甚至有些把体育运动看作胡蹦乱跳的体力活动。显然，这是人们对体育运动的误解。体育运动除了能够发展人的体力外，还能发展人的智力。清华大学的一位学生曾做过这样的实验：他一改往日学习 8 小时的习惯，每天从 8 小时里抽出 1 小时进行体育活动。经过一段时间的实验，他得出结论："7 小时的学习＋1 小时的锻炼＞8 小时的学习"。这就是著名的"8−1＞8"理论。由此可见，体育锻炼对于开发人的智力有着非常重要的意义。众所周知，人的智力水平可以通过如记忆能力、思维能力、想象能力、判断能力等表现出来，并且大脑为这些心理过程提供了物质条件和营养补给。那么大脑是如何产生记忆、思维、想象和判断的呢？这也是现代生命科学的研究方向。

健康的身体为智力的发展奠定了坚实的物质基础。有实验表明，经常参加体育锻炼能增强人的体质，增加大脑的重量和皮层的厚度。实验者用老鼠做实验。老鼠被分为两组，一组被关在小笼子中，限制其在里面运动，另一组被关在大笼子中，让其自由运动。一段时间过后，对它们的大脑重量和皮层厚度进行测量，结果表明经常运动的老鼠大脑皮层厚，大脑重量重，脑细胞树突明显且密集。这也印证了体育运动能强身健体、开发大脑这一科学论断。

大脑是人体的司令部，是人体的总指挥部。经过漫长的历史岁月，人脑逐渐从动物那并不发达的大脑进化成智能化的人体大脑。人体大脑像饱经岁月沧桑的老人的脸，颜色发灰，褶皱遍布。大脑的主要构成单位是大脑细胞，大脑中约有140 亿个脑细胞，其中 92 亿个集中在大脑的表层。脑细胞就像是一台电子计算机，有着接收信息、储存信息、传递信息的功能。

众所周知，电子计算机内有几十万个电子元件，且体积庞大。而人脑所拥有的脑细胞要比电子计算机多一万倍左右，但是体积却比它小得多。由此可见，人脑构造是多么精密与复杂。人脑的工作需要充足的氧气和营养供给，就像电子计算机工作需要能源支持一样。这就需要我们进行充足的体育运动锻炼，来确保能量源源不断地供给大脑。

调查研究表明，经常参加体育运动的人，大脑神经细胞反应速度较快，表现在外在物质器官上就是视觉、听觉比较敏锐。国外也有学者指出，一个人的思考速度和反应速度直接反映着他大脑细胞的反应速度。大脑最大的应用就是可以对接收的信息进行加工、整理和编程，传输给下一次应用。从大脑的生理学角度分析，左右两个半脑分工明确。右半脑主要负责情感和意志，左半脑主要负责推理和思维。例如，在进行创造性思维时，左半脑起着决定性的作用，而在进行情感体验和文学创作时，右半脑起着决定性的作用。对于体育运动而言，它同时开发左右两个半脑，激发大脑的无限潜能，促进智力的跨越式发展。

（四）体育锻炼可促进健康

科学、合理的体育运动不但可以帮助人们强身健体，还可以促进其智力开发。但是，这并不等同于体力发展的同时智力一定会跟着发展，二者之间有着本质区别。体力的发展必将为智力的发展提供一片沃土，并为其供给营养，这一点是毋庸置疑的。体力要最终转化为智力还需要一个磨炼的过程，这期间需要调动大脑的多种思维细胞，在挑战过程中发现规律，将体力内化为智力。如果把大脑比作一把刀的话，那么用大脑思考就像是在磨刀，大脑要像刀一样多磨，才会变得更加锋利。

第三节　"寓美于体"教育思想

一、高校体育教学美理论初探

20世纪80年代初，体育教学美逐渐成为一门独立的研究学科。体育教学美理论研究范围广泛，主要涉及体育教学美的定义、理念和主要分类等。但是，具体到现实的实践阶段时，大家的认识仍然存在诸多问题，归根结底，还是对体育教学美的认知不够深入和彻底。表面上，体育教学虽然看似形式单一，毫无美感可言，但这其实是对体育教学的一种误解。体育教学中美的创造和体现无处不在，只是我们还没有用心去挖掘。因此，体育教学美研究学科的诞生可以帮助体育教师对体育教学美有更深入的了解和认识。

（一）体育教学美的定义

体育教学外在表现为身体的运动状态，内在表现为对人体的各种塑造。若套用形式逻辑学中的定义概念模式"定义项＝种差＋属概念"的话，那么关于体育教学美的思考，可以定位在"种差'体育教学'"和"属概念'美'"上。体育教学存在于整个学校教学之中，是学校教学的一个重要部分。体育教学是一个以体育教师的引导为主的教育过程。学生由于生理和心理还不太成熟，需要在体育教师的正确引导下来提高自己的兴趣，使自己融入体育教学之中，在体育教学中主动学习各种体育技能，最终使自己的身体、道德素养和智力都得到发展。

作为哲学和美学重点讨论的话题——美的本质的理解，马克思在他的代表作品《1844年经济学哲学手稿》中重点对其进行了解释。马克思认为，"劳动创造了美"，"人在他所创造的世界中直观自身"。由此可以得知，美的本质其实就是"人的本质力量对象化的感性显现"。紧随其后的实践派李泽厚继承并发展了马克思关于美的本质的观点。他认为，美是在人类的劳动生产实践过程当中产生的，此观点与马克思的观点有异曲同工之妙。美学，究其实质，其实属于哲学范畴，它的目的就是引发主体享受美的体验。当然，美的形态有很多种类。如果按照领域标准来划分的话，美主要可以分为艺术美和现实美。如果按照性质标准来划分的话，美主要可以分为形象性的美、创造性的美和情感性的美。在这三类美当中，创造性决定着美的生命进度。所以，在体育教学进程中，如果想让学生更多地感受到体育教学的美，那么教师应该在教学方式方法上进行变革，只有教师创造性地将审美与知识巧妙地融合起来，才能永葆体育教学美的青春与魅力。

（二）理解体育教学美的三种视角

1. 体育教学美的手段论：以美育体

以美育体，简而言之，就是充分挖掘体育深层次的美育因子，把学生引向对体育美的感知、欣赏和享受阶段。体育美可以激发学生的学习兴趣，让学生在掌握体育美的同时，将其内化到自身，拥有自身特色的运动美和健康美。这也为将来学生学习体育技能和终身体育锻炼打下坚实的基础。

在传统"三基"体育教学模式和教学目标的影响下，教师更加注重对体育教学中外在形式美的追求。他们希望通过教学让学生展现出健康的体态，带给人们美的享受。例如，教师可以从造型美、仪表美、语言美、示范美、精神面貌美和技巧美等方面加大美育教学的力度。这些美的因子可以以不同的顺序进行排列组合，创造出更多新形式的组合美，以此来激发学生对体育运动的兴趣，使其积极投入到体育教学过程之中，让学生在饶有兴趣的体育学习之余，也使自己获得更美的享受。

2. 体育教学美的目标论：以美育人

以美育人，实际上就是要以美作为体育教学的目标，相对于以美为手段的体育教学美而言，这显然更具有导向作用。因为把美作为教学目标的话，其中必然包括把美作为手段去应用，但是它又不仅仅作为手段而存在，它具有超越性，直接指明了体育教学的最终目的就是以美育人。以美育人旨在发展学生的身心健康，因而以美育人更能发展学生的个性美。

强健的体魄为精神的发展提供了坚实的基础和无限的可能。从这种意义上讲，体育美学保障了学生身心健康。它既能为有限的生命提高体力、增强体质，又能促使无限的精神领域实现质的飞跃。体育美学不再把内容限定在发展学生的身体美、运动美的狭隘领域，而是向前迈进了一大步，它更加注重发展学生的个性美，使体育教学完成了从教授技战术转向发展学生个性的质的蜕变。当然，这种质的蜕变并不是说就可以弃技能和健康于不顾，只是一味地去注重发展精神领域。我们要端正态度，在发展精神领域、实现个性美的同时，不应该忽视发展学生的技能和体质，要在这些基本的物质基础上大力发展精神世界领域，从手段到目标都应该实现美的教育。

自国务院颁布《全民健身计划纲要》之后，我国体育教学的目标逐渐拓宽到了生理、心理和社会适应三个方向，成为育人的新型综合目标。因此，在接下来的育人过程中，需要将育心与育体结合起来，将主体需要与社会需要结合起来，将增强学生体质与终身体育意识结合起来，使得教育从对学生体质和运动技能等"有形"的关注，逐渐转向社会适应、心理健康等"无形"的关注，尊重学生的主体地位，促进学生的全面发展。在体育教学美的教育下，学生能获得一场享受美的视觉盛宴和情感体验，进而丰富情感和完善人格。

3. 体育教学美的过程论：美的享受

体育教学的美可以直观地体现在肢体语言、色彩、线条、动作等载体上。它既不像其他学科那样需要说理式的教育，也不像其他学科那样进行表象式教育，它是二者的有机融合。因此，体育教学美的过程是一种美的享受过程，是对真的把握和对善的追求的生动过程，它是体育教学设计者经过思考后的再创造过程，它是教师用各种教学组织方式和手段使得原本枯燥单一的动作技能学习变得情感味十足的过程，它是教师凭借自身魅力使学生向其靠拢的过程。体育教学美最大的特点是直观感性的，它需要借助动作、形体、空间、移动等载体来传递，只有把体育教学美不再当作课堂点缀，始终如一将其贯穿于体育课堂教学的始末，才能最终促进学生的全面发展。

运动的整个过程体现为运动的形式、运动的状态、运动的方式和运动的过程等。运动中达到极致的人体美，运动的形式融入了节律与和谐；动作的结构蕴含着力的最小化与做功最大化的美；运动过程中的人自由支配身体，自我表现精神美……由此可见，体育教学与美的关系非常紧密，二者不可分割。因此，学生不仅要以强身健体为目标，还应该把美融入体育学习之中，做到健中有美、动中有美，让自己享受美。就教学内容而言，教师要充分挖掘体育教学理论和实践中的各种美的要素，尤其是美感丰富的运动项目，如健美操、艺术体操、体育舞蹈、花样游泳、花样滑冰等，让学生在学习优美的肢体动作之余，深入理解肢体动作的内涵特征，让自己的身体在这种美的熏陶下获得释放。就教学方法而言，教师要在教与学的过程中，广泛借鉴美育的各种方法，尽一切可能地创造各种审美要素，提升学生的学习效果和审美能力。

（三）体育教学美的理念高度：生命关怀

体育教学美的最终目标就是把教学目标提升到生命关怀的高度。古今中外伟大的教育家、思想家都提出过人文关怀的主张。中国先秦道家的代表之一老子把"道法自然，自然无为"的自然生命精神融入修身养性中，张扬着一种质朴的"生"的精神。西方学者杜威立足于体育教学自身"生长"特性的教育思想，认为体育教学就是遵循人的本性，让学生自由探索，自由创造，自我实现，成为全面发展的人。苏联学者苏霍姆林斯基认为"学校里最基本的科目应该是人学"。因此，体育教学应充分尊重人性的发展，通过体育教学这一途径，促进人的生命意义趋向完整。体育教学美帮助学生养成良好的身体素质和体格，让学生理解美的真正内涵，掌握审美技能。

在体育教学美的指引下，体育教学实现了从教师预先设计目标转向学生主动建构美的蜕变，这个蜕变的过程实际上是学生探索、发现、解决问题的主体生命行为过程。教学内容也因此一改之前的被动、权威、死板，变成了一个需要再理解、再创造的鲜活个体，它需要主体对象对其进行情感灌溉，使其拥有生命价值。

因此，体育课程的设计者和参与者需要积极调动自己的情感，使体育教学富有生命色彩。

现代的体育课堂，对于体育教师而言，应该是实现生命价值、建立生命家园、体验生命激情的乐土。对于学生而言，它应该是焕发生命活力、充满生命律动、舒展生命张力的天堂。

从体育教学美出发，体育教学的过程应该是教师与学生之间、学生与学生之间相互交融和相互契合的过程，在此过程中，师生的生命价值与活力得以尽情展现。

（四）实现体育教学美理念的难点：情感关怀

苏联教育家赞可夫说过："教学方法一旦触及学生的情绪和意志领域，触及学生的精神需要，便能发挥高度有效的作用。"可见情感之于体育教学的重要意义。因此，在体育教学中，如何运用情感成为体育教师亟待解决的重要难题。如果体育教师能够把自己的情感恰当适宜地注入体育教学之中，必将起到营造体育课堂教学氛围、美化体育课堂教学情境之功效。

体育教师可以通过表情、言语、示范动作等，将自己的情感传递给学生，让他们感受到情感关怀的暖流。

体育运动过程是一个可以帮助学生活跃大脑、开发情感的过程。在此过程中，师生之间情感共鸣，共同产生愉悦、舒适的情感体验。

运动和感知之间有着某种特殊的联系。正常情况下，在运动的过程中，人的感知会变得相对较弱。虽然我们不能强求既能体验运动，又能感知万物，但是我们可以从运动过程中的某一具体事物出发，将想象与现实相结合，以此来拓展我们的情感空间。当然，情感关怀除包含快乐、愉悦等内容外，还应涵盖紧张、焦虑、忍耐、痛苦等内容。只有充分重视体育教学中有可能发生的各种情感，才能让学生在面对突发状况时积极应对，最终促进体育教学效率的提高。

（五）体育教学美的分层与演进

体育教学美隶属于教学实践活动范畴，它与体育教师的体育价值观念、教学思想、体育审美情趣紧密相连。体育教学美不单单体现在体育教学形式上，它更体现在体育教学思想上。体育教学美的外在表现形式是技能技巧方面，体育教学美的内在表现形式则是其先进的教学思想。只有形神兼备的体育教学才能达到真正的体育教学美。而体育教学美则必须通过不断的创新和重组，才能发挥其陶冶、愉悦、和谐的作用。

1. 初级追求：美的方法

体育教学追求美的方法是多种多样的。有的是教师在教学实践中积累、总结出来的，有的是直接借用其他学科的教学方法。当然，无论是采用直接的方法还是间接的方法，当它以娴熟的教学技巧展现在体育教学课堂时，它无疑就是美的，也是体育教学美的重要构成要素。

第一，设计美教学。体育教师如果多了解学生的心理需要和审美需要，在学生需要的基础上设计体育教学环节，可以对提高教学质量起到事半功倍的教学效果。

第二，语言美教学。语言属于体育教师基本教学能力的范畴。体育教师的语言美也是体育教学美的一种表现形式。古人云："师者，所以传道授业解惑也。"这也揭示了教师的职业特征和目标。而在传道、授业、解惑的整个过程中，语言教学是不可或缺的要素之一。因此，体育教师的语言应当简单明了，逻辑性强，情感丰富。体育教师只有在语言上做足功课，才能成功吸引学生的注意力，开启学生想听、爱听的第一步，无形中达成语言美的体育教学目标。倘若体育教学中没有语言美的话，那么后面的体育教学美也就举步维艰了。

第三，形式美教学。体育教学的形式美突出表现在队列设计上，这已成为引导学生练习的重要手段之一。在教学中可用一些图像器材，刺激学生的感官，激发学生的兴趣。当然，教学内容不同，队列图形也不尽相同，这需要体育教师在体育教学过程中灵活掌握和运用。例如，体育教师进行武术教学时，可以采用太极队列进行教学；进行健美操教学时，可以采用圆形队列进行教学；进行田径教学时，可以采用方形队列进行教学。在不同教学内容中采用不同的队列队形，学生觉得新鲜，增加学习体育知识的乐趣，带来美的享受。

第四，动作示范美。体育教师是学生学习的榜样和楷模。因此，体育教师的示范显得尤为重要。体育教师熟练的技术、优美的动作、强壮的体格，都可以成为学生模仿的对象。

2. 中级追求：美的心理体验

在体育技能学习过程中教师对学生练习的动作或比赛的欣赏，可以引起学生对体育技能、技术学习的兴趣，引发学生的求知欲望，从而达到美的自我心理体验，使其积极主动地投入学习。学生一旦主动、自觉地学习，他就可以亲自看到学习进步速度和学习成果，在学习过程中体会到战胜自我的快感。学生通过对自己的表现做出积极中肯的自我评价，不断自我激励，增加自信心，未来的学习过程充满正能量，用积极的态度迎接将来的各种挑战。教师应引导学生学会自我欣赏，教会学生排除干扰，把精力集中在技能技术的钻研、模仿、比较、形成、提高上，形成清晰的运动表象。学生对自己体育美的正确欣赏和中肯评价会激发大量的情感，学习的积极性、满足感和自豪感也会接踵而至，最终超越自我。

在体育美的教育过程中，仅有学生的自我欣赏是不够的，还应欣赏他人。欣赏他人包括欣赏老师、欣赏同学和欣赏高水平运动员等。通过借助他人的力量来丰富自己的感性认识，提高自己的理性认识，这也就是所谓的"美的他人欣赏"。为了激励自己的运动技能水平达到一个新的高度，学生可以把优秀运动员的完美技艺视为自己将来要努力的方向，进而端正学习动机，激发无限潜能。对于一场体育比赛来说，最受关注的莫过于教练员、运动员和裁判员了。因此，他们也可以被视为重要的欣赏对象。教练员沉着冷静地欣赏着赛场上每一位运动员的表现，对他们进行及时的反思与总结，并帮助运动员端正心态；运动员胜不骄败不馁，在比赛中不求超越别人，只求超越自己，顽强拼搏，自强不息，尊重对手，尊重裁判，积极履行体育职责，践行体育精神；裁判员公正执法，严于律己，公平对待每一位选手，认真观察每一个比赛细节。通过对这些教练员、运动员和裁判员的欣赏，学生们可以领会体育精神，进而提高体育兴趣。仅从这个角度来看的话，体育教学所带给学生的欣赏内容是体育比赛无法比拟的。

3. 高级追求：美的创造性教学

美之所以为美，就是其具有自由创造性这一精髓。同样，创造性也是体育教学美的一大特点，因为美的教学在于创造，最忌模式化。黑格尔认为："审美带有令人解放的性质，为人的自由发展开辟通向未来的道路。"教学可以不断警醒学生大脑中的理性法则，让沉睡于个体生命的社会规范不断苏醒过来，让生命具有无限可能性。

体育美教学是以切合实际审美的要求和明确的审美目标为导向的。这就对体育教师自身的美学素养提出了高层次的要求。体育教师要想实现体育教学美，就要勇于打破常规思维，随机应变处理教材内容，促进教学美的产生和发展。转换思路，变通思维，带动学生参与教与学的全过程是每一位体育教师应有的态度。体育教师要想实现体育教学美，就要学会打破体育课程标准的层层束缚，将教学内容重新进行排列组合，融入新的特色内容，填补教学空白，创造出一个又一个让人记忆犹新的教学环节，使得体育教学美展现得淋漓尽致。在体育教学过程之中，体育教师要善于把身边的感性材料和艺术形式，引入体育教学中，焕发体育教学新的活力，以便吸引学生，帮助学生理解所学知识。在祥和的同学关系、师生关系中，师生共同体验美、享受美、憧憬美。

4. 终极追求：追求体育教学美的精神

"成人""为人""完人"是现代体育教学美活动的全过程，促进人的美的精神成长，精神的自由一旦丧失，就意味着"为人"的自由被遏止。因此，学会和追求体育教学的美学精神自由应该成为体育教学的重要目标。

人类之所以创造体育，其目的在于人们想通过体育感受人生，愉悦生命，享受生活，进而寻求美、创造美、提升美，以获得精神世界的享受。在追求体育教学美的时候，学生应该清楚地知道掌握相应的运动技能。人只有在自由支配身体的基础之上，才能获得自由支配精神的可能。体育美的精神并不只是单纯地满足某种生理的需要或某种身体本能，更主要的是能够带给人们一种精神享受，这种享受是普遍的、永恒的、深刻的。美不仅有利于陶冶人的情操，增强人生信念，鼓舞人的斗志，弘扬人性，文明净化社会，还有利于我们看清未来，憧憬未来。通过体育教学，学生能够捕捉到体育情感想象、生命关怀等符号，带着发现美的眼睛去看待整个世界。

二、高校体育教学中美的体现与价值

（一）高校体育教学中美的体现

体育课程是大学生的必修课程，计入学分范围，体育成绩也是学生是否完成学业的考核标准之一。由此可见，体育课程并不是可有可无的，它已经成为教书育人的重要手段。现代体育教学不仅要以提高学生的身体素质为己任，还应以发展学生的身心健康为标准。教师在进行教学的同时，也在本学科的领域展示和探索特征美。而高校体育教师则是这种任务的主要执行者。那么，时常困扰体育教师的一些问题是："体育教师职业美吗？体育教师职业具有吸引从业者的魅力吗？"这些问题不仅值得社会各界深思，而且要求每一位从业者做出理性的回答。可以说，对这些问题的认识直接影响着体育教师对自己所从事职业的价值判断和行为选择，并最终决定着体育教师的职业态度、工作业绩与生命质量。那么就"美"而言，美在何处？归纳历史上各种观念，大体上可分为三类：一为客观论——"美在物"；二为主观论——"美在人"，三为辩证法的观点——"美在物与人的关系"。

（二）学科的美

1. 体育学科教学蕴含着真、善、美

自古以来，体育运动就是人类社会不可或缺的活动之一，与人类的生产和生活息息相关。体育活动富含丰富多彩的审美因子，是审美的一个特殊领域。如今，各种思想倾向于关注自然、身体和社会制度等，很多学者更看重人体自身的美学因素。人们对体育运动中美的好奇与解密可以体现在人们对瑜伽、太极、禅等东方文化思想的极大兴趣和强烈推崇上。究其实质，体育教学只是体育这个庞大家族中一个细小的分支而已。

现代体育教学的目的是培养学生德、智、体、美全面发展。众所周知，教学的使命就是要向学生揭示人间的真、善、美，教会学生运用规律进行创造。体育教学可以为学生将来登上世界大舞台奠定坚实的基础，增添生活的勇气和底蕴。这就要求体育教师不仅自身要提升真、善、美的素养，还要对学生求真、向善、趋美起到示范作用。这是体育教师必须肩负的重要职责。具体来讲，体育教师的"真"，主要体现在教学活动要符合学生身心发展规律，教学内容符合科学性，知识技能与心理逻辑要相统一；体育教师的"善"，主要体现在教师身体力行地为学生树立道德榜样，融情感教育于教学之中；体育教师的"美"，主要体现在教学过程形象生动、教学活动丰富精彩、教学互动愉悦和谐。

夏夫兹博里说："凡是美的都是和谐的和比例合度的，凡是和谐的和比例合度的就是真的，凡是既美又真的也就在结果上是愉快和善的。"就体育而言，它在教授课程中展示出的各种动作形态、比赛时规定的各种规则条例、动作的

起源和发展等无不是对体育美的演绎。从体育动作的学习过程中，我们可以感受到美。人们通过体育的动作美去探究运动本质的规律，这就是在追求所谓的真。由此可知，体育的真、善、美和人类的真、善、美是息息相关的。因此，教师学科教学的重要任务是以美引真、以美储善，这也是对体育工作者的职业要求。

2. 体育教学体现着感性的美

使学生掌握系统的体育理论、卫生保健和具体的锻炼常识，以实践的内容为志趣，是体育教学的出发点。教师不仅要增强学生的身体素质，更要培养学生进行终生锻炼的好习惯。体育教学内容既要包含体育教学理论，还要包含体育教学实践。这其中涉及人体解剖学、营养学、生理学、力学、卫生学、化学知识、运动技能等。如果体育教学一直用单一枯燥的教学模式，学生不可能对体育有正确的感知。体育学科的教学也不可能脱离一定的形式而单独存在，它总是需要在某种特定情境下在体育教师的指导下进行。所以，此时教师各种清晰的语言、生动的表情、形象的教具、准确优美的动作示范等感性形式显得尤为重要，它使整个体育教学过程极具感染力。如果抛开这些情感因素，只谈体育教学，真不知体育教学该如何继续下去。感性，作为"美"的基本存在形式之一，它不仅是师生主客体之间相互作用的桥梁，还是教学得以继续的决定性条件。可以这么说，没有感性参与的教学，是不完整的教学。体育教学过程不可避免地会接触到大量的形象动作，而美的传递又需要有感染力的形象动作作为载体。因此，体育教师可以抓住此契机，利用体育教学独有的特点对学生进行美学教育。教师在体育教学知识讲解中可以适当融入一些美学基础知识，让学生得到美的体验和熏陶。体育教师可以将美融入语言讲解、动作示范、教学方法、教学手段、场地器材的布置之中。体育审美教育的特点，主要有以下四点。第一，形象示范性。通过鲜明的形象示范来启发和熏陶受教育者。第二，方式自由性。即随时随地都可以进入情境教学之中，灵活自由。第三，情感陶冶性。美德教育最终是帮助学生陶冶情操，获得美的享受。第四，效应持久性。它不是稍纵即逝的，而是深刻持久的，影响审美层次和审美境界。

总之，体育学科教学的美是与学科自身共存共荣的，二者息息相关。无论是教学中感性形式的运用，还是学科教学中真、善、美的良性启发，都能体现出体育教师的职业美。

（三）过程的美

体育教学的过程是发展变化的而不是凝固僵滞的，体育教师的职业活动是在教育过程中进行的。"过程"二字就足以表明体育教学自身的特性——动态性和开放性，体育教学的过程伴随着教育情景和教育手段的改变而改变，也伴随着教育对象和教育内容的变化而变化。这就决定了体育教师职业的与众不同——动态效果明显，换言之，体育教师职业将一直处于变化之中，带有不确定的神秘色彩。也正因如此，体育教学过程的这种动态美阐述了体育教师职业美的基本内涵。

1. 对知识的活化

古语云："师者，所以传道授业解惑也。"因此，有人认为教育意味着教学，教学意味着知识。作为教师，一项重要的职责就是向学生传授人类千百年积累下来的文化理论和实践，武装他们的头脑，促进他们的身心平衡、健康、和谐地发展，进而让他们用健康的身体和智慧的大脑为祖国、为社会贡献自己的力量。当然，对于体育教师而言，体育教师的教育过程首先是一个引导学生的过程，它首先要求教师自身要对本体育专业的知识了解透彻，灵活运用，才能为帮助学生学会相关的理论知识和运动技能打下扎实的基础。只有在熟练掌握的基础之上的运用才能游刃有余，教师也能因此"一心多用"，将有限的时间恰到好处地分割成几部分：教授专业知识和技能，掌握学生学习动态，了解教学进度等。除了对本专业学科有足够的了解之外，体育教师还应广泛涉猎其他知识，只有以雄厚的知识储备做基础，知识的灵活运用和迁移学习才能变得有的放矢。除此之外，体育教师还应该对该体育运动项目的发展趋势有所了解和预测，教会学生用发展的观点看待现实生活中要面临的实际问题，理论与实践相结合，并应用于未来。

知识的活化还应包括教师对学科认识论、方法论的传授。让学生学会学习才是王道。当然，这一切都是建立在教师丰富的知识文化底蕴基础之上的。能使知识在教学中不再单调乏味、一成不变，能在科学体系中对自己讲授的学科有清楚的认知，能在体育教学中展示知识本身所蕴含的无限生命力，能在教学中真正实现理论与实践、科学精神与人文精神的统一，能把知识活化，这些才是每一位体育教师应尽的职责。只有这样，教育过程才能扫掉尘埃，露出钻石；洗掉泥沙、露出珍珠，最终还原其本真面目，这也是教育的真正价值和意义所在。

2. 教育过程中师生经验的分享

教师与学生、学生与学生之间的关系是教学过程中的主要关系，这种关系是双向的。尽管学生与教师在教学过程中所扮演的角色不尽相同，但都在教育活动中扮演着重要的角色。离开了教师的学生和离开了学生的教师，都不能构成完整的体育教学活动。只有教师和学生二者共存于体育教学之中，才能构成完整的体育教学过程。其中，不仅学生和教师之间关系紧密，学生和学生之间的关系也密切相连。因为体育教育过程同大多学科的教育过程一样，都是师生交流、共同促进提高的过程。

在教育过程中师生经验的分享主要指教师和学生互换位置，进行教育和运动中所获得的认识、情感等的"换位"体验。分享需要极强的包容性。其中主要包括以下两方面内容。一是"共同创造"。创造被视为人的优秀能力的表现，被视为制造世界中前所未有的事物的力量，它预示着人的无限可能，最终产生最大的享受。也正因如此，体育教学过程中最有意义的地方就是师生可以共同创造。二是"教学相长"。按照常规思维，体育教学过程就是一个"教师教"与"学生学"的过程。体育教师在整个体育教学过程中占据主导地位，而学生在整个体育教学过程中占据主体地位。学生在体育课堂中的主要目的就是从体育教师身上获得一切可以获得的知识，其中包括体育运动技能和思想品格等。"弟子不必不如师，师不必贤于弟子"，充分印证了师生关系在某种情况下是可以相互转换的。教师其实也是芸芸众生之一，他们不可能在自己有限的生命里熟知各个领域、各个学科的各种知识。他们有的时候也需要从学生身上受到启发，给自己的知识注入新鲜血液。在体育课堂教学中，体育教师与学生思想碰撞、灵感迸发的情况也是时有发生的。这才是真正意义上的师生互动，师生双方发自内心的肯定、学习与相互欣赏，教师与学生进行平等的对话与交流，双方共同进步。在这样的良性循环过程中，师生互惠共赢，共同向前。

在体育教育过程中，体育教师有着主动性和被动性的双重属性。一方面，体育教师虽受教育规律和客观因素的制约，不能随心所欲，但与此同时，还可以在既定的范围里最大限度地动用各种主观因素和有利条件，为己所用。这就是所谓的创造过程，其中包含教师对教材、教法、学生的创造，也包含学生对自己的创造过程。学生对自己的创造过程不仅体现在他在教师引导下对知识的选择、消化和重组，还体现在他运用所学知识来解决面临的现实问题。学生自我创造的过程实质上是一个体验快乐、发展快乐、享受快乐的过程。此外，师生彼此之间的创造又是相互影响、相互促进的。在创造过程中，他们从对方身上吸取经验教训，在这些经验教训的基础上重新出发。有了高起点的创造，再加上自身积极主动的心态，相信成功就在脚下。于是，教育过程便完成了从单向的、静态的向双向的交流和动态的建构的蜕变。这一切无不在传达人类对生活的感受和体验。

与其他学科教学一样，体育学科教学中同样包含丰富的审美教育和美学教育，这就要求体育教师在体育教学过程中从美的本质出发。体育教学美首先要以教育的美为基础，真正发现和运用体育的独到之美，在体育教学中尽可能地用审美的眼光，发现美的原则，创造美的态度，向学生展示体育教学美。

（四）高校体育教学中美的价值

1. 体育美有利于唤起学生的主体意识

体育美教育有一个基础观点，就是首先要健康，然后才是美丽，美丽要建立在健康的基础之上。人们通过科学的体育锻炼能够有效地调节五脏六腑，促进血液循环，进而得以防病治病。

体育美教育要让学生知道，健康的身体才是学生精神焕发的保障。健康是生命的源泉，没有健康，生命也就无从谈起。通过科学的体育锻炼人们会获得更多的氧量和营养，促进血液循环，加速细胞新陈代谢，从而使面容光泽、有弹性，延缓衰老，保持青春活力。良好的体态在一定程度上决定了人们的气质、风度和魅力，因而它也成为人们竞相追逐的对象，而体育锻炼则是获得良好体态的最佳选择。如果学生想要获得形态美，那么坚持进行体育锻炼会是一个不错的选择。体育美教育有助于学生对体育课程有全方位的了解，对体育课程内涵有深层次的挖掘，激发起强烈的学习兴趣，从而能够积极主动地参与体育锻炼，使之成为生命中不可或缺的一部分，为终身体育事业奠定坚实的基础。

2. 体育美的教育有利于增进学生心理健康

体育运动在给学生带来美的享受、美的体验之余，还能帮助学生得到精神上的解放，用最积极的心态去迎接挑战、面对世界，进而有利于他们的身心健康发展。学生在欣赏体育美和创造体育美之余，也学会了遵守规则的优良品质和追求高尚美的体育行为，通过运动领会团结协作、尊重他人的体育精神。

3. 体育美的教育有利于培养和教育学生树立社会意识

从我国优秀的体育健儿身上，我们不难发现某些共同的特质，那就是顽强拼搏、刻苦训练、聪慧过人、道德高尚……他们的存在，让我国的体育事业得以进一步发展，民族精神得以彰显。他们的精神、行为和事迹激发了我们爱祖国、爱人民的热情，学生在学习体育之余树立强烈的社会责任感、社会意识，并将其外化在体育学习的行为上。

体育教学过程中，体育教师起着引导作用，是体育美的主要传播者。因此，体育教师自身素质的高低将在一定程度上影响体育教育美的传授。以体育教师渊博的知识为基础、高尚的道德情操为保障、良好的思想修养为根基、高超的技巧和体能为储备、较强的工作能力为依托，才能激发学生感知美、创造美、鉴赏美、评价美的能力，使学生体育与美育有机结合，让学生在体育课程中受到美的熏陶。

体育教学中，体育美无处不在。如果体育教师能够细心观察，发现这些美的因素，并最终把它们运用于体育教学过程，用体育自身独特的魅力去征服学生，激发学生体育锻炼的兴趣，使学生走出美的误区，形成借助科学的体育锻炼塑造健康美、形体美、姿态美、心灵美的正确价值观。寓美体育教学中，有利于学生主体意识的回归，促进学生的心理健康，树立学生的社会意识。

三、美在高校操类教学中的合理运用

健美操已经成为当今社会人们健身、休闲、娱乐的重要体育运动项目，它之所以能够在短短的时间里走进人们的生活，改善和愉悦人们的生活，深受人们的喜爱，与当今社会人们对美和美好生活的无限追求息息相关，也是与健美操自身深厚的美学基础、符合人们审美心理需求的特性密不可分的。进入 21 世纪，健美操活动已席卷全国的各大城市，深入各个社区和校园，尤其是伴随着全民健身活动的进一步开展，健美操以其独特的魅力和功效，深受人们喜爱。围绕健美操而开展的各项活动也越来越多，越来越流行，如规模盛大的高水平的全国健美操锦标赛和大学生健美操比赛，迅速发展的各种形式的健身俱乐部，各种聚会和晚会中的健美操表演等。

（一）健美操运动的美学原理

美的基本形式主要表现为整齐、对称、比例、均衡、对比、和谐、层次、节奏、多样统一等方面，这为健美操创编者提供了基本的美学理论。

根据健美操的定义可知，健美操有三个方面的含义：第一，健美操是以裁判员依据规则评分为主的体育运动项目，这决定了健美操创造美要遵循体育美学的标准和要求；第二，健美操如同音乐、舞蹈等项目一样是以艺术表演为主的观赏性项目，这决定了健美操美的实现要遵循艺术美学、音乐美学及人体装扮美学的基本要求；第三，健美操是以达到健身、健美和健心为目的的娱乐、观赏型体育项目，这说明健美操只有达到塑造身体形态美、健康美的目的，并符合当今社会对美的追求，才能健康、稳定地向前发展。

从健美操概念的三个内涵可以推测，健美操的美受体育美学、艺术美学、音乐美学、人体装扮美学、人体形态美学和当今社会人们的审美观等诸多方面美学理论的影响。我们应当根据各方面美学原理，设计和创编出更符合人们对美的需求的技术动作和套路，将健美操的生命源泉进一步推动发展。

为此，在设计和创编健美操时应主要遵循以下几方面的美学原理。

1. 体育美学中的"技术美"决定健美操运动技术的发展方向

（1）体育美学中的"技术美"。在体操运动项目中，凡是运动员创造出的新动作都以他的名字来命名，像"吊环李宁""月久空翻"等。这就进一步说明了技术既是人类向自然显示自身力量的过程，又是向自身挑战的过程，是人类本质力量的体现。这就是健美操运动技术美的主要源泉。

体育"技术美"主要通过"动作美"来表现。"动作美"是由身体姿势、轨迹、时间、速度、力量、节奏等因素组成的，是一种动态的美。人体运动是体育存在的方式，体育美必须通过优美、细腻、柔软、精巧、刚健、雄劲、明快、敏捷等各种的人体动作及其组合来塑造美、创造美、表现美。"动作美"在体育美学中处于基础地位。"动作美"的特点在于准确、干净、协调、连贯、节奏感强，给人一种完美、无懈可击的感觉。

应特别注意的是，运动技术的创新性是健美操运动技术美的源泉。

（2）体育美学中的"技术美"对健美操运动技术设计与实现起着"导航"作用。健美操是现代体育项目的宠儿，在创编技术动作时应注意其每一个动作的构思，确保技术动作的创新性，以其技术动作的"难、新、美"来适应社会新的发展，进而满足人们对新的美的追求。健美操应根据体育美学的要求，创造自身特有的"技术美"，并在表演时展示出来。其具体要求如下。

1）"动作美"的设计与实现是健美操"技术美"的核心。动作优美是健美操"技术美"的关键。健美操是一项以美取胜的竞技项目，美是健美操的最高旨趣，要想做到"动作美"，基本动作必须标准、规范。根据健美操竞赛规则，运动员在比赛中必须完成一些特定的、不同类型的难度动作（如动力性力量、静力性力量、跳跃、踢腿、平衡、柔韧等）和具有健美操特色的操化动作及基本步法。这些特定动作的选择与完成，不仅是运动员技术动作能力的展示，而且也表现了体育运动美的最高级形式。整套动作编排美观大方是夺冠的关键因素之一。

健美操"动作美"是通过个体或群体以形体运动的形式表现出来的。运动员要巧妙地协调运用训练有素的内力及柔韧性控制完成各种不同的身体姿势，表现出特别能具体体现健美操运动风格的造型美、柔软美、力量美、难度美及新颖美等。同时，在完成成套动作的过程中每个单个动作的完美无缺，衔接动作的自然流畅以及适宜的动作幅度是健美操运动所特有的美学要求。例如，动态形式中表现空中变化的大跳成俯撑、空中转体成俯撑、单臂移动俯卧撑，表现柔软的各种劈腿、劈叉和静态形式中大量的人体静态造型，如单臂分腿高直角支撑、"叠罗汉"等充分展示了运动员良好的身体素质。这些动作位置高低的变化、速度的变化、层次的变化、幅度的变化，共同构成了健美操所特有的一种风格和美学特征，使人们产生了惊险、意外、刺激的情绪美。

2）重视塑造运动员的姿态美。姿态美是人体具有造型性因素的静态美和动态美的综合表现，是身体各部分配合而呈现出来的外部形态的美，它反映了一个人的风度和气质。优美的体态，即良好的身体姿态，尤其表现为身体活泼、流动的动态美。

要做到健美操的"姿态美"，每个动作都要达到特别的要求，以超难度技巧、独特新颖的编排、舒展大方的动作、各式各样的造型及协调一致的音乐配合等因素将其展示出来。编排健美操时，每个动作、造型的选择一般都要考虑到运动员身体形态，以及运动员做该动作所表现出来的身体姿态。例如，健美操对支撑类动作的要求是：每个支撑动作必须保持2秒；支撑转体时必须完整；所有的直角支撑动作，腿必须垂直；高锐角支撑动作，后背必须与地面平行；所有的水平支撑动作身体不能高于水平45°。

无论是竞技健美操还是健身健美操,姿态动作都应自然大方,充满朝气和活力,并要贯彻体育美学中"立如松,坐如钟,卧如弓,行如风"的人体姿态美的要求。"立如松"是指健美操运动员或锻炼者不管是开始的站立姿态,还是亮相或结束动作要如松树般端正挺拔,头、颈、躯干和脚的纵轴应在一条垂直线上,抬头平视收下颌,立颈挺胸收腹,沉肩两臂自然下垂,臀部紧缩而双腿上拔,使男子充满力量感和男子汉的气概,女子则亭亭玉立,富有弹性感和宁静感,还有一种豪爽英气,别具现代女性的魅力。"坐如钟"是要求健美操运动员为坐姿时,要如铜铸大钟般端正稳重,挺胸收腹。"卧如弓"是要求运动员在有倒地动作时,要协调自然,轻松自在。"行如风"是要求运动员行走时,步态如清风般轻松快捷,不要拖沓滞重,以免破坏美的享受。

2. 舞蹈艺术美学给健美操表演的艺术特点和艺术表现力提供了有益借鉴

任何一种舞蹈艺术都是人类物质和精神生活的载体。舞蹈是以人的形体动作为基础表现手段来塑造形象、表情达意的表演艺术。具体地说,舞蹈是以表演者自身的形体动作、姿态、造型等为传达媒介,以人体动作在幅度、力度和角度上的变化、运动为艺术语汇,表现人的内心情感、审美追求及时代精神的表演艺术。

(1)舞蹈艺术的美学特征如下。

1)动作性、韵律美。舞蹈借助音乐旋律的变化来表达舞者不同的内心情感,并借助音乐的结构来组织舞蹈自身的结构和进程,这样才能跳得有弹性、有情趣、有韵味。

2)程式化和虚拟性。舞蹈动作的程式化,是舞蹈发展到较为成熟阶段的产物,它丰富和提高了舞蹈动作的表现手段,使舞蹈动作显得规范整齐、活泼自然,并较稳定地传达一定的情感意蕴,有助于舞蹈风格的形成。这在古典舞、芭蕾舞中更为明显。

3)表演的综合性。舞蹈虽不属于综合艺术,但在表演时也有不少综合性特征。例如,舞蹈动作在短暂停顿时,具有明显的雕塑意义,以致西方的舞蹈家认为"舞蹈家的任何瞬间都该是雕塑家的模特儿"。舞蹈同音乐更是密不可分的孪生姐妹,音乐是"舞蹈的灵魂","音乐中包含了并决定着舞蹈的结构、特征和气质"。舞蹈的节奏常常靠音乐伴奏和指挥。此外,在舞蹈中,造型艺术也必不可少。舞蹈演员的服饰、道具，使舞蹈的形象更具体、鲜明；舞台美术、灯光配备等，对舞蹈表演起烘托气氛的作用。

（2）舞蹈艺术美学为健美操的艺术设计和艺术表现力提供借鉴。从艺术角度上看，健美操与舞蹈艺术美实际上是统一的，是人的本质在实践中的感性显现。舞蹈艺术的概念是指各种舞蹈艺术的总和，通过表演动作创造艺术形象。而健美操的诞生源于人们对健美身体的追求，是体操、舞蹈、音乐逐步结合的产物。

总之，融艺术表现为一体的健美操运动，是一种时代气息的再现。它流露出的自然美，就是我们追求的健美操运动的最高艺术境界。

3. 音乐影响健美操动作完成的和谐美，并能同健美操动作一起反映整套健美操的思想内容主题

音乐最擅长揭示人的心灵世界，有人把它称之为"诗的心理学"。音乐可以像激光一样深入人类灵魂深处，寻幽索隐，把人类各种复杂难言的心绪全都映示出来。因此，德国音乐家玛克斯称"音乐可以再现心灵的一切"。

音乐是发挥健美操运动员艺术表现力的重要因素，影响健美操动作完成的和谐美，并能同健美操动作一起反映整套健美操的思想内容主题。

从健美操音乐的选择来看，主要有两种方式：一是根据动作选择音乐；二是根据音乐创编动作。但是，不管是采用哪种方式，健美操在表演时总要表现一定的主题，犹如一首诗，一幅画，能给人们带来特定环境的美感体验，这个主题是通过音乐和动作共同表现出来的。有时，一套完美的健美操动作本身就有其特定的主题思想，音乐根据动作来设计。例如，以天真活泼、顽皮可爱的动作及其组合而创编的幼儿健美操，表现日常生活琐事组合动作的中老年健美操，以及穿插于篮球比赛间隙中的啦啦队表演的健美操，等等。有时，健美操的音乐本身也反映了一定的主题。例如，在国内外大型的竞技健美操比赛中，许多参赛选手的成套动作所使用的音乐，包括以动物行为、体态为主题的音乐，根据童话故事创编的音乐及展示民俗、民风，反映本民族典型特色的创编音乐等。

4. 人体形体美学决定健美操运动员的选材方向和人们参与锻炼的目标追求

人是"万物之灵长，宇宙之精华"。美学认为，人既是唯一的审美主体，自身也是最美的审美对象。对人体美的欣赏，在人类的文明史上经历了漫长的过程。

它起源于母系社会,当时就有崇拜女性美的裸体艺术作品。不过,在世界各地区、各民族中,对于人体美的观念和标准是各不相同的,并且随着时代的变迁,人们对人体审美的标准也在变化。如在两千年前的古希腊,出于战争、竞技的需要,人们把健壮、强劲的体魄作为男子人体美的标准,甚至把它看作做人的骄傲资本;在我国唐朝女子以胖和丰满为美,而今天却把"瘦""苗条"等作为女子美的标准。

(1)人体形体美学的标准。什么样的形体才算美呢?人体美学认为要形体匀称,比例适宜。达·芬奇在讨论人体各部分的比例时,曾制定一系列标准。比如:人的头部应同胸背部最厚处一样,都是身高的八分之一,肩膀的最宽处应是身高的四分之一,双肩平伸的宽度应等于身长,胸部与肩胛骨应在同一水平上,两眼间的距离应是一只眼的长度,耳朵与鼻子应当长度相等。符合这些比例的人体才是美的。还有人提出上下身的比例,以肚脐为界应符合"黄金分割"才较为标准。这些观点用来作为永恒不变的人体美的标准自然并不合适,因为从时代发展、民族区分等情况看,人体美的标准是形形色色、丰富多变的,不过其大致是符合实际的。再比如,五官端正,发育正常,身材适中,胖瘦合适等,关键在于适宜。培根曾说:"有些脸面,一部分一部分地观察,是找不到一点好处的,但将各部分合在一起,那些脸面就很好看了。"有的人则正好相反。

(2)人体形体美学对健美操运动员的选材和人们参加健美操锻炼的启示。人体形体美学中所确定的男女人体美的标准,为健美操运动的"外在美"的发展指引了方向,给运动员选材和对表演者的挑选提供了理论依据。同时,也给参加健美操锻炼的人们确立了人体美的追求目标。

事实上,在现代社会生活中,健美操自觉与不自觉地运用艺术和体育手段向人们宣传人体美,展示人体美。健美操是一项介于文艺和体育的边缘项目,也正是由于这个属性,它又具有美的欣赏价值,不论是参与者还是观赏者都能得到精神享受。健美操中所展示的人体美,是人的形体美和姿态美的展现,是以客体规律的形式表现出的主体活动,是运动美的凝聚成果。这就激发人们追求人体美,积极、主动地参加健美操训练。

同时,健美操所追求的人体美不仅是自然的存在物,也是社会的存在物,人体美必定是自然美与社会美的统一,即体型美、姿势美、动作美和气质美的高度结合。刘海粟曾经说过："人体美，是美中之美，来自其生命和自然流动。"健美操的人体美以身体动作传情，形神兼备为特征。它之所以具有生动的艺术感染力，正是由于运动员或表演者"发于情而形于神"，与心灵共舞，把细腻的情感注入其全部的形体动作之中，塑造形神兼备的美的形象。"男子汉"就是人体美的综合表现。因此，健美操应是一种综合的整体美，其人体美所表现出的青春活力和动人魅力是内外美的统一。

5. 当今人们对社会美的追求

社会美指的是社会生活的美。它直接根源于社会实践。美和真、善有着密切的联系，离开了社会生活实践，社会美就无法存在。社会美的核心是人的美。社会是人组成的，社会只能是人的社会。人，也只有人，才是社会的主体。因此，社会美存在于人自身，存在于他的社会生活、社会关系及社会环境中。离开了人，也就无所谓社会美。形式多样、表现不一的社会美，归根结底，都是人的美。人是美的创造者和欣赏者，是审美的主题；人也是美化和欣赏的对象，是审美的客体，是现实世界最美的欣赏对象。人类社会对美的追求是永无止境的，当今社会出现的各种艺术都是人类创造美和欣赏美的结果。

不同国家、不同时期、不同民族，追求的社会美也是不一样的，它事实上反映了不同国家或民族追求的美的内容是有差异的，它也侧面反映了不同国家、不同时期的社会风气。这就提示我们，健美操作为艺术运动项目也必须遵循社会美的主流，要反映社会美的主题，并创造社会美，引导人们对社会美的追求。

健美操的社会美集中体现在人的思想性格、行为举止方面。当今社会公众人物是最容易被人们效仿的，健美操通过运动员的完美表现以及运动员无可挑剔的身材，激起了人们参与的欲望和热情。健美操的社会美我们可以从以下两个方面来说。

（1）从练习者的角度看。当健美操这一时空艺术进入人的审美视野后，就变成了特定的审美对象，从而形成了特殊的审美形态。健美操美感的产生，是源于个人的直觉，也就是参加者对动作技术的心理感受，它不但存在于对美的欣赏过程，也存在于对美的创造过程，特别是艺术的创造过程。只有充分认识到美，才能唤起人心中的美感，才能调动人的感觉、情感和生命。健美操是身体的律动与心灵相融合的运动，参加者只有把全部的情感贯穿到形体动作中去，并用心灵创造美的意蕴，才能做到"以体传情，形神兼备"，而这种无声的人体语言，充满生命的激情，让人的身心得到一种无与伦比的愉悦和快感。

（2）从欣赏者的角度看。当练习者伴随着美妙的音乐旋律，运用变幻莫测的难度动作和操化动作，将美的形体、美的姿态、美的线条、美的音乐、美的队形、美的服饰呈现给观众时，欣赏者就会从表演者的表演中获得美的享受。换言之，客体所传播出的美的信息，很容易在主体眼里衍化并逐渐升华成为一种理想化的典范和一种充满韵味的象征，引起主体的心理震荡，诱导主体在一种神圣的审美氛围中感受健美操美的意蕴，并对健美操的美产生崇敬和喜爱之情。

6. 人体装扮美学是健美操实现外在美的必然条件

人体装扮美学是研究如何运用美的规律去塑造和装扮人体，使人自身变得更美的一门实用美学门类。俗话说："三分长相，七分打扮。"可见，装扮艺术在人们的日常生活中占据着重要的地位。

（1）人体装扮美学的基本内容及审美标准。人体装扮包括服装和打扮等内容。服装指的是穿着的艺术，打扮指的是化妆、美容与装饰的艺术。

1）服饰美

我国古语说："食必常饱，然后求美；衣必常暖，然后求丽；居必常安，然后求乐。"衣、食、住、行中，穿衣是人生仅次于吃饭的第二大事。从服饰的发展趋势看，它逐渐由"暖体"发展到今天人们对服饰的美观、漂亮、有魅力的要求，使之给人带来审美的愉悦。

① 服饰美的流派。目前，世界上对于服饰美的追求主要可分为两大流派，一是抽象派，二是实用派。事实上，它们都是以服饰的审美功能为追求目标的，只不过各自的侧重点不同。一般来说，抽象派比较注重服装的审美观赏性，以追求审美价值为主，要求服饰能超越现实生活，具有一种审美上的超前性。而实用派相对来说较强调服装的实用价值，要求能在社会上流行开来，为人们普遍接受和喜爱。这都充分说明，服饰已成为人们社会生活中不可缺少的组成部分，它在美化人们的生活、提高人们的生活质量等方面发挥着越来越重要的作用。

② 服饰美的构成要素。穿衣戴帽尽管是人们不同的爱好和习惯，但是，如何穿衣戴帽有很大讲究。穿着得体，就能充分展现出服饰特有的审美内涵，与人的容貌、气质等协调一致，使人不仅具有迷人的外在美，同时也具有富有魅力的

内在美。如果穿着不得体，不但不能显示特有的美感，而且还会让人感觉到别扭甚至是俗不可耐。要提高服装的审美功能，必须深入了解服装形式美的各个构成因素。

配色：配色指的就是服饰色彩的合理运用和搭配。这里也涉及色彩的审美特性问题。色彩的重要性在于它能最有效地唤起人的视觉上的美感，是一种具有很强的审美表现功能的自然物质，能够被人们普遍接受。

色彩与人的情绪的关系主要表现为：① 寒暖感。色彩的寒暖，是根据色调决定的，一般将给人以暖感的色彩，称之为"暖色"，主要有红、黄等色；给人以寒冷感觉的色彩，称之为"寒色"，也叫"冷色"，主要有绿、蓝、紫等色。② 兴奋与恬静感。一般来说，暖色调有兴奋感，冷色调有恬静感。③ 华美与质朴感。红色、红紫色有华美感，而黄色、橙色等有质朴感。④ 联想与象征。红色在人们的生活经验中是太阳和火的颜色，让人联想到热情；绿色是自然中草木的颜色，让人联想到清新与美好。

色彩的这些不同的审美特性，对于服饰的配色来说非常重要。服饰的配色一定要根据人们不同的年龄、性别、性格、职业等进行。总的来说，服饰的搭配要让人感觉得体、大方，具有一定的和谐的美感。因此，服饰配色应按照美的和谐统一的原则进行。

款式：款式指的是服饰的式样和审美造型因素。服饰的款式是随着社会生活的发展变化而变化的，体现出人们对服饰美的不断追求。如人们经常说的"流行款式"等。

功能：这里的功能主要指的是服饰的审美功能。服饰之所以备受人们的喜爱和重视，除了它具有"蔽体"的实用价值外，还具有如下突出的审美价值和作用。

第一，它能起到扬美与掩丑的作用。扬美就是通过服饰的美来衬托人体的美，使两者的结合相得益彰；掩丑指的是利用服饰来掩盖人体自身的缺陷和不足，从而达到美的效果。

第二，服饰能起到美化环境的作用。

第三，服饰美能充分表现一个人的个性美。

第四，服饰美能起到引导社会的审美潮流的作用。

2）化妆与美容

① 化妆。化妆与美容也是人体装扮的重要构成部分。如果说服饰主要是用

来美化人的形体的话，那么化妆和美容则主要是用来美化人的容貌。人的容貌是人体重要的外表器官组合，对于人的整体形象美起着举足轻重的作用。化妆主要指的是人的面部打扮，通过化妆品来美化人的自然容颜。今天，化妆已成为人们（尤其女性）日常生活中重要的内容，越来越受到人们的青睐。经过化妆后的容颜，能给人以强烈的视觉上的美感。化妆应主要关注脸部化妆、眼部化妆、唇部化妆和手部化妆几个重要方面。② 美容。一般人都将美容与化妆看作一回事，其实二者既有联系，又有区别。从词源学的角度讲，都是指使容貌美丽的意思。但是，美容与化妆也存在着一定的区别：从内涵的范围看，化妆的范围相对狭窄一些，而美容的应用范围要广阔得多；从功能上看，化妆主要起到美化装饰的作用，而美容则不仅仅是美化装饰自我，还具有较明确的医疗目的。

3）装饰物

人体的美除了自然形貌以及必要的化妆与美容以外，还离不开装饰物的审美作用。有时，适宜的装饰物能起到画龙点睛的功效。

人体装饰物主要有：头饰（发卡、发网、帽子、头绳等）、胸饰（胸针、胸花等）、腰饰（腰带等）、首饰（耳环、项链、手镯、戒指等），等等。

佩戴装饰物也一定要根据佩带者的年龄、性别、着装的色彩风格，进行有针对性的选择，才能对人体美起到锦上添花的作用。

（2）人体装扮美学为健美操表演者对美的设计提供了理论基础。依据人体装扮美学原理，在健美操比赛或表演中，选择配色协调、款式新颖，有个性的服装，并进行适宜的化妆和美容，再配以独特的装饰物，将会为男女运动员或表演者锦上添花，亦表现出其独特的艺术魅力。

根据服饰审美标准，任何一种色彩都会给人以美感，因个人的审美情趣不同，在色彩的喜好上也就各有偏爱，不同的色彩自然会引起人们不同的心理感受，诱发不同的联想。健美操运动员或表演者要根据年龄、性别的特点和表达的思想感情的具体需要选择服饰的色彩搭配，通过服装的色彩传递信息、表达情感、突出个性，给人们带来五彩缤纷的景象和无限美好的遐想。

服饰作为文化的一种表现形式，从某种程度上反映该运动员或表演者的个性和气质。从总体上看，男士服装设计多表现男子魁梧强健、英武有力的风格；女士服装设计则多表现女性青春靓丽、充满高雅纯美的风格。但有时，服装的风格也可活泼多变，不拘一格。比如粗犷的整体与精巧的局部更显得别致动人，令运动员或表演者比赛或表演时豪情奔放、挥洒自如。

同时，也要重视精心挑选一件很好的头饰，如丝巾、头绳、发卡等，以及佩戴彰显个性的腰带，这将会给运动员或表演者起到画龙点睛的效果。

（二）健美操运动的美学特征

如前所述，健美操是融体育与艺术于一身，以其独有的艺术魅力吸引广大群众，既有文化艺术内涵又具备体育竞技形式的一种体育活动，是继体育舞蹈、花样滑冰、花样游泳、艺术体操等项目之后的又一项体育与艺术有机结合的运动。它不仅能强身健体，陶冶情操，还有很高的观赏价值和美学价值。健美操运动所赋予人们的美感，并不是简单的人体原形的自然呈现，而是通过科学系统化专门训练的人的躯体，在音乐的伴奏下完成连贯流畅的、富有弹性的动作，以动态的和静态的外在形式所表现出来的美学特征。

（三）健美操运动的审美标准及美的创造与实现

爱美之心，人皆有之。爱美是人的天性，特别是进入新世纪以来，人们对美的追求更为强烈，尤其是中青年女性们都十分热切地希望有个健美而又常葆青春的体格。那么，作为观赏者应该如何去欣赏和享受健美操的美？健美操的创编者、舞台设计人员以及运动员、表演者又如何创造和实现健美操的美？

1. 健美操的审美标准

（1）"健康就是美"是健美操审美的主旨。今天，人们对健康的追求可以说超过了历史上任何时期，同时，除了追求身体的健康，还追求心理和精神的健康。健美操就是适应人类对健身美体的追求而产生和发展起来的一项"美"的运动。所以，健美操的观赏者应把表演者展示出来的人的身心健康美作为审美的主旨。具体表现在以下两个方面。

一方面，动作风格舒展大方、刚劲有力、协调性高，且连接流畅、造型健美，能充分体现出人们健康的体魄、健美的外形和焕发的精神面貌。

另一方面，健美操和其他舞蹈一样，整套动作的编排都有一定的思想内容，这就要求它所表现的思想内容符合时代的发展。它应向人们传达一种积极、健康、向上的精神。这种精神要通过运动员的面部表情和身体活力来感染观众，使观赏者产生共鸣，表现出想参加此项运动的强烈愿望。这样的健美操能给人们带来青春的喜悦和激情，鼓舞和激励人们更加热爱生活，努力学习，朝气蓬勃，不断进取。

（2）动作和队形编排的创新性是健美操审美的核心。创新是健美操进一步发展的生命源泉，是健美操审美的核心。所以，健美操的编排设计应有创造性，整套动作应有亮点；音乐选择应适宜，有节奏变化，有特色和激情；同时整套动作的强度要适中，动作语汇丰富，过渡与连接流畅，场地与空间运用充分等。集体项目要有队形变化和动力性身体的配合。

（3）表演者丰富多彩、新颖、独特的动作展示是健美操审美的关键。动作美是健美操最显著的特点，它是在时间的展开方式上打破静态美的框架，使美的形态不断翻新，让人以探求、追寻、跟踪的方式不断亲近它、捕捉它。表演者的每个动作都应完美无缺、新颖，尽量避免重复。根据运动员的个人能力尽量加大动作难度，并使衔接动作自然顺畅。动作位置高低的变化、速度的变化、层次的变化、幅度的变化丰富，使人们产生并感受惊险、意外、刺激的情绪美。

（4）适宜的装扮是健美操审美必不可少的条件。健美操作为艺术表演性项目，运动员恰如其分的妆容、得体的服装、富有灵气的装饰物，会大大增加视觉美感。因此，表演者装扮是否适宜将直接影响健美操整体的审美。竞技健美操的服饰除应符合国际健美操的规则外，还应根据比赛场地、运动员的体形和皮肤颜色等选择合适美观的比赛服饰。

2. 创造与实现健美操美的基本要求

创造和实现健美操的美，是一项系统工程，除应遵循前面提到的各方面美学原理以及健美操的技术要求之外，健美操的创编者、表演者和舞台的设计人员还应具体遵循以下一些基本要求。

（1）创编者

1）要善于把握时代主题，使创编风格与动作紧跟时代步伐。艺术来源于社会，又服务于社会，是以反映时代主题为目的。健美操的创编者，实际上是健美操艺术的创造者，应该善于分析当今时代主题，了解当今时代哪些是社会崇尚的思想和行为？社会弘扬的精神是什么？人们对美的追求体现在哪些方面？这实际上就是确定健美操所反映内容的思想性。只有把握了这些，并把它融入创作中，使创作的整套动作符合社会的主题，迎合人们的审美需求，才能够得到社会的认可，最终实现健美操美的传播。

2）在创编动作时，充分了解不同对象的审美需求。人们的审美需求依据年龄、性别、受教育程度、职业的性质而不同。创编者要重视这些审美需求的差别，以满足不同对象对美的需求，也只有考虑人们的差别，才能真正实现健美操不同类型的美。

3）动作的设计风格、音乐选择、难度要考虑服务人群的年龄与性别特征。依据人们参加健美操运动的目的，健美操可以分为竞技健美操、表演健美操和健身健美操。竞技健美操参加对象主要是青年男女，运用体育的竞争机制，其目的是在比赛中取胜，其制胜因素是"难、新、美"；表演健美操的目的是通过艺术的表演满足人们特定的审美需求，它主要是以表演的"艺术性"展示人的身体和精神的美；而健身健美操则主要是通过练习达到强身健体，塑造人体美的形象，不追求难度，而主要强调锻炼的效果，这类项目适合各个年龄段的人群。针对上面的分析，创编者设计动作的风格时，要根据健美操的不同类型、练习者的年龄、性别选择音乐，设计难度，安排负荷强度，以达到人们从事不同类型健美操的目的。所以，竞技健美操是以竞技为目的的，有特定的规则和评分办法，必须编排有一定难度、连续复杂的、高强度的动作；表演健美操设计要更注重艺术的美；健身健美操动作的设计编排必须遵循全面发展身体、符合对象特点、安全无损伤、健身娱乐等原则。

（2）表演者

1）表演时，注重"形"美与"神"美的高度统一。健美操作为以艺术表演为主的运动项目，它同散文一样，高度重视"形"与"神"的统一。所谓健美操的"形"美是指表演者的人体外在美，是通过表演者强健而匀称的身体以及身体姿态、动作等展示美；所谓"神"美是指凝聚、糅合在健美操"形"美中的内在美、气质美和抽象美，是通过表演者在音乐的配合下，把健美操的思想内容和自己对健美操美的理解，以及表演者自身的人格魅力、思想境界等凝聚在一起所共同表现出来的美。所有这些美，都是通过表演者的表演效果表现出来的。因此，作为表演者一方面要通过不断地强化练习，达到技术熟练，形体优美，来实现健美操的"形"美；另一方面，表演者更应深入领会蕴含在健美操套路中的思想内容，使自己所流露出的情感尽可能地贴近创编者的初衷，从而实现健美操的"神"美。最后，把健美操的"形"美和"神"美高度地统一起来，实现整个健美操的美感。

2）重视与观众的情感交流与互动。"情感的交流、相互的理解"是传达美的最好途径。今天，但凡是艺术表演的项目，表演者都非常重视同观众的交流，而交流的手段则是同观众的互动。这既是烘托现场气氛的需要，更是表演者与观众交流思想、传播美的有效途径。"眼睛是心灵的窗口。"因此，健美操要重视与观众眼神的沟通，善于通过身体语言来表达思想语言。做到这一点的最高境界是健美操的表演者能激发观众与他一道随着音乐节奏欢呼、呐喊、舞动。这也是竞技健美操运动员比赛中取得高分的关键，是健美操表演成功的显著特征。

3）动作表演雅而不俗、激情而不放荡。同前所述，健美操的最大特点就是动感、激情、充满极大的活力，这正是健美操受人喜爱的重要原因。尤其是竞技健美操和表演健美操更能充分地显示当今青年男女张扬的个性。动作适当的夸张反映了当今社会是个充满生机和活力的社会。但事情总要有个"度"，过分地夸张与张扬，而忽视了对技术动作的完美追求，反而会破坏观众的审美感受，从而对整个比赛获胜或表演的成功产生负面影响。更有甚者，为了哗众取宠，或为了迎合一些低级趣味的人的所谓的"审美需求"，不惜以一些低俗的动作、放荡的表情，甚至下流的动作进行表演。这完全违背了人们参加或欣赏健美操、追求身体健与美的美好愿望。作为健美操运动员或表演者一定要抵制这些不良风气，以高雅的气质、高度娴熟的技术、舒展健美的身姿赢得观众的掌声，从而把健美操的美在观众面前展现得淋漓尽致。

（3）舞台设计者

1）舞台主题设计应反映比赛或表演的主题。通常，每次健美操比赛都有一定的主题，并且不同类型的健美操比赛突出的主题是不一样的。那么，作为健美操比赛或表演的物质载体——舞台的设计也同样要凸显比赛的主题。作为舞台设计者一定要根据比赛的主题确定舞台设计的主题，以实现舞台设计为比赛主题服务的目的。

2）舞台设计应符合健美操比赛场地的规则要求。对于正式的竞技健美操比赛，比赛规则对比赛场地有明确的要求。规则规定：健美操比赛场地的面积为7 m×7 m。（六人操场地的面积为10 m×10 m），赛台的高度为100～150 cm，后面有背景遮挡，赛台的面积不得小于9 m×9 m，并清楚地标出7 m×7 m的比赛场地，标记带为5 cm宽的红色带，标记带包括在7 m宽的场地内，也就是说，标记带是场地的一部分。在设计正式的健美操比赛场地时，要严格按照比赛规则的要求进行设计。

3）舞台的色彩搭配、装饰风格应综合考虑季节特点、比赛或表演的场所。这实际上是第一个问题的延伸。设计者除考虑比赛的主题外，还应根据一年中季节的不同、比赛或表演的场所等不同，设计出色彩搭配适宜、装饰风格独特的舞台效果，并要考虑白天和晚上灯光的设计。比如，阳春三月在杭州西湖举行的健美操比赛，舞台设计要突出春天的生机和绿意，凸显比赛地西湖的风光等。

第四节 "寓乐于体"教育思想

一、提出"寓乐于体"教育思想的背景分析

（一）"新课程标准"改革的必然要求

为了响应"新课程标准"改革的号召，体育教师要不断更新教学理念。除了要向学生传授基本的体育运动技能外，更要让学生饶有兴趣地参与体育运动，促进学生身心的健康发展。在教学实施的过程中，体育教师要以学生的需求为根本出发点，抓住一切教学契机，激发学生主动学习体育课程的热情。使学生由被动学习，变为主动思考，自主活动，自我管理，同时使学生在心理上获得愉快的体验。教师也应充分挖掘自身潜能，真正做到教学相长。

在新课改的影响下，体育教学应充分发挥教师的主导作用，设计形式多样的教学模式，创设教学情境，营造宽松的课堂氛围。在组织教学时，教师要充当导演和演员的角色，积极引导学生效仿，形成教师与学生、学生与学生之间的多向交流，使学生能够积极主动地参与体育运动的全过程，帮助学生实现身体的全方位发展。

体育教师应充分尊重学生主动学习、探究学习的主体地位，只有这样学生才能获得全面的发展。与此同时，教师也要最大限度地激发自己的主观能动性，为学生树立优秀的学习榜样。

（二）"乐学"成为主旋律

"新课程标准"把"激发学生运动兴趣，培养学生终身体育的意识"作为体育教学的基本理念之一。那么如何才能调动学生参加体育锻炼的热情呢？实践研究表明，从教学目标的可及性、教学活动的主体性、教学评价的激励性和教学管理的艺术性四个方面着手，可以有效地调动学生学习的积极性，提高学生的学习效率，激发学生的潜能，优化教学效果。

1. 教学目标的可及性

何为教学目标的可及性？简而言之，就是针对各位学生的身体素质，结合体育项目的运动特点，设置一些学生通过努力就能够达成的目标。以"引体向上"教学为例，教师对身体素质好的学生可以将要求提高一个等级，而对身体素质不好的学生可以将要求降低一个等级，依据学生真实的身体素质状况进行随机教学，最终的目的是让所有的学生都能达成教学目标，并获得自信和提高体育兴趣。

苏联教育学家苏霍姆林斯基曾说过："成功的快乐是一种巨大的情绪力量，它可以促进学生好好学习的愿望，同时成功感也是激发学生兴趣的催化剂。"事实表明，如果我们设置的体育目标能让学生通过努力便可达及，那将极大地激发学生学习体育的积极性，并为他们带来自信的体验，进而也将调动他们学习体育的热情和主动性。

2. 教学活动的主体性

尊重学生的主体地位是实现教师主导地位的前提，也是实现学生乐学的必要保障。在教学过程中，教师从学生的实际需求出发，并结合教学的实际内容，设计一些符合学生身心特点和认知规律的教学环节，充分尊重学生的主体地位，提高学生的学习兴趣，调动学生的参与意识，提高教学效率。

3. 教学评价的激励性

教学评价的最终目的是为学生正确认知自己提供一个科学的评判标准，让学生能够深知自身存在的优势和不足，进而不断地提升自己，最终促进教学目标的达成。"新课程标准"对体育教学的评价重心有所转移，它一改以往单纯关注学生成绩的做法，更加科学地关注学生体验、探究和努力的过程，因而，我们应该充分发挥体育教学评价的激励作用。

4. 教学管理的艺术性

高尔基说："爱孩子，这是母鸡也会的事。"克鲁普斯卡娅说："光爱还是不够的，必须善于爱。"由此可见，教师只顾单纯地用爱去管理教学，是远远不够的，还应该学会管理的艺术。体育课堂的机动灵活和随意性决定了体育教学课堂上的矛盾冲突的必然性。那么，怎样处理这些矛盾冲突才算得上是明智之举呢？这就需要我们体育教师艺术化地管理体育教学。一旦有矛盾冲突出现，体育教师就能迎刃而解，让体育教学课堂氛围恢复正常。良好的教学氛围可以引发学生愉悦的心情和浓厚的兴趣，激发学习热情，促进身心健康和谐发展。

（三）学生人本回归的有效途径

体育运动是一种以肢体的形式玩味着某种精神自由的"游戏"。所以，运动的主体不是运动者或观赏者，也不是体育比赛的结果，而是运动者和观赏者共同玩味的"某种东西"。这里的"某种东西"就是体育运动的"意义"。只有当运动者和观赏者认真、严肃地投入这种"意义"，与其融合为一体时，体育运动才得以展示自身的存在，运动者才进入本真的游戏状态，即"物我两忘"的审美状态，运动文化之美才得以实现。

赫伊津哈认为："游戏竞赛的精神，作为一种社交活动，比文化本身还要古老……我们不能不得出这样的结论：处于最初阶段的文明乃是被游戏出来的。它不是像婴儿那样从子宫脱离出来那样从游戏中产生出来，而是在游戏中并作为游戏产生出来且永远也不脱离游戏的。"游戏所带来的愉悦、自由、规则、体验、和谐，让游戏充满了魅力。

1. 愉悦

愉悦是游戏的初衷。赫伊津哈认为："游戏的基调是狂喜与热情，并且是与那种场景相协调的神圣或喜庆式的。一种兴奋和紧张的感觉伴随着行动，随之而来的是欢乐与轻松。"霍兹曼认为："人们喜欢游戏主要的原因是它的精神色彩和浪漫主义。"弗洛伊德认为："人的活动主要受'快乐原则'的驱使，游戏能最大限度地满足人快乐本能的需求。"由此可见，游戏能够让人获得生理和心理上的快感，让人在最轻松、最自由的状态下最大范围地释放自己。

2. 自由

赫伊津哈认为："只有当'心灵'的巨流冲破了宇宙的绝对专制主义时，游戏才变得可能，变得可以考虑和理解。"沛西·能认为："自由和游戏显然是一对双生姊妹。"由此可见，游戏与自由是密不可分的，二者缺一不可。没有自由，就没有游戏。康德在论证艺术和游戏的关系时认为，艺术的精髓在于自由，而自由也是游戏的灵魂，正是自由，使艺术与游戏连在了一起。他说："艺术甚至也和手艺不同；前者叫作自由艺术，后者可以叫作雇用的艺术。我们把前者看作好像它只能作为游戏，即一种本身就使人快适的事情而得出合乎目的的结果（或成功）；而后者却是这样，它能够作为劳动，即一种本身并不快适（很辛苦）而只是通过它的结果（如报酬）吸引人的事情，因而强制性地强加于人。"所以，他认为游戏是"活动的自由和生命力的通畅"。席勒也将游戏理解为与"自由活动"同义而与"强迫"相对立的概念。

在中国，庄子在《逍遥游》里，用极富散文色彩的笔调，阐明了他自由的哲学思想。庄子认为，"游"是最好的生存方式，只有"逍遥"才能达到"游"。"逍遥"就是指"逍遥于天地之间而心意自得"。在庄子看来，人应该追求一种绝对的精神自由，自由自在才是人生存的理想境界，而一切依靠客观条件的自由（有待）都不是真正的自由，只有绝对地离开条件的限制（无待），才是真正的绝对自由。而常人达不到"逍遥游"，因为人有所依赖，有所追求，把功名利禄看得太重，所以，"若夫乘天地之正，而御六气之辩，以游无穷者，彼且恶乎待哉！故曰，至人无己，神人无功，圣人无名"。即要做到"无待"，必须做到"无己""无功""无名"。庄子"逍遥游"的思想，对中国的游戏观影响很大。

3. 规则

当然，尽管游戏是倡导自由的，但是世间万事万物的自由在一定范围内，没有随心所欲的自由存在。游戏也一样，它的自由是在规则限定范围内的自由。因为只有规则，才能确保游戏的顺利进行。规则是自由的护身符。赫伊津哈认为："所有的游戏都有其规则。""它创造秩序，它就是秩序。它把一种暂时而有限的完美带入不完善的世界和混乱的生活。游戏要求的秩序完全超然，哪怕有微小的偏离都会'败兴'，剥去游戏的特点并使之无趣乏味。"他说："触犯或无视规则的选手是'破坏游戏的人'。"维特根斯坦同样认为，"游戏是由规则来规定的"，他对规则非常重视，他认为，语言里唯一和自然必然性关联的东西是一样任意的规则。这种任意的规则是我们能从这种自然必要性中抽出来注入一个句子的唯一的东西。利奥塔在通过语言来考察后现代的知识状况时也强调，科学知识是一种有自己规则的游戏，他认为维特根斯坦的语言游戏，是通过研究话语的作用而找到的各种陈述，这些陈述都应该能用一些规则来确定，所以利奥塔也非常注重游戏的规则，"没有规则便没有游戏"。

游戏的规则主要有内隐和外显两种。内隐的规则主要是指隐含在游戏外表之下的规则，它主要是指那些必须要服从的游戏需要。维特根斯坦就此曾说过，游戏规则不一定有明确而详细的规定，人们可以在语言游戏中学习规则，甚至可以盲目地遵守规则，"让我们来想一下都在哪些情况下我们会说一个游戏是根据一个特定的规则进行的！规则可以是教人玩游戏的一种辅助。学习者被告知规则，练习应用这个规则。或者它是游戏本身的一种工具。或者规则既不用于教人，也不用于游戏自身，而且也不列在一张规则表上。我们可以通过看别人玩一种游戏学会它。但我们说，这个游戏是按照某些规则进行的，因为旁观者能够从实际进行着的游戏看出这些规则，就像游戏所服从的一项自然法则"。

外显的规则，顾名思义，就是表面上大家都看得到和必须遵守的那些规则，通常外显的规则都是在游戏开始前就明文规定的，其最大特点就是可以直接感知。当然，自由和规则在游戏中并不矛盾。因为游戏和规则是游戏者共同协商，在共同理解的基础上制定的，游戏的规则是游戏者自愿接受，自觉遵循的一种内部自我限定，其目的是用于协调和评判游戏行为，保证游戏公正、顺利地进行。从某种意义上说，这种外显的规则是易变的，它可以随游戏活动的需要而修订和改正，使游戏规则处于不断的生成过程之中。维特根斯坦认为，语言游戏的规则是易变的。"我们称之为'符号''词语''句子'的，所有这些都有无数种不同的用法。这种多样性绝不是什么固定的东西，一旦给定就一成不变；新的语言类型，新的语言游戏，我们可以说，会产生出来，而另一些则会变得陈旧，被人遗忘。"

4. 体验

有参与者参与的游戏才是真正的游戏，游戏的最终目的就是参与者通过游戏体验获得游戏快感。游戏者在游戏中获得的真实感受才是最真实的存在。

游戏时，游戏者尽情地遨游在游戏的世界之中。美国心理学家西克森特米赫利研究发现，人在游戏时有一种独特的体验，能够非常专注，往往能够爆发出超越以往的创造力，身心获得极大的满足。他的观点与美国人本主义心理学家马斯洛的"高峰体验"有惊人的一致。马斯洛在对多名研究对象进行访谈和对大量的宗教、艺术等相关论述进行研究之后，发现几乎所有的自我实现者都会经历一种神秘的体验，"这种体验可能是瞬间产生的、压倒一切的敬畏情绪，也可能是专注在那一刻，自我、现实……一切的一切都远远地遁去了，全身充溢着转瞬即逝的极度强烈的幸福感，甚至是欣喜若狂、如痴如醉、欢乐至极的感觉。"

5. 和谐

游戏活动是人的生理、心理、社会性等要素投入其中的活动。赫伊津哈认为，游戏是"紧张、均衡、平稳、对峙、跌宕、冲突、解决等""它是'沉醉的''痴迷的'，它被赋予了我们在事物中所能觉察的最高贵品质：韵律与谐和"。

总之，游戏是生命的一种存在状态，是身心达到无拘无束的一种自由状态。游戏指向生命个体，每个人都可以依照自己的特点、喜好，从事不同的游戏；具备了游戏心态的生命个体，任何时刻都可以将任何活动变成游戏。没有了外在的功利追求，为游戏而游戏，体验到的只是游戏之趣。游戏人是幸福的，因为他超越了外在的物质追求，超越了琐事的羁绊，游戏心境也是对自身的一种超越。

二、实施"寓乐于体"教育思想的意义分析

（一）体育游戏与身体健康

身体的健康包括人体各部位或器官的发育与功能的完善，它包含着身体的形态、功能及智力等方面的健康。身体的形态健康指人的身体结构、肢体比例、身体姿态等方面具备良好的发展指标。简言之，即具有健康、优美的体形。身体的功能健康表现在基本活动能力的健康，以及从事体育运动所需的能力的完善，包括速度、力量、耐力、柔韧性、灵敏性、协调性、平衡性和反应能力等方面。智力是指人对客观世界的感知，对信息的获取、整理和加工，在感知的基础上进行

记忆、思维和想象等。智力的健康主要表现在思维敏捷、头脑灵活，具有良好的学习、分析与判断能力等方面。

肌体健康是构建人的发展的物质条件，而智力健康则是构建人的发展的精神条件。在体育游戏过程中，人的身体形态、功能及人的智力水平都会得到一定程度的提高。

体育游戏与其他体育活动一样，是以身体运动的形式进行的，活动的内容与形式是经过预先设计的，因而它同样具有其他体育活动所具有的健身作用。另外，体育游戏是一种综合性很强的体育手段，因此，它对身体有比较全面的锻炼效果。为了体验有趣的游戏过程，人们参加体育游戏一般都是一种自觉自愿的行为。主动、积极的行为能发挥人的最大能动性，因而在体育游戏中能达到良好的身体锻炼效果，这是其他体育手段所不能比拟的。

1. 体育游戏与身体形态和功能的发展

体育游戏的内容丰富多彩，形式多样，可以通过多种手段促进青少年的生长发育，培养其正确的身体姿态，发展其基本活动能力，提高身体素质，促进身体的全面发展，增强体质。

（1）体育游戏与身体形态的健康。良好的身体形态不仅是身体发育完善的标志，而且还能给人以美感。而具有良好体形的人自身也通常能保持一种健康自信的心态，这对于人们生活的各个方面都有着积极的影响。例如，"能看到多高""金鸡独立""膝顶下巴""背后握手"等站姿游戏；"跪姿头碰地""'V'字平衡""左坐右坐"等坐姿游戏及"小摇车"等卧姿游戏，都可以通过拉伸身体的肌肉、韧带，提高身体的柔韧性和平衡能力，增强局部肌肉力量，从而达到塑造良好身体形态的目的。

（2）体育游戏与身体功能的健康。人的基本活动能力包括走、跑、跳、投、攀登、搬运等。体育游戏在培养人的基本活动能力方面有重要的作用，尤其对于少年儿童而言。少儿时期是人的基本活动能力发展的黄金阶段，而在这一阶段，少儿表现出的特点是年龄小，自制力与理解力差，参加活动多凭兴趣。体育游戏趣味性强的特点恰恰满足了少儿的需求。孩子们在兴趣的指引下，主动积极参加各种有益的游戏，在愉悦的氛围中提高了身体的机能。这类游戏如：发展奔走能力和节奏感的"大步走，小步走""和着节拍走"；发展跑的能力和躲闪能力的"追拍跑""钻洞跑"等；培养弹跳力、灵活性的"跳皮筋""夹口袋跳"；发展手臂力量、灵巧性的"沙包投准""小球打大球";综合发展基本活动能力的器械游戏,如"荡秋千""滑滑梯""蹬圆木""攀肋木"等。

学校中的体育游戏常与田径、体操、球类等项目密切配合,经常利用各种运动项目中学生比较熟悉并基本掌握的技术动作来编排游戏,如田径中的"迎面接力赛""垒球投准",体操中的"前滚翻接力""双杠支撑前移接力",以及篮球中的"运球接力赛""投篮赛"等。一方面,这能大大扩充体育游戏的容量,使游戏的内容更加丰富多彩;另一方面,能在游戏过程中检验学生各种基本运动技术的掌握情况。这种形式可以让学生"在乐中学,在学中乐",既巩固了已学的运动技术,也不断改善和提高了各种体育活动能力。可见,体育游戏为运动技术的逐步完善、运动能力的健康发展提供了一条切实可行、科学有效的途径。

2. 体育游戏与启发智慧

体育游戏不仅能够完善人的身体形态机能,提高人的基本活动能力,同时也在人的智力发展方面发挥着巨大作用。

研究表明,人的脑细胞数量与出生时相同,一直不会增加,但大脑的重量则会增加,出生时为400克,到成人时可增加三至四倍。6岁儿童大脑的重量就已经达到成人的90%。人的脑部两岁时形成有关个性的部分;6岁时,铺成思考的基本路线;10岁时,可略见将来的精神成长。在此三个阶段,健全地调整神经突起组合,才容易发育成有高度思维能力且智力发达的孩子。可见,人的智力除遗传因素外,主要是由后天教育(特别是早期教育)决定的。因此,对儿童智力的开发需及早着手。体育游戏对人的早期智力的健康发展有着积极的促进作用。在幼儿阶段宜多采用各种发展幼儿爬、走、跑、模仿、协调等基本活动能力的简单游戏。例如,提高模仿力的"小兔跳",提高协调力的"渡臀""膝步走",提高身体平衡能力的"围圈跑",提高灵巧性的"向后绕足走"等。这些丰富多彩的幼儿游戏要求孩子脑体并用,边想边做,在促进身体活动能力提升的同时,帮助他们开动脑筋,用自己的眼睛去观察周围的事物、认识周围的世界。可以说,在儿童智力发展的关键期,体育游戏既锻炼了身体的敏捷性,又锻炼了头脑的灵活性。正如高尔基所说:"游戏是儿童认识世界的途径。"

实际上,为数不少的体育游戏或多或少具有智力考验的因素。如"反口令行动""低头看天""抓手指""扶棒"等，都需要游戏参与者具有机智的反应，具有视觉、运动感觉的敏感性，以及对空间和时间的判断能力，才能快速而准确地完成游戏。此外，体育游戏通常是以对抗、竞赛的形式来进行的。如"冲过封锁线""攻城""齐心协力"等游戏，需要参与者积极地研究战略布局和战术配合。研究个人或团队如何在规则允许的范围内采用最佳实施方案，选择最有效的动作战胜对手，从而完成游戏。战略、战术的研究和运用，不仅是体力的竞争，也是智慧的较量，这些都必须开动脑筋，启发思维。体育游戏的条件和环境多变，内容复杂，它能够发展人敏捷、迅速的判断力并增强记忆力。这对人的智力水平的提高势必起到良好的促进作用。

（二）体育游戏与健康心理的形成

1. 体育游戏有助于消除或减缓不良的学习情绪

人的情绪状态是衡量其心理健康的重要指标。人生活在错综复杂的社会环境中，经常会产生忧愁、压抑、焦虑、紧张等负面情绪。

"趣味性"是体育游戏最基本的特征。游戏本身的新奇、惊险、激烈、紧张会给参与者带来愉快的情感体验，体育游戏往往自始至终都充满了欢笑。即使像"老鹰抓小鸡""打鸭子""两人三足"这样的传统游戏，也常常让人乐此不疲。人们在游戏过程中摆脱了现实生活中的忧愁和烦恼。除此之外，在游戏中获得的胜利，还会使人产生自豪感，增强自尊心与自信心，并在精神上获得一种自我价值得以实现的满足。因此，参加体育游戏可以转移个体不愉快的情绪和行为，使人从烦恼和痛苦中解脱出来，并产生成就感和愉快的体验。

2. 体育游戏有利于确立自我概念

自我概念是个体主观上对自己的身体、思想和情感等的整体评价，它是由许多自我认识所组成的，包括"我是什么人""我主张什么""我喜欢什么""我不喜欢什么"等。

首先，青少年注重自己的外形、姿态。随着年龄的增长，拥有健美体形的要求与日俱增。对于身体形态不佳的青少年而言，对自己身体表象（身体表象是指头脑中形成的身体图像）的认识，常会伴随不满意、失望甚至自卑等心理体验，以致影响其自我概念的确立。从体育游戏对人的身体健康的影响可知，经常参加体育游戏有利于良好身体姿态的形成，有利于人们，特别是青少年改善及正确形成自身的身体表象。这可以使其克服心理障碍，获得从身体到个体的自尊与自信，并最终完全接纳自己。

其次，每个人都乐于自己的能力得到表现，让别人了解自己的长处，从而得到别人的赞扬、尊重。体育游戏为希望展示自己的人们提供了一个新的"舞台"。摆脱了平时工作学习中的压力与烦恼，在体育游戏紧张而愉快的竞争情境中，人能很自然地表现自己的体力、技能与智慧（其中有些能力往往还是平时根本无从表现或发现的）。当表现的欲望、求胜的心理，以及被赞扬、被肯定的渴望同时在体育游戏中得到满足时，个人也就在体育游戏中获得了自信、自尊的自我概念。

3. 体育游戏能培养坚忍的意志品质

意志品质是指人的果断性、柔韧性、自制力以及勇敢顽强和自主独立等精神。意志品质既是在克服困难的过程中表现出来的，又是在克服困难的过程中培养起来的。

体育游戏环境条件丰富多变，组织形式繁多，特别是一些战胜障碍的游戏，诸如体操中的"跳杠追赶""荡越河沟"，田径中的"障碍跑"，足球中的"抢传球"等，都要求参与者在活动中不断克服各种客观困难（如难度、障碍等）和主观困难（如胆怯、畏惧、害羞等），并在克服困难中培养良好的意志品质。由于体育游戏具有"趣味性""竞争性"与"合作性"等特点，通过这种形式来对人的意志品质加以培养，往往能够收到很好的效果。在趣味十足的游戏内容的吸引下，在夺取胜利的愿望的驱使下，以及在同伴的支持与鼓励下，一个人更能克服无论是来自外界环境还是来自个人内心的困难与障碍，更容易塑造坚忍的意志品质。若将体育游戏中培养出来的意志品质迁移到日常的学习与生活当中，必然会为健康心理的形成与保持奠定坚实的基础。

4. 体育游戏有助于人际交往和沟通

在体育游戏中，一方面学生们通过互相接触、合作和竞争等，个体与个体之间，个体与集体之间，集体与集体之间交流更广泛、更频繁，形成了一个小型社会，学生之间可以做到相互包容、尊重信任、团结友爱、鼓励扶持，构建良性的人际关系。另一方面，在游戏要求和规则的束缚下，人与人之间的关系是相对平等的，因此为建立良好的人际关系提供了最佳的平台。

5. 体育游戏有助于学生探索精神与创造性的培养

体育游戏为学生的自由探索提供了平台，有利于学生探索精神的深层次挖掘，激发创造热情。例如，在具体的教学实践过程之中，体育教师可以为学生创设想象和思考空间，让他们想尽一切可以解决问题的办法，这就是创造性的一种表现。这也正是体育教学中特别珍贵的因素，有利于为未来社会的发展培养需要的栋梁之材。

现代社会对现代教育提出了更新的要求，它鼓励开发学生的创造性和探索精神。这就要求体育教师们不再单纯的只向受教育者传达一些基本的体育运动技能，而是教会他们学会学习，只有这样，他们才能成为适应社会发展的合格人才。学会学习、学会生存的核心内容之一是学会发现，学会创造。那么如何培养学生的创造性呢？这成为当今教育界亟待解决的难题之一。大量的实验研究表明，游戏有助于培养学生的创造性和探索精神。

（三）体育游戏对个体社会化的积极作用

1. 体育游戏可以规范道德行为方式，促进价值观内化，培养竞争合作意识

体育游戏是一种规则游戏。游戏规则绝不是游戏制定者随心所欲而定的，它一定是建立在公正和道德判断的基础之上的，它需要符合大多数民族公认的伦理标准和共性特征，因而在消除偏见、克服狭隘、实现对话、互动沟通和规范行为等诸多方面，均能达到较高程度的一致性，尤其是对个体道德潜移默化的影响极为显著。游戏规则的制定有助于学生良好行为规范的形成。游戏者在熟悉游戏规则的基础之上，才能养成遵守规则的良好习惯，进而体会社会规范的意义与价值所在，管束自己的社会言行，提高社会道德品质。由此可见，学生对体育游戏规则的遵守与秉承，在一定程度上可以影响其现实生活中的行为规范。因此，我们要注重发挥体育游戏塑造和培养道德行为的价值。

2. 体育游戏可以满足合群需求，促进人际交往，完善个性特征

体育游戏主要以群体性活动为主。游戏群体是学生在家庭之外所接触的一个十分重要的初级群体，是他们进行人际交往、社会互动及借以学习生活知识和技能并得到个性发展最重要的社会群体之一。学生参加体育游戏活动，增进沟通和了解，不仅可以扩大交友范围，增进学生之间的感情，还有助于拓宽自己

的视野，从别的游戏者身上发现另外一个世界。此外，在游戏中产生的良好情绪及其体验，有助于克服他们独立于家庭之外，步入社会所伴随产生的孤独、焦虑、恐惧、内疚和自卑等不良心理。同时，他们比较自然地了解并逐渐形成了尊重、理解、谦让、协商、竞争、合作、共处、互助、信任、宽容、忍让、体谅、荣誉、责任、和谐、公平、公正、自尊、自重、自爱、自信、自强等优秀品质和健康的个性特征，而这一切对他们适应社会竞争、胜任社会角色都有深远的意义。

3. 体育游戏可以促进社会角色的体验，形成自我意识，培养社会化品质

在体育游戏活动过程之中，游戏参与者中的每一个人都扮演着一定的角色，这些角色虽然看似很虚幻，感觉只存在于游戏之中，其实，有的时候也是对现实生活中某些角色的模拟。在游戏中通过扮演不同的角色，有助于他们养成站在别人的角度上看待问题的良好习惯，有助于填补他们对社会不同角色的心理承受和想象空间，有助于培养他们的角色认同感，从而更好地接受社会、适应社会。在社会角色体验中，为使他人能理解自己的表演和行为的真实含义，个体就必须遵循角色的特定规范并按其要求的社会行为模式进行相应的行为表现，这既是角色扮演的前提，又是一种使角色顺利进入社会的保证。

社会角色是完成社会活动必要的社会形式和个人的行为方式，通过游戏群体活动中不同角色的扮演，青少年儿童懂得了社会角色是与人们的某种社会地位、身份相一致的一系列权利、义务、职责的规范与行为模式，这种体验十分有助于他们步入社会后成功地履行各种不同角色的职责，同时，他们的社会适应性和个性品质在此过程中也可以得到高度发展。

（四）体育游戏的艺术价值

艺术产生于游戏。"仪式产生于神圣的游戏，诗歌诞生于游戏并繁荣于游戏，音乐和舞蹈则是纯粹的游戏。"体育游戏是游戏的一种重要的表现内容。体育游戏也具有一定的艺术性。

1. 体育游戏像艺术一样，把所欣赏的意象加以客观化，使它成为具体的情境

游戏意象原来是心境从外界折射来的影子，使它变成一个具体的情境，在这个具体情境中寻找各种需要的满足。例如，小孩骑马游戏的产生，就是小孩子心境在外界所折射出来的影子，以此来得到自己想骑真马的满足。

2. 体育游戏像艺术一样，带有移情作用，把死板的物质看成活跃的生灵

我们在长大成人、面临枯燥乏味的学习和工作之后，便经常会怀念童年时光，因为那时游戏是天真无邪的，每个小伙伴都陶醉在自己美好的世界里。尽管当时的真实世界并不乐观，但是游戏时候的忘我精神，使得每个孩子仿佛都看见了天堂。游戏带给我们的不仅仅只是物质享受，还有实实在在的精神享受，这也就是游戏的移情作用的价值所在。

3. 体育游戏像艺术一样，是用现实世界之外的另一个理想世界来安慰情感

人从呱呱坠地开始就是好动的，凡是不能动的，都终将让人苦恼于此。疾病、老朽之所以被人厌恶，其最大的原因就是它限制了人们动的自由。越自由能动，越让人快乐。当然，现实世界是有限的，它不允许人无限制地自由活动。但是，人们不能接受这一痛苦的事实，非要在有限的活动里创造无限的可能，于是体育游戏诞生了。体育游戏的功能在于帮助人们摆脱现实世界的束缚，享受运动带来的快乐。所以，体育游戏在人们闲散时需求最大，从这个意义上讲，它确实是一种"消遣"，是一种艺术化了的活动。

第三章

高校体育教学方法的设计与革新

第一节 体育教学方法概述

一、体育教学方法的概念

国内外学者很早就已开始对体育教学方法的研究。在研究的过程中，诸多专家和学者对体育教学方法概念的界定有以下共识。第一，体育教学方法是体育教学系统的重要组成部分。第二，体育教学方法与体育教学系统其他要素之间具有非常密切的关系。体育教学方法服务于体育教学目标和体育教学任务，应能够促进体育教学目标和任务的实现。同时，体育教学方法又受体育教学内容的制约。第三，体育教学方法是"教"与"学"的统一，可有效促进师生的双边互动。第四，体育教学方法受到特定的教学理论的指导。第五，与其他科目教学方法相比，体育教学方法在注重教学语言要素的同时，更加注重动作要素。综合我国学者对体育教学方法的研究，一般认为，体育教学方法是指为实现体育教学目的而采用的手段、方式、措施和途径等的总和。

二、体育教学方法的分类

（一）教法

教法是体育教学过程中的教师层面的教学方法，也是本书所指的教学方法，可以具体理解为教师的授课方法。

1. 知识技能教法

知识技能教法包括基本知识的教法和运动技能的教法。

（1）基本知识的教法基本知识主要是指体育运动项目的基本理论知识，基本知识教法就是针对这些理论知识展开教学所使用的教学方法，主要涉及基础学练理论教学。一般来说，体育基础知识的学习主要是抽象知识的学习，具有一定的难度，不像体育运动技术那样可以直观、生动形象地展现，这就需要教师在体育教学过程中深入了解学生的知识基础、思维能力选择相应的教学方法。教学方法应具有可操作性，并注意与体育运动实践的结合。

（2）运动技能的教法即通过相应的教学方法向学生呈现技术动作，帮助学生很好地理解运动技能的概念、构成及完成方式。这对于学生提高体育运动技能具有重要的作用。其教学方法应便于运动技能规律与特点的揭示，便于具体的技术动作的形象化、生动化展示。运动技能教法的应用特点如下：① 教师通过教学方法的科学选择与实施，促进学生对具体的运动技能的掌握。② 充分考虑与教学体系中其他要素，如教学内容的关系，结合教学内容分析，运用相应方法帮助教师完成教学任务。③ 结合实际教学情况，充分发挥教学方法灵活多变的特点，随机应变，在体育教学活动中灵活处理各种教学要素。

2. 思想教育法

思想教育法是为展现体育思想教学内容而应用的教学方法。开展思想教育法时应注意体育思想、体育道德内容展示的特点，促进学生的体育价值观念、体育精神、体育道德、体育意志品质等的发展与提高。思想教育法意在促进学生如下几个方面的效果。第一，形成良好的意志品质。第二，发展个性。第三，提高团队协作意识。第四，形成正确的价值观和审美观。第五，发展创造性。

（二）学练法

1. 学法

学法的主体为学生。在体育教学中，学生的学法就是了解和掌握体育相关知识的方法，通过具体学法的选择与应用，促进学生对体育知识和技能的掌握。在体育运动教学实践中，学法的应用要求如下。第一，确保学生能掌握教学目标所要求的基本知识与技能，并结合个人情况有所发展。第二，体育学习中，应重视体育知识、经验的积累，自身体能与新知识、技能的有机结合，使体育技能学练符合自身身心发展的规律、特点。

2. 练法

练法具体是学生的运动训练方法，是实现体育教学目标的重要方法和途径。体育教学是一项身体实践性非常强的学科教学，各种体育知识、技能都需要学生的体育活动实践才能理解、掌握，并在之后的体育活动中表现出来，这就需要学生在体育学习过程中结合具体的学习任务、目标及自身实际情况科学、循序渐进地参与体育运动训练，不断提高自己的体质、体能、运动水平，并进一步促进自我体育运动专项体能、技能和心理能力的发展。

三、体育教学方法的特点

（一）实践操作性

与其他学科不同，体育学科的学习更多时候需要学生进行各种各样的身体练习，具有很强的实践操作性，因此，教师在选择教学方法时应充分考虑学生开展身体活动的可操作性，同时应考虑客观的体育教学条件能否为教学方法设计的体育教学活动组织提供必要的物质支持。体育教学方法的实践操作性受体育身体活动的基本性质影响，同时，也受学生参与体育活动的形式的影响。教师选择与设计教学方法时，应结合具体教学实际对教学方法进行必要的调整，如果教学方法中的某一个环节和形式安排可能在接下来的教学活动开展中受阻，则教师应该灵活变通。总之，不能让教学方法停留在理论层面，而应落到教学实践中，符合教学实际。

（二）多感官参与性

体育活动的开展过程是师生的身体活动参与过程，教师与学生进行各种体育技术动作示范、练习，都需要充分调动身体各部位的组织和系统的功能。例如，教师通过动作示范教授学生某一项具体的体育运动项目的技术动作，学生要利用眼睛去看动作、利用耳朵去听讲解、利用肢体去感受动作。因此，体育学练的过程，也是学生身体多感官共同参与的过程。在体育教学中，为了获得良好的体育教学效果，体育教师在选择和运用教学方法时应注意教学方法能否充分调动起学生的多种感官的积极参与，优化教学效果。体育教学方法对学生的多感官的体育调动与参与主要表现如下。第一，体育学习中，需要学生运用思维、感知、记忆和想象，需要学生用眼睛、耳朵及肢体等感受运动的方向、力度的大小和动作的幅度等，进而形成正确的动作定式。第二，在形成正确的动作定式的基础上，将所接收到的教学信息进行整理、分析，协同大脑思维活动，指挥身体的各器官完成相应的动作，并通过不断重复技术动作，最终实现动作技术的正确和精细。

（三）时空功效性

体育教学方法的各教学实施阶段都表现出体育活动的时空功效性特点，以及教学的时空特点。体育教学开始阶段，教师作为教学主导者，指导学生进行相应的学习活动，进行相应的分析、示范和指导。体育教学期间，教学活动的主体发生了相应的变化，学生的主体作用在不断增强，学生通过认知、分析和练习，掌握相应的知识和技能。体育教学结束阶段，教师进行相应的总结和分析，对学生的学习过程、学习效果进行客观、全面的评价与分析，并预告下次教学内容，实现本次课与下次课的时空衔接。

（四）动静交替性

体育运动的教学与训练应保持动静结合，这主要是受运动者个体运动负荷承受范围的影响，是体育教学的基本规律和特点。体育教学方法的"动"即指技能学练。体育运动技能的学习与掌握必须通过实实在在的身体练习来进行，体育教学过程中的各种体育教学方法都是为了促进学生更积极、更好地去参与各种身体活动，通过体育活动实践来掌握体育技能。体育教学方法的"静"即指合理休息。

学生在体育学习过程中，其生理和心理方面都要持续不断地受到刺激，并承受一定的负荷，长时间这样会导致疲劳影响学习效果与质量，这时就需要安排学生进行合理休息，包括积极性休息和静止休息。

（五）师生互动性

体育教学活动的开展需要教师和学生共同参与。整个体育教学活动不应该只是教师组织、学生参与，教师也要适时地融入学生的学练、发现、探索活动，及时给予学生正确的教学指导。教学方法的应用应有助于教师、学生对体育教学活动的积极参与，并促进师生互动。

（六）继承发展性

为了实现与时俱进，教育工作者要继续发展创新，教学方法及其应用也在不断丰富与创新，教师和学生的师生关系、课堂体验，以及体育教学效果都在不断优化。

第二节 传统体育教学方法及应用

一、传统体育教法及应用

（一）语言教学法

语言教学法就是教师通过语言表述，来阐述体育教学知识、文化、规律、特点、技术构成、教学活动安排与过程实施的方法，学生通过教师的这些语言表述来了解教学过程、参与学习过程、掌握必要的教学知识点。

常用语言教学法举例如下。

1. 讲解教学法

讲解教学法即教师通过语言讲解来开展教学。讲解教学法通常用于体育理论教学。讲解过程中，教师应充分考虑学生的理解能力与认知能力的特点与水平。

讲解教学法使用要点如下。第一，讲解要明确，突出教学内容的重点、难点、特点。在体育教学中，教师对于教学内容的讲解必须有明确的目的，不能漫无目的地讲解，这样只会使学生抓不住重点，不能理解教师的用意，导致学习效率低下。第二，讲解要正确，注重讲解内容（历史文化、动作术语、技能方法等）的准确描述。第三，讲解要生动、简明、有重点。讲解应便于学生更好地理解教学内容，如生动形象化的讲解可加深学生的认知，教师可以适当加入肢体语言帮助学生理解。再如，关于概念、技能难点的讲解应有重点，围绕关键技术讲解，更便于学生掌握动作要领。第四，讲解要通俗易懂、深入浅出。教师要善于运用对比、类比、提问等方式进行启发性教学，帮助学生积极思维，使学生举一反三、触类旁通、学以致用。第五，注重教学内容讲解的时机和效果。第六，重视讲解内容的前后关联性。

2. 口头评价法

口头评价法是体育教学中非常重要的教学方法，教师可以在课堂上及时、快速地给予学生最直接的评价、提醒，也可以在教学结束之后，对学生的课堂表现进行口头点评。根据评价性质，口头评价有如下两种。

（1）积极评价。教师对学生的评价是鼓励性的、表扬性的、肯定性的。

（2）消极评价。教师对学生的评价是负面的，以批评为主。这种评价显然会让学生感觉到挫败和沮丧，对此教师应掌握必要的语言沟通技巧，注意措辞，要就事论事，不能过分打击学生，更不能进行语言方面的人身攻击。

3. 口令和指示法

口令和指示具有简短的高度概括性。在体育教学过程中，借助简短的字词对学生给予必要的提示，也可以收到很好的教学效果。

口令和指示法的应用要求如下。第一，教师应发音清晰、声音洪亮。第二，教师进行口令和指示时应尽量使用正面引导、积极性的词汇，并注意提示的时机。第三，合理把握口令和指示的节奏，尽量做到语言精练、言简意赅。

（二）直观教学法

直观教学法是利用对学生的感官冲击来加深学生对体育教学内容的印象，使学生更直观、生动、形象、直接地了解教学内容。体育教学中常见的直观教学法有如下几种。

1. 动作示范法

在体育教学中，教师通过对教学内容的动作示范，来使学生对所要学习的技术动作有一个生动形象的了解，同时熟悉动作结构和要领。运用动作示范法时应注意以下几点。

（1）明确示范目的教师在进行动作示范之前，要明确示范的目的是什么，具体要展示什么。

（2）示范动作正确、流畅教师进行教学动作示范是为了给学生提供必要的技术动作模仿对象，因此教师的示范动作必须正确、流畅，避免误导学生。

（3）示范位置合理教师的动作示范应让每一个学生都能全面、准确地观察，使所有学生都能够清楚地观察到示范动作，因此，应选择合理的位置进行示范。

（4）示范应与讲解结合起来示范和讲解的结合能充分发挥学生的视觉、听觉、触觉等各感官的作用，使学生的听觉和视觉器官同时利用起来，以更好地加深学生对正确技术动作的理解与掌握。

2. 教具演示法

采用图表、照片和模型等直观教具辅助教学，能使学生更加易于理解相应的技术结构和动作形象。应用教具演示法时，应注意以下几点。第一，提前准备好所需的教具。第二，教具应进行全方位展示，例如介绍具体器材的使用方法时，可以让学生近距离体验。第三，注意教具的使用与保护。

3. 案例教学法

案例教学法就是在体育教学中举例子，使学生对体育教学内容的理解更加简单、直观、形象。案例教学法的应用要求如下。第一，举例应恰当，避免举无效案例。第二，对战术配合和组织的案例分析应尽可能详细，并注意多角度（如攻守）分析。

4. 多媒体教学法

多媒体教学法是现代体育教学中广泛使用的方法。与传统的课堂板书教学不同，多媒体教学能令教学内容的展示更加生动形象，而且教师可以更加准确地利用多媒体教学技术向学生分析动作的细节，如通过动画和视频演示，可以将每一个动作精确到秒，若将教学内容制作成电影、幻灯片、录像等，通过重放、慢放、定格等操作方法，能使学生更深入、系统地学习知识、掌握技能。多媒体教学法的使用需要必要的多媒体教学技术支持，也需要教师具备一定的多媒体技术操作能力。

（三）完整教学法

完整教学法是体育教学中广泛应用的一种教学方法。该教学方法重在完整地、不间断地演示整个技术动作过程，通常在体育教学实践课中运用。应用完整教学法时应注意以下几点。

1. 讲解要领后直接运用

教师在对体育运动技术动作的分解讲解后，紧接着示范整个技术动作，能使学生流畅地模仿完整的技术动作。

2. 强调动作练习重点

在体育实践教学中，对于较为复杂的动作，教师应明确讲解、示范重点，使学生正确把握技术动作难点。

3. 降低动作练习难度

对于难度较高的动作，教师可以降低动作难度以便于学生完整练习，在正确动作定型后逐渐增加难度，待学生熟练后再按标准动作进行完整动作学练。

4. 应注意将各动作要素进行分析

教师应将完整的技术动作的各要素进行分析，以使学生能够了解用力的大小、动作的程度等要点。

（四）分解教学法

分解教学法是与完整教学法相对应的一种教学方法，适用于复杂和高难度体育项目的技术动作教学，能将复杂的动作简单化，降低技术难度。分解教学法具体是指在体育教学实践中，教师分解完整的技术动作，然后通过各个阶段、环节的逐个教学，最终使学生掌握整个技术。运用分解教学法时应注意以下几个方面。第一，对技术动作的分解要注意科学性，不能打破各环节之间的有效衔接。第二，分解后的技术动作应依次教学，熟悉后注意组织学生对学习环节前后的衔接练习。第三，分解教学法与完整教学法综合运用效果更佳。

（五）预防教学法

体育教学的开放性使得体育学习同样是一个开放的过程，可受到各种因素的影响与干扰，学生的个体差异性（认知能力、理解能力、肢体协调能力等）也使其不可能做到一下子都能准确掌握知识要点和动作要领，学习过程中难免会犯各种各样的错误，因此教师应针对学生的学习错误，及时进行预防和纠正。预防教学法是对学生的错误认知、错误动作提前采取阻断措施的教学方法。预防教学法的应用要求如下。第一，在体育教学时，教师应在讲解过程中不断强化正确认知，避免学生产生错误认知。第二，教师在备课时可结合自己的教学经验对学生可能会犯的错误做好防治预案。第三，可结合口头评价、提示和指示帮助学生及时预防错误。

（六）纠错教学法

纠错教学法是学生在体育教学中出现认知、动作错误后，教师及时予以纠正的教学方法。在体育教学过程中，教师应正确对待学生由于对各种动作技术理解不清或对动作掌握不标准而出现的错误，并进行有意识的引导和纠正。纠错教学法的应用要求如下。第一，纠错时，教师应注意正确技术动作的讲解，使学生明确产生错误的原因，及时改正。第二，结合外力帮助学生明确正确技术动作的本体感觉。预防和纠错相辅相成，和预防相比，纠错的针对性更强，要求教师认真分析学生产生错误的原因，有针对性地结合错误的源头采取相应的纠正措施，并给出改正方向与方法。

（七）游戏教学法

游戏教学法是指教师利用组织游戏的方式使学生完成预定教学任务的教学方法。这种教学法的应用比较广泛，常见于体育教学的初期，在调动学生的体育学习积极性与主动性方面具有良好的作用。应用游戏教学法时应注意以下几点。第一，所开展的游戏应与具体的体育教学内容相适应，应与教学内容相关。第二，游戏应选择学生感兴趣的内容和方式。第三，游戏开始前，应注意游戏规则、目的的讲解。第四，游戏过程中，强调学生的积极努力、同伴的协同配合。第五，游戏过程中，教师应监督学生在游戏中的行为，避免学生破坏规则，如有发生应实施"惩罚"。第六，游戏结束后，教师应做客观、全面的评价。第七，注意教学安全。

（八）竞赛教学法

竞赛教学法是通过教学竞赛的方式来开展体育教学的方法。竞赛教学法是体育教学不同于其他学科教学的一种重要教学方法，对于促进学生的身体素质、心理素质、竞技能力、社会性关系处理等都具有重要价值。竞赛教学法的应用要求如下。第一，明确竞赛目的，如通过足球运动竞赛切实提高学生的足球运动技能水平。第二，合理分组。各对抗队的实力应相当。第三，客观评价。对竞赛过程中学生完成动作的质量予以客观的评价，并指出改进的方向和方法。第四，竞赛教学法应在学生熟练掌握相应的运动技战术后使用，避免学生发生不必要的运动伤害。在体育教学实践中，教师不应只专注于使用某一种教学方法，也不能毫不顾及教学实际交叉和叠加使用多种教学方法。上述各种体育教学方法的应用应结合具体的教学实际情况和学生情况科学选择，进而促进体育教学质量和教学效果的不断提高。

二、传统体育学法及应用

（一）自主学习法

所谓自主学习法，即学生积极主动、独立自主进行体育学习的方法，学生在学习过程中，主动发现、分析、探索、实践，当然，整个学习过程也需要教师的必要的指导。高校体育教学中，教师指导学生进行自主学习时应做好以下几个方面的工作。第一，教师应针对学生的水平、特点，为学生安排难度适当的体育教学内容。第二，教师可帮助学生制定学习目标，指出学生通过自我探索应该达到什么水平，解决哪些问题；学生则应根据自身的知识储备和能力水平，明确学习目标。第三，学生应根据自身情况，对照学习目标，进行积极的自我调控，并及时改进教学方法和教学策略。第四，教师必须认识到，组织学生进行自主学习，教师仍要间接参与学生的整个学习过程，自主学习并非意味着教师放任不管，教学中，教师应时刻关注学生的学习进度、是否遇到了一些问题，如果学生的学习偏离预期，则应及时引导。

（二）合作学习法

合作学习法是在教师的指导下，学生进行合作互助，通过责任分工承担不同学习探索任务，并最终解决问题，达到教师所设定的学习目标，完成教师布置的学习任务的学习方法。合作学习能够提高学生的学习能力、合作能力。教学中，具体的合作学习操作方法如下。第一，教师根据教学内容确定相应的教学目标。第二，教师引导学生结成学习小组。第三，全体学生在教师的指导下，根据教学内容确定相应的教学目标。第四，确定各小组研究的课题，引导学生自己进行小组内的具体分工。第五，小组成员合作完成小组学习任务与目标。第六，不同小组进行学习和交流，分享研究成果，发现问题，取长补短。第七，教师关注、监督学生学习，推动各小组活动顺利开展。第八，教师评价，帮助学生总结。

三、传统体育练法及应用

（一）重复训练法

重复训练法就是反复进行某一训练内容的练习方法。重复训练法旨在通过反复的动作重复不断强化运动条件反射，使机体产生较高的适应机制，促进学生掌握和巩固技术动作。

1. 重复训练法的类型

一般来说，可根据训练时间长短和训练间歇方式将重复训练法进行分类。

（1）按训练时间长短分。按训练时间长短，可将重复训练法分为短时间重复训练方法（不足 30 秒）、中时间重复训练方法（0.5～2 分钟）和长时间重复训练方法（2～5 分钟）。

（2）按训练间歇方式分。按训练间隙方式，可将重复训练法分为连续重复训练法和间歇重复训练法。

2. 重复训练法的应用要求

第一，反复练习同一动作时难免枯燥乏味，因此训练中教师应时刻关注学生的情绪。第二，训练中，教师应严格规范学生的技术练习，科学控制学生的训练负荷强度。第三，教师应强调技术动作的正确练习，如果学生连续出现错误动作，应停止练习，防止错误强化。第四，训练的数量、负荷和次数安排应符合学生实际。

（二）持续训练法

持续训练法是在保持一定负荷强度、运动时间的基础上无间断地连续进行练习的训练方法。

1. 持续训练法的类型

持续训练法一般可按训练持续时间分为短时间持续训练法、中时间持续训练法和长时间持续训练法。

2. 持续训练法的应用要求

第一，持续训练法使用单个或组合技术进行反复持续性练习。第二，训练前，学生应熟悉具体的训练内容、程序。第三，持续训练过程中，教师应关注学生的训练质量，确保其保持在一定的水平之上，提醒学生注意训练中的动作质量。

（三）循环训练法

循环训练法是对较多的训练内容进行分类和排序，依次完成训练内容与任务，然后再从训练最初的任务开始，不断循环重复整个训练内容的训练过程与方法。循环训练法中的各项训练内容不同，对提高学生的训练兴趣和积极性、主动性有较大的促进作用。

1. 循环训练法的类型

（1）按运动负荷特征分。循环训练法按运动负荷特征可分为以下三类。循环重复训练法：对各训练内容之间间歇时间不做特殊安排。循环间歇训练法：明确各训练内容的间歇时间。循环持续训练法：各个训练内容之间不安排间歇时间。

（2）按训练组织形式分。循环训练法按训练组织形式可分为以下三类。流水式循环：按一定的顺序一个接一个地周而复始。轮换式循环：各学生于同一时间依各自练习内容进行训练。分配式循环：先练习某一内容，然后依次轮换练习内容。

2. 循环训练法的应用要求

第一，注意各训练内容的排序应合理，符合一定规律。第二，训练应逐渐深入，不要急于求成，一般可以先练习一个循环，过 2~3 周再增加一个循环。第三，任何时候，训练参与最多不得超过 5 个循环。

（四）完整训练法

完整训练法是指从头到尾完整地完成一个动作、一套动作、一个技战术配合的训练方法，整个训练一气呵成，没有中断。

实施完整训练法时应注意以下几点。第一，完整训练法多适用于单一技术训练。第二，对于较复杂的技能训练，教师应注意学生的技能基础的良好奠定，然后再进行完整训练。第三，在进行一些运动项目中的战术配合训练时，教师应注意指导学生对整个战术节奏、要点、关键环节的把握。

（五）分解训练法

分解训练法与完整训练法相对，是对训练内容进行阶段、环节划分，然后逐一攻破、逐一精细化地学习与练习的训练方法。

1. 分解训练法的类型

（1）单纯分解训练法该方法把训练内容分解成若干具体部分，然后分别练习各部分。

（2）递进分解训练法该方法把训练内容分解成若干具体部分，然后依次有序练习各部分。

（3）顺进分解训练法该方法把训练内容分解后，先训练第一部分，再训练第一、第二部分，然后训练第一、第二、第三部分……依次逐渐增加训练内容。

（4）逆进分解训练法该方法与顺进分解训练法相反，先训练最后一部分，再将前一个训练内容叠加训练。

2. 分解训练法的应用要求

第一，要进行科学分解，不能切断不能分割的部分。第二，分解训练各部分熟悉掌握后，应进行完整练习。

（六）间歇训练法

间歇训练法中对"间歇"的把控是重点，具体是通过对训练时间的严格规定，通过训练内容与训练时间的有机结合与搭配，安排各训练内容与阶段的训练方法。

1. 间歇训练法的类型

间歇训练法的基本类型有三种。

（1）高强度间歇训练法。该方法适用于体能主导类速度性和耐力性运动项群的素质、技术及技能主导类对抗性运动项群中的攻防训练。

（2）强化性间歇训练法。该方法通过强化间歇来控制训练。

（3）发展性间歇训练法。该方法适用于减少人数且比赛时间分解成阶段性的连续攻防训练。

2. 间歇训练法的应用要求

第一，根据超量负荷的原理，训练中可提高每次练习的强度，增加练习重复次数和调整间歇时间。第二，间歇时间应科学、合理。第三，训练负荷应得当。第四，下次训练前，应使机体完全恢复。

（七）程序训练法

程序训练法是按照一定的顺序进行的程序化、模式化的运动训练方法。

1. 程序训练法的类型

（1）顺序训练法。该方法按照一定的规律和标准明确训练程序，依次展开训练活动。

（2）逆序训练法。该方法多在特定的训练目的下进行，较为少见。

2. 程序训练法的应用要求

第一，强调训练过程的时序性。训练时序性应与训练内容逻辑性融为一体，控制训练过程。第二，训练系统化。学生的整个训练过程应是系统、完整、可控的。第三，训练定性化。具体的训练内容、方法和步骤应体现出鲜明的定性化特点，解决重点训练任务。第四，训练程序化。整个训练应科学、有序地事先安排好，且应在严格检查、评定和监督下进行。

（八）变换训练法

变换训练法是重在对运动训练要素的变换，通过变换不同的训练要素来开展训练活动的训练方法。

1. 变换训练法的类型

（1）内容变换训练法。该方法中的技能训练的内容可为技术动作的变异组合，亦可为固定组合。

（2）形式变换训练法。该方法变换训练场地、线路、落点和方位等条件或环境。

（3）负荷变换训练法。该方法重视负荷强度或负荷量的变换，如降低负荷强度，掌握正确的运动技术动作，形成正确的动作定型；提高负荷强度及密度，以适应比赛要求。

2. 变换训练法的应用要求

第一，训练通过各种条件的"变换"来实现，这种"变换"应使学生产生适应。第二，当初次训练时，或者基础差的学生参与训练时，一次训练中变换的要素不宜过多。

（九）比赛训练法

比赛训练法是以赛代练的训练方法。

1. 比赛训练法的类型

体育教学中的比赛训练法主要有以下几种。

（1）训练性比赛。该方法以训练条件为基础，训练与比赛交叉或同时进行。

（2）模拟性比赛。该方法对事先所了解的各种比赛信息进行归纳总结，训练中模拟比赛条件和环境，为正式参赛做准备。

（3）检查性比赛。该方法旨在检验学生在赛前的训练质量，通过训练，发现不足并改进。

（4）适应性比赛。比赛环境是真实的，通过真实比赛进行训练，提高学生的比赛适应能力。

2. 比赛训练法的应用要求

第一，教师应确保学生具有一定的运动基础。第二，要让学生明确比赛规则，训练要严格按照比赛规则开展。

第三节　符合现代教育理念的体育教学方法

一、现代创新体育教法

（一）探究教学法

探究教学法也称为指导发现教学法，是一种充分发挥学生能动性的教学方法。在教师有意识的体育教学中，让学生经历教师所设计的各种教学环节，引导学生逐渐发现问题、讨论问题，继而处理和解决问题。探究教学法符合现代教育教学理论对学生的要求，也是新体育课程强调学生主体性理念的重要表现，因此在体育教学实践中日益受到重视，该教学方法在体育运动教学中得到了尝试并收到了良好的教学效果。探究教学法的体育教学应用有机结合了教师的"教"和学生的"学"两个方面，适用于战术、攻防关系和技术要点的教学。

（二）合作学习教学法

合作学习教学法是通过对学生的分组，使学生以小组形式完成学习任务的教学方法。合作学习教学法有利于学生养成合作和竞争的意识，对于在集体性运动（如足球）中发挥集体协作作用具有重要的帮助。在现代体育运动中，许多项目都需要相关者的共同参与，即便是以个人运动技能展示为主的体育运动项目，在运动技能练习的过程中，也需要其他同伴的陪伴，离不开大家的相互配合。因此，通过合作学习不仅能增加学生之间的默契配合，提高学生的合作意识和合作能力，还有助于形成良好的教学环境和氛围。

（三）多元反馈教学法

新课程标准要求重视学生在体育教学中的地位，重视和谐师生关系的建立，多元反馈教学法正是一种强调教师与学生之间在学习过程中融洽合作的教学方法。该方法突出教师与学生之间、学生与学生之间进行信息的交流与反馈的及时性，重视通过对学生的积极性、主动性和创造性的激发与调动，促进教学信息的多向传递，促进学生通过系统的知识学习实现自我发展。

（四）多媒体技术教学法

多媒体技术即计算机辅助教学（CAI）技术，是伴随着计算机信息技术的发展而发展的。多媒体教学技术应用于教学已经有较长的一段时间，且因其具有可嵌入性及良好的交互性深受师生欢迎。多媒体技术的发展使得体育教学的教学手段更加丰富，现多应用于体育理论课教学。相比于传统的教学手段，多媒体技术将体育运动相关的图片、Flash、视频等引入课堂，综合了学生视觉、听觉内容，教学效果良好。它替代了传统意义的录音机、手鼓、节拍器等教学手段，教学方式更加智能，并表现出便捷、生动、立体、交互、实时、可长久储存等特点。

（五）计算机网络教学法

计算机网络教学法依托于计算机技术和网络通信技术，可以使体育教学更加生动、互动与高度交互。计算机网络教学法改变了传统课堂教学的范畴，大大拓展了教学的时间与空间。现阶段，计算机网络教学法在高校体育教学中的运用，主要体现在校园教学学习网络的建立。借助于校园计算机网络建设和学生的网络设备，可形成多元化的综合性校园体育教学网络。与传统体育教学方法相比，在新的依托计算机网络的"教"与"学"的交互平台上，师生之间、学生之间可以利用在线交流、邮件、留言等形式实施互动，不仅有助于降低教学的时间与空间限制，还能提高教学维度，优化教学效果。和多媒体技术教学法相比，计算机网络教学法更加智能化，教师所使用的教学资料和教学工具都是数字化、集成化的，课程内容以电子教材的形式呈现。在网络课程教学过程中，还可以实现网络即时模拟讲课、批改作业，在课内教学的基础上很好地解决了教学的延续性问题，师生的交互性更强，并突出了针对性、实用性和趣味性，寓教于乐，可以促进学生的体育学习和教师体育教学的教学相长的良性循环。

二、现代创新体育练法

（一）模式训练法

模式训练法是根据规范式模型进行的训练方法。和其他训练方法相比，模式训练法主要有以下两个特点。

1. 信息化

必须先收集到有关情景、环境、条件的信息，才能进行有针对性的训练。

2. 定量化

训练的内容、方法、步骤等应进行定量控制，以便随时调整和完善训练。

（二）动作组合训练法

动作组合训练法是对多个技术动作的综合训练方法，适用于操类运动、球类运动等基础技术动作的练习。这种训练方法可令训练内容更加丰富、多变，主要有以下三种分类。

1. 动作递加法

动作递加法是通过两个和多个动作连接起来进行练习的方法。当教会学生一个动作或组合时，必须及时与前面的动作或组合连接起来练习。

2. 过渡动作法

该方法是在新动作之前或组合与组合之间加入一个或一段简单易学的过渡动作的练习方法。

3. 动作组合层层变化法

动作组合层层变化法是每次把原有的组合按顺序只改变其中一个动作，使之过渡到另一个动作组合的方法。

（三）信息化虚拟训练法

信息化虚拟训练法具体是指通过信息技术创造虚拟训练环境，并在虚拟环境中进行体育训练的方法。例如，在篮球战术训练中，模拟 CBA 或国际比赛环境，运用 3D 游戏场景引导学生在 VR 眼镜下进行战术感知；在蹦床训练中，在虚拟蹦床比赛场景下让学生进行高精度的蹦床训练，实现多维判断。

第四节　高校体育教学方法的创新与发展

一、高校体育教学方法的发展趋势

（一）多元化

体育教学的复杂性决定了体育教学方法的多元化发展。体育教学发展至今，已经有了许多教学方法，随着体育教学在未来的不断发展，也必然会出现更多的教学方法。体育理论知识体系和运动技能内容的日益丰富、技战术的日益复杂、体育教学系统的多元化也都在客观上要求体育教学方法的多样化与多元化。单一的教学方法是无法实现教学目标的，新课程改革的开展与深化也要求必须创新教学思路与方法。体育教学方法的多元化还能为体育教师的体育教学提供多种选择，进而实现体育教学更加科学的组织与开展。

因此，在现代体育教学中，随着新课程改革的开展与深化，结合多方面影响因素，实现教学方法的多元化优化创新是体育教学发展的必然趋势。

（二）现代化

科学技术的发展为人们的生活提供了便利。在教育领域，新技术的应用对新的教学模式、教学方法的创新也提供了技术支持。教学设备的现代化是体育教学的重要表现之一。随着体育教学的各项技术的逐渐发展，其教学方法也必然呈现出现代化的发展趋势。

传统高校体育教学理念与方式已经表现出局限性与落后性，传统课堂板书、单纯体能训练的教学方法已经与现代社会和学生的发展需求严重不符，不能充分调动学生学习积极性，所以加快高校体育教学方法创新是高校体育教学改革的必然，而且创新意义重大。

新时期，随着现代体育教学的发展，现代化的教学设备、技术在体育教学中已广泛应用。通过先进的现代化设备，教师能够对学生的身体素质进行更加深刻的了解，并能够更好地为学生的学习和生活提供更加便捷的服务。而在体育理论教学中，多媒体、计算机软件等的运用，使得体育教学更加生动形象。

在科技迅速发展的大环境下，科学技术的进步对教学方法的影响是极其深远的。多媒体技术教学、移动通信教学、网络教学等诸多新的具有现代时代特点的体育教学方法的优化和创新，充分吸收了现代的先进科技，为学生的体育学习提供更加快捷、生动、形象和立体化的教学情境，符合当下学生的学习习惯与需要，也经过教学实践证明确实优化了教学效果。

（三）民主化

民主化教学是现代体育教学改革中所提倡的一种新的体育教学思想。民主化的体育教育有两方面的要求：其一，体育教育面向全体学生，每一个学生的体育参与都是民主的；其二，呼吁体育教学中的师生民主。

随着体育教学过程中民主意识的崛起，民主化的体育教学方法也逐渐得到快速的发展。在体育教学方法的选择过程中，也应关注到体育教学中的民主化条件、氛围的创设，让学生在良好的教学环境中学习、参与体育活动。

（四）合作化

在现代体育教学实践中，只运用一种教学方法是无法完成整个教学的，需要综合使用多种教学方法，这就是体育教学的合作化。

体育教学方法的合作化是体育教学方法的重要创新策略，目前，自主学习、合作学习等推崇民主教学的教学方法已经在我国高校得到广泛应用，极大地促进了教学目标的完成和学生的全面发展。

一方面，注重学生合作的教学方法的选择，有助于培养学生的体育合作意识，是实现对学生的体育学习的社会性能力培养与发展的有效途径，能更好地通过教学活动组织实现体育的社会性教育功能。

另一方面，多种各具特色的体育教学方法的综合运用，可以最大限度地发挥不同体育教学方法的优势，不仅能够有效地提高学生的技战术水平和知识水平，还能够培养学生的品德和意志品质，是对多元体育教学方法的一种"优势放大"，有利于体育教学效果的完善和教学质量的提高。

（五）个性化

体育教学中的教学方法面向的是全体学生，但学生之间存在着差异，这就需要在选用体育教学方法时也应突出个性化，体育教学的方法应随着学生各方面的变化（学生的时代特征、个性差异等）而进行适当的调整。

体育教学中的个性化发展要求教师根据学生的具体情况，采用不同的体育教学方法。这对于提高学生的体育学习兴趣，充分调动学生的体育学习积极性与主动性具有重要的意义和作用。

（六）心理学化

体育具有多元教育功能，促进学生的心理健康发育也是体育教育的功能之一。因此体育教师在选择教学方法时应为体育的心理教育功能服务，在体育教学中应重视学生心理塑造，正确引导学生，培养学生健身意识，促进学生的良好体育道德、体育意志品质、体育精神和体育行为的养成。

（七）最优化

不同的教学方法各有优点，因此教师应针对具体的教学内容和教学对象特点，甄选出最优的教学方法。

具体来说，最优的教学方法应充分考虑两方面要素：教学方法具有创新性和系统性；教学方法具有实操性和实效性。

二、高校体育教学方法的科学选择

（一）依据教育理念选择

教学理念对教学方法的选择有重要指导作用。教学方法的选择应以最新体育教学理念为指导，具体要求如下。

第一，现代体育教学强调素质教育，强调学生的身心健康全面发展。体育教学方法选择应体现"以人为本"，促进学生体育参与与学习过程中的"健康第一"和终身体育意识。

第二，体育教学方法的选择应体现出学生在体育教学中的主体地位，有利于激发学生的积极性与主动性。

第三，体育教学方法的选择应重视教学活动中对学生的体育意识、体育能力的培养，为学生走出校门、走向社会继续参与体育奠定知识与技能基础。

（二）依据教学目标选择

体育教学目标是科学选择体育教学方法的重要依据，具体要求如下。

第一，从体育教学的总体目标要求出发，保障每次课的教学目标和总体教学目标都能实现。

第二，充分考虑教学媒体的选用能否实现本次课的教学目标，结合目标应用不同教学媒体、选择不同方法。

第三，教学方法要充分考虑具体教学活动安排所要实现的每一个小的教学目标。如为了让学生巩固技能，教师应多采用练习法、比赛法等；为了教会学生学习新技能，教师应多采用讲解、示范、分解、模仿练习等教学方法。

第四，现代体育教学总目标是促进学生体魄强健和身心健康，所有教学方法的选择都应该以此为标准，不能偏离这个标准而只考虑短期的教学目标的实现，短期教学目标的实现也是为长期教学目标的实现服务的。

（三）根据教学内容选择

体育教学内容丰富，在展示不同的教学内容时，需要使用不同的教学方法，以呈现出最好的教学效果。具体要求如下。

第一，选择体育教学方法时应充分考虑体育教学内容的方便实施，如技术动作教学应采用直观的示范法，原理教学应采用语言讲解教学法。

第二，选择体育教学方法时应充分考虑教学内容的表现方式，通过哪种方式能更好地将教学内容呈现给学生、最大限度激发学生的学习兴趣，就选择哪种教学方法。如图片展示更直观便捷，就不用语言讲解。

（四）依据学生特点选择

学生是体育教学的对象，教学活动的开展离不开学生，否则教学就没有任何意义。对于体育教师来说，体育教学方法的科学选用是为更好地促进学生体育学习服务的，所以在具体的教学方法选择中应重点考虑学生的特点。

在体育教学中，科学选择体育教学方法，既要考虑学生群体特点，还要考虑学生个体特点。就学生群体特点来说，要抓住某一学生群体的共性，科学选择能涵盖学生这些共性的、有针对性的体育教学方法。如低年级学生应多采用游戏方法教学，高年级学生多采用探究、发现法教学。就学生个体特点来说，应关注不同学生的个体差异，针对不同学生采用不同的教学方法。

（五）依据教师条件选择

体育教师是体育教学的组织者、指导者，是体育教学活动的安排者，也是体育教学方法的选择者、实施者，因此，选择教学方法时应充分考虑教师的相关条件，包括教师的素质水平、知识结构、教学能力与经验等能否充分发挥出相应教学方法的优点，教师的教学风格、性格特征是否与其匹配。

在选择体育教学方法的过程中，教师应认真审视自己，根据自己的实际特点、本次课程教学目的和课堂控制来选择合适的教学方法，扬长避短，使教学方法更具针对性。

（六）依据教学环境与条件选择

在体育教学活动开展过程中，体育教学方法的选择应考虑整个教学活动所涉及的教学因素，其中，客观的教学环境与条件应是重点考虑的因素。

具体来说，教学环境包括场地、器材、班级人数、课时数以及外界的社会文化环境。体育教学条件则涉及体育教学的硬件条件、软件条件等。

体育教师应关注这些客观教学环境因素的影响，充分考虑如果选择和实施某一种教学方法，有没有实施这种教学方法的必要的客观环境和条件的支持。

三、高校体育教学方法的优化创新

（一）教学方法的优化策略

随着现代体育的不断发展，教师在体育教学方法优化创新应用方面的意识越来越强，不断有新的体育教学方法被提出并应用到体育教学中去，体育教学方法体系不断得到丰富。但也不乏会出现为了创新而创新的现象,这严重违背了体育教学的客观规律,忽视了体育教学中的学生、教师、教学条件等客观实际,是一种不科学的创新。

科学的体育教学方法的优化创新,应该注重对教学方法和教学现实的深入分析,充分了解不同教学方法的各自优点,针对具体教学内容和教学对象特点的基础之上。此外,对教学方法的合理运用是科学组织与实施体育教学的重要前提,也是体育教学方法优化创新的前提。

(二)教学方法的组合创新

教学方法的组合创新是现代体育教学方法优化创新的必然趋势和要求,具体是指以合作学习法为基础来进行教学方法的优化创新,最大限度地发挥不同体育教学方法对体育教学的促进作用。

第四章

高校体育教学模式

第一节　高校体育自主教学模式

一、概述

（一）自主教学内涵

1. 自主教学概念界定

关于体育自主教学，目前学界并没有统一的定义，许多研究者从不同的角度和层面对体育自主教学的内涵与外延进行了阐述。体育自主教学即将学生作为参与教学的主体，教学目标、教学模式、教学内容和方法都应该紧紧围绕学生展开，并和教师因素共同构成体育自主教学系统。同时，健康、愉悦、放松等积极因素应该成为教学的主要原动力。

2. 自主教学外延释解

体育自主教学具有两个层面的双面性，对于教师而言，它是一种教学模式与方法，而对于学生而言，则是一种学习的模式与方法。因而，从整体上来看，高校体育自主教学就是为了实现一定的教学目标，将学生作为教学的主体，围绕这一主体开展教学模式、教学内容和教学方法的选择，充分发挥学生的主观能动性，激发学生参与热情的一种全新体育教育模式。从教师的角度进行阐释，自主教学就是为了实现一定的教学目的，根据体育教师的安排和规划，学生根据自身的条件制定学习目标，确定学习内容，最终完成学习目标的体育教学模式。

（二）自主教学模式的特点

关于自主教学，目前学界并没有一个严格的定义，大致上可以理解为通过多种形式丰富教学手段，引起学生学习的欲望进而对学习内容进行自发性、连续性的发散学习行为。具体到我国高校的体育教学中，可以将其定义为"在老师基本教学的基础上学生针对自身情况制定学习方法，自我监控、自我调整、自我评价，最终实现体育教学目标的教学方法"。根据自主教学的描述，不难发现它的主要特点。

1. 主观能动性

主观能动性是素质教育的重要内容，也是高校构建体育自主学习模式的核心性特点，还是自主教学模式的基本特征。在传统教学模式中，体育教学和其他学科一样，教师往往处于教学的中心，学生往往需要"跟着教师的节奏走"，并按照教师设定的内容、方式、进度、目标进行学习。在这一模式下，学生的学习很大程度上是被动的，学生按照既定的模式进行，一方面没有充分结合学生的特点和个体差异，同时也使得教学墨守成规，学生的主观能动性和积极性受到一定程度上的局限。

在自主教学模式中，首先关注的便是学生的个体特征，并将学生作为整个教学的核心，所有的教学工作必须紧紧围绕学生开展，同时学生在教学中也必须扮演起重要的角色。在这一教学模式中，学生应该根据自身兴趣爱好和个人特质，结合教学实际情况，和教师一起确定教学的主题、方式和内容，并在教师的指导帮助下进行自主学习，自行选择学习目标、内容和方法，并积极主动地推进教学，充分发挥自身的主观能动性，逐步成为体育教学中体育知识、体育技能和方法模式的构建者。

2. 教学有效性

在教学实践中，教师讲的内容都一样，但学生的学习效果却有天壤之别，成绩优异的学生无一例外都进行了相当程度的自我学习，而正是自主教学的深入开展，让他们学会了发现问题、解决问题，并适应了自我分析理解的能力，实现了从"鱼"到"渔"的过渡。由此可见，自主教学模式的学习是有效的，因为在这一模式中，学生成为积极主动的主体，自主教学模式水平越高，学生的学习效果往往就越好，学校体育教学的质量通常也就越高。

3. 相对独立性

自主教学模式和传统的自学既有联系也有区别，虽然两者都鼓励学生在整个学习过程中充分发挥自身的主观能动性，摆脱对他人的依赖，实现自身学习能力的提升。但是，自主教学模式同时也强调了自主学习过程的系统化，强调教师的引导与帮助和学生之间的分享与交流，因而自主学习系统的独立是相对的，学生不可能脱离教师和学校，完全进行独立的自我学习。相对独立性体现在两个层面：从宏观来看，体育自主教学模式中的构成元素，学生不能完全独立，教学目标、教学内容、教学方式、体育训练的内容、阶段、时间等，学生不可能完全脱离教师的指导和帮助；从微观来看，每一个元素从开始到设计，再到实施及总结，每一个过程学生都需要来自教师和同学的资源共享、帮助与支持。因而，高校体育教学中自主教学模式的独立性是相对的，需要分清学生的学习在哪些方面和过程是自主的，只有这样才能设计出更加符合教学实际的自主教学模式。

4. 情感丰富性

情感是现代教育中一个重要的概念，21 世纪兴起的情感教育便是对这一要素的深入挖掘。情感对于教学具有明显的影响作用，积极乐观的情感会对教学产生积极的推动作用，而压抑消极的情感则无疑会对教学产生负面作用。在自主教学模式中，学生的主观能动性得到积极的调动，其情感得到释放和良性的引导，和传统的教学模式相比，学生在教学中往往可以表现出更加丰富的情感和积极的情绪。自主教学模式带来的轻松活泼的课堂气氛，互助共享的教学资源以及给予学生的展示平台，都将有力推动学生正面情绪的释放，而这种正面积极情绪的释放，将对教学产生积极的推动作用，同时拉近教学双方的距离。

5. 范围有限性

自主教学模式并不是适用于所有的教学，因为对于某些要求极高且教学资源十分集中的高精尖项目，采用自主教学模式未必能适用，或者是教学环境不允许。因而在教学实践中必须注意到，并不是所有的教学内容都可以完全采用自主教学模式，很可能某些学科只能部分采用或借鉴其思维。高校的体育教育和其他学科的教学目标存在巨大差异，通常来说，高校的体育教学并没有在知识模式方面有严格的教学目标，而更多是让学生认识体育、热爱体育，并建立起积极乐观的心态和坚持体育锻炼的习惯，从而全面提升国民的综合身体素质。因而，高校体育教学是可以灵活化及自由化的，只要能实现最终教学目的，无须拘泥于传统的教学模式。

二、高校体育自主教学模式的构建

（一）高校体育自主学习模式的构建策略

1. 强化学生自主学习的理念

在多数学生的观念中，体育课就是打球、跑步，然后获得相应的学分，对体育课本质缺乏理解和认识，体会不到体育锻炼增强身体素质的重要意义。

（1）改变学生的传统观念。使学生认识到体育课对自身身体素质提升的重要性，让学生了解到自主学习体育课程能提升自身的交际能力，同时有效提高自身解决问题的能力，更好地适应未来社会的发展需要。这样能够增强学生自主学习的意识，树立自主学习的观念，积极主动地、发自内心地参与到体育锻炼和体育知识的学习当中，从而有效地提升学生自主学习的能力。

（2）促使学生正确认识自我。高校学生体育课程的选择和体育锻炼计划的制订都要以学生的身体条件为依据。所以，学生要对自身的状况有全面的了解和正确的定位。只有这样，才能够制订出适合自己的学习目标，进而制订出相应的学习和锻炼计划。

（3）增强学生自我监控与调节能力。在培养学生自主学习能力的过程中，教师要注意培养学生自我监控和调节的能力，让学生通过自我测试和反省等方式对自己制订学习目标和锻炼计划进行控制和调节，及时改变学习策略和方法，对自己获得的能力、技能和知识进行及时评价，树立自信，扬长避短，不断激发学生学习的创造性和积极性，为自主学习能力的提升创造空间。

2. 打造"自主选择"的体育学习模式

在高校体育学生自主学习过程中，教师应充分尊重学生，根据学生的不同体育运用情况，适时打造"自主选择"式学习模式，这主要包括自主选择学习的时间、内容和方法等方面，使体育真正走向学生自主，努力提高体育学习质量。

（1）"自主选择"体育学习时间。在大学阶段，学校的教学管理形式是学分制，这种制度给予学生在课程选择上较大的自由，学生可以根据自己的具体情况来安排体育课的上课时间，不管是专项体育课，还是普修的体育课。除了学分制之外，学校还应该有针对性地创造条件，让学生自由选择上课时间，这样能够有效地激发学生上体育课的积极性，在保证与原有学分制同步管理的同时，有效地提升学生的自主学习能力。

（2）"自主选择"体育学习内容。学校应该不断地丰富体育课可选的教学内容，给学生更多的、依据自己的兴趣爱好自由选择的机会，但是高校需注意调控学生的学习活动，加强教学管理。在高校体育自主教学过程中，应注意以下教学侧重点。第一，充分利用高校丰富的体育资源，给学生更大的自主选择空间。在普修体育课上，要尽量根据学生的兴趣爱好来安排教材的内容供学生选择。在专项体育课上，在完成统一教学内容之后，尽可能留出适当的时间给不同基础的学生进行自主的学习和锻炼。第二，学生自主选择教学内容之后，教师要加强对教学的监督和管理，对学习要求有严格的标准，并安排相应的人员组织学生之间相互交流和学习，在这一过程中教师要适时给予指导，保证学生学习的质量。

（3）"自主选择"体育学习方法。每个人的身体素质都存在着非常大的差异，所以要求教师因材施教，根据学生对教学内容理解和接受能力的不同，引导学生自主选择适合自己的练习方法。此外，在不严格要求技术规范的教学内容时，不要限制学生的练习方法，允许学生用不同的方式完成同一内容的练习。例如，在进行篮球运球训练时，教师应该引导学生以个人独立、小组合作等不同模式学习运球，并且结合运球竞赛、游戏等方式，激发学生自主学习的积极性。

（二）建立并完善科学合理的自主教学教育模式

建立一个科学合理的自主教育模式是发展高校体育自主学习的基础，为此，应该彻底改变传统高校体育教育的教师本位思想，将学生完完全全作为教学的核心，所有的教学都围绕学生展开。建立这样的模式，应该考虑到以下因素。

1. 组织引导系统

组织引导系统是高校体育自主教学模式的首要环节，也是这一系统的基础和流程导向，具有重要的基础性作用。组织引导系统的主要作用在于宣传自主教学模式的理念和基本模式，并通过宣传让学生逐步认识、感知并接受这一新兴教学模式。此外，组织引导系统的另一重要作用在于激发学生对自主教学模式的参与热情，通过丰富多样的形式将学生引入到相关体育教学之中，并让学生对学习产生深入理解和挖掘、自我探索的欲望。可以这样说，组织引导系统是激发学生参与自主学习的首要和关键性环节，这一环节将为高校体育自主教学模式提供强大的原动力。组织引导系统的核心在于教师的组织和规划，首先，教师应该对教学目标进行宏观设置和整体把控，并进一步将目标细化为整体目标和阶段性目标，根据目标的设置规划相应的课程与教学手段。

在组织引导阶段，课堂教学的内容与形式十分重要，需要快速抓住学生的注意力和兴趣，并给予其广阔的想象空间，这对于后续自主学习系统的推进十分必要。以课堂教学的引入为例，传统的体育教学往往缺乏课堂教学的引入环节，而在组织引导系统中，高校可以尝试以下热门的话题来展开本堂教学，即设置相应的课堂教学引入机制，如精彩的奥运比赛、街舞、扣篮进球集锦等。这些内容紧扣教学内容，可以在很大程度上激发学生的兴趣和激情，对比传统的集合加解散模式，显然更有利于营造教学氛围，并能够鼓励学生积极参与其中，在课堂的一开始便抓住学生的注意力，从而为后续教学带来方便。

2. 学习系统

这是自主学习模式的核心组成部分，即建立并完善学生的学习模式，学习系统主要包括内容和方式两个层面，这也是学习系统需要明确的两个基本要素。内容，即学生需要明确地选择出学习内容，这一内容可以是多样的，但应该充分结合学生的个人身体特质和兴趣爱好，经过教师的帮扶和建议，最终确定；而形式则是指学生自主学习的方法，学生可以自己进行，也可以分小组进行。分组进行是常用的一种学习系统方式，其学习效果也比较突出，高校可以在学习系统中参考这一模式。首先，教师根据学生的意愿和自身的教学计划综合划分小组，并对各个小组设立考评机制，主要根据小组学习情况和最终教学目标的实现程度进行评价。这样，小组之间便可以形成良性竞争的机制，而在小组内部，各个成员之间亦可以进行经验分享与学习上的互助，从而在内外两个层面提升学习系统的效率和教学效果。

除了内容与方式两个基本层面，学习系统还需要设置一定的后续配合内容，如在学生选择了学习内容之后，则期末的体育检测便可增设考核学生自己选择的项目并保持一定的权重，这样会使得学生在选择的时候十分用心，能够充分结合自身的实际情况，而后期学习也十分努力。同时可以在课堂上组织大家讨论采用什么样的方式来进行教学，讨论之后教师再综合考量大家的意见实行。通过反复的练习来不断反思和总结，再向同学和教师寻求帮助。

3. 过程控制系统

过程控制系统属于自主教学模式中的控制性和辅助性环节，也是自主教学模式区别于传统自学的重要因素。一般来说，过程控制模式分为两个部分，即帮助和监管。高校可以基于这两个模块构建过程控制系统。帮助模块主要为解决学生自主学习过程中遇到的各种问题。由于体育运动的内容深入到社会生活中的各个层面，在学生自主学习的过程中，不可避免地会遇到各种学习和体育运动实践方面的问题，如锻炼方式、运动技巧、各项体育运动的细节动作、比赛规则等，如果没有科学有效的帮助系统，那么学生的疑问将会越积越多，最终严重影响自主教学模式的推进。在帮助模块中，可以设置师生之间、学生之间和小组之间等多种形式的帮助，学生可以自我解决，也可以讨论解决，当然也可以寻求教师的帮助。通过帮助模块的设置，学生在自主学习过程中的疑问可以得到及时有效的解决。除了帮助模块，监管模块也是过程控制模式的重要组成部分，自主学习模式在推进的过程中，教师必须对整个过程进行监管，保证教学的正常进行，同时保证教学目标的实现。换言之，教师必须通过一定的手段，及时有效地掌握学生学习情况，当出现偏差或者教学环境发生变化时，教师应当及时调整教学计划和自主教学模式。监管模块的方式十分多样，例如，教师可以定期开展座谈会，开展学生小组内部讨论和小组之间的讨论，在讨论中分享学习经验，共同探讨学习问题，而通过这样的讨论，教师可以及时地把握学生的学习动向，以便于洞察当中存在的问题，进而进行纠正和调整。从这一层面来看，过程控制系统是保证自主教学模式按照既定模式发展的有效保证，这一系统的缺乏，将很容易导致自主教学模式变得散乱无序，进而偏离教学目标。

（三）分层教育法的构建

分层教育法是近年来兴起的一种全新教育模式，特别适合大学教育，和高校体育自主教学模式的构建有着良好的切入度。根据目前的教学实践效果来看，分层教育系统是实现和推动自主教育模式发展的强大工具和有效手段。分层教育法的主要特点在于对学生群体的重新划分，它充分结合了自主学习的特征与客观要求，更加重视学生的个体差异与个体特征，从根本上颠覆了传统体育教育的模式和教学目标，在灵活开放的大学教学环境中特别适用。在目前的高校体育教育中，体育教育类别的划分往往比较粗略，仅仅是将专业与非专业类的学生进行分类，而大量的非体育专业学生沿用一个教育模式。除了进行专项培训的学生之外，其余学生统_划为非专业类进行体育教学，采用公共教育课程和体育兴趣选修相结合的模式进行教学。这一模式沿用多年，取得了一定的教学效果，但是面对新世纪素质教育的深入拓展和教学环境的变化，逐渐显现出越来越多的问题。首先，学生的个体意识不断增强，兴趣爱好各不相同，且体育基础和发展锻炼方向各有差异，不仅如此，在非体育专业学生群体中，也不乏对体育运动充满激情，渴望得到专业培训的学生，而传统的划分模式，对这些问题的处理显然心有余而力不足。

（四）建立科学人性化的检测模式

在传统教学中，教学检测是体育教学的末端环节，实际上，每一次教学检测都是对整个教学系统和教学效果的总结与评价，经过总结与分析，可以为后续教学的改进与进一步发展提供有效的支撑依据，因而科学人性化的教学检测模式，对于教学模式的实施与发展同样具有重要意义，对于自主学习模式而言，亦是如此。在体育教学的检测模式方面，大体上采用的是"评分制"和"及格线"的模式，即根据学生学习的内容设置相应的考试内容，如立定跳远、跳高、百米跑、1千米长跑等，根据学生的测试成绩打分，再判断是否及格。当然，在素质教育不断深化的今天，测试的手段和内容在不断丰富发展，考试的内容也趋于多样化，结合学生实际开设了乒乓球测试、网球测试等项目，同时引入许多先进的体能测试设备，在提升检测精度的同时提高检测活动的趣味性。可以说，这些措施是行之有效的，相比传统单一生硬的检测模式更加有效生动，但是必须注意到，在现代化的检测模式下，"评分制"和"及格线"的模式并未得到根本性的转变。在这一传统模式的影响下，体育教学效果检测受到较大不利影响。首先，学生的身体机能和体育综合素养存在必然的差别，划分统一的"及格线"显然不够准确和科学；其次，对于学生的测试结果，简单地以是否"及格"进行评价，显得太过粗略，对于学生后期学习的改进和教学方法的调整并没有明确的指导作用；再次，这种检测评价模式很容易挫伤部分学生的自尊心，从而进一步削弱其参加体育运动的兴趣与热情，甚至对体育教学产生抵触情绪，这对于高校的体育教学十分不利。因而，为了完善自主教学模式，高校在体育检测环节应该尝试更加人性化和更加科学的模式，只有这样，才能真正有效地检测自主学习效果，同时为后续学习教学工作的调整提供有效的支撑。

（五）积极扩展课堂外延

为了发展自主教学，必须将体育教学的课堂从单纯的操场分离出来，将普通教室、多媒体教室、网络化教室等元素引入体育教学。例如，跳高的教学，传统教学方式就是教师简单地示范和学生反复地练习，而当中的细节动作和技巧，教师的讲解未必能让学生充分理解，同时有时教师的示范本身就不甚标准。若扩展课堂的外延，在教师简单讲解之后便可在多媒体教室给学生播放跳远比赛的视频，这样的效果来得更直观，学生也更容易理解。在教室中则可以组织学生讨论，这样可以激发学生的学习热情，从而为自主学习的开展带来便利。不仅如此，开展第二课堂也是发展自主学习的有效方式，可以经常开展篮球比赛、乒乓球比赛、羽毛球比赛等活动，这样的活动很容易吸引学生的参与。而为了在比赛中有较好的表现，学生对相应的活动进行精心的准备和大量的练习，在这个过程中不可避免地会对相关的体育知识和技巧进行学习和研究，这其实在很大程度上推动了自主学习的发展。

（六）加强现代科技与自主学习的结合

1. 加强 CAI 系统与体育教学的结合

CAI 是计算机辅助教学系统，凭借其强大的多媒体功能和良好的互动性在教学中得到了广泛的运用。体育教学强调身体语言，不论是广播体操、篮球、乒乓球还是羽毛球，都是由一整套复杂连续且节奏较快的动作组成，传统的讲解很难让学生产生直观的印象，也使得学生把握不住当中的难点与易错点。借助 CAI 系统，可以给学生播放相关视频，让学生对整套动作和流程有一个非常直观的印象。以广播体操为例，可以给学生播放国家体育教育制作的标准动作示范，在此基础之上给学生讲解当中的要点，这样给学生的印象才十分直观。对于体操动作当中的难点，可以暂停、慢放、定格、反复重放，让学生看清楚，并及时地组织讨论，保证学生能够真正地理解当中的要点。

2. 逐步推广新兴课件化教学系统

课件化教学系统主要由播放设备、投影设备和遥控设备组成，用户群日益庞大，网络资源也十分丰富。以篮球教学为例，篮球运动十分剧烈，不论是相关动作还是复杂的规则都不易讲解清楚。对此，可以制作形象生动的课件，在课件中融入图像、视频等元素，由于课件系统高度的自创性，因此 CAI 更加人性化。比如，"单手肩上投篮"是一个常用的投篮动作，可以在课件中以 Flash 的形式对当中的"蹬、伸、屈、拔"等关键性动作进行分解，还可以用 Flash 小游戏的形式来让学生进一步加深自己对所学内容的印象。

3. 搭建网络教学平台

网络教学平台并不是新生事物，在我国的高校教育中也得到了较为普遍的推广，利用校园网、学生电脑端口和学校的资源库，学生可以及时查阅、下载相关信息，并进行教学、考试、报名、缴费等一系列操作，其便利性和完善性较好，这为体育自主学习模式网络教学平台的搭建提供了良好的基础平台。

网络平台虽然在教学管理和部分学科教学中得到广泛应用，但高校在体育教学领域并没有充分利用网络平台，体育教学很大程度上还是更加重视操场和场地训练的作用。实际上，根据分析可以看出，在自主教学的模式中，教学双方以及学生之间及时有效的沟通交流和资源共享是十分重要的，这贯穿于组织引导、学习、过程控制和总结评价这四个子系统，因而高校在这一方面应该充分利用自身已经具备的校园网络软硬件设备，加快构建体育自主学习网络平台。

第二节 高校体育快乐教学模式

一、概述

（一）快乐体育的基本要素

1. 环境优化

"硬环境"美化、协调；"软环境"（人文因素）健康和谐。

2. 情感驱动

教学中要引起学生快乐和成功的情感体验；教师应从情感教学入手，以自己对学生、对教材、对教学活动的热爱来激发学生勤奋学习；建立民主、合作的师生关系。

3. 协同教学

协同教学是指运用协同论的原理，在体育教学过程中重视教与学诸要素之间的参量配置协调、同步及互补，以形成体育教学活动协同高效的运行机制，使体育教学的整体功能得以放大、增值。协同教学要求启发式的教法与创造性教法有机统一，其突出特点是在内容上强调"发现学习"，在形式上强调"学习过程自组"。

4. 增力评价

由口头的形成性评价和激励性评价组成，是一种即时的教学反馈。在具体运用时，应注意以下几点：① 形成性评价要及时准确，激励性评价要适时并保持较高的频率；② 要有效实用；③ 要避免超负荷；④ 要强调多项性。

5. 快乐体验

快乐体验主要指快乐的运动体验与成功体验，在教学中强调不同的体育活动所独具的乐趣。实践中应强调以下几点：① 教材要适合学生的身心特点，照顾学生的体育兴趣，满足他们的体育需要；② "情知交融"，使学生产生强烈的学习欲望；③ 加强学法指导，使学生的学习在"我要学"的基础上做到"会学"；④ 强调非同步化教学，要因材施教，区别对待，力求使每个学生都有自己的学习目标和自我实现的机会。

（二）快乐体育教学模式的基本内涵

1. 注重学生在体育教学过程中的主体地位

快乐体育十分重视体育教学过程中学生的主体地位，在教学中充分发挥学生的内因作用，即学生的主体作用。快乐体育理论认为，重视学生的主体地位，激发和维持学生学习的兴趣与动机是提高教学效果的有效手段。从人的发展来看，兴趣和动机是构成人的人格特征的一个重要组成部分。另外，学生从事体育学习的基础、追求目标、个性心理、学习的方式方法等均不相同，教师只有最大限度适应学生的需要，因材施教，积极地鼓励、引导学生，才能取得良好的教学效果。

2. 建立和谐的师生关系

体育教学是双向多边、复杂的活动。体育教师掌握着教学方向、进度和内容，用自己良好的思想品德、丰富的知识、高超的运动技艺，活泼、生动的形象教育和影响学生，在教学中发挥主导作用。学生是学习的主体，其学习目的、态度、动机、积极性、身体状况、兴趣、思维能力、情绪等都直接影响教学效果。快乐体育强调体育教学中师生之间、学生之间都存在着双向信息交流，建立和谐的师生关系、生生关系。

3. 追求学生个性的和谐发展

快乐体育认为推动学生个性的和谐发展是快乐体育思想的根本精神所在。快乐体育与学生的个性发展存在着辩证关系：一方面是学生的个性倾向性和个性发展水平，在运动项目的选择以及参与运动项目的积极性和主动性上充分表现出来；另一方面快乐体育过程又能促进学生个性的和谐发展，帮助学生更深地挖掘从事体育运动项目的潜力和参与运动的乐趣。这两方面相辅相成，在增强学生体质的基础上，促进所有学生在智力、心理素质、美育和能力等方面都能得到发展。在快乐体育的思想指导下，培养学生的独立性、自主性、创造性以及热爱美、鉴赏美、表现美的情感和能力，丰富精神生活，促使学生个性的全面发展。

4. 体育教学活动本身应是快乐的、有吸引力的

体育教学艺术的本质在于促进学生乐于进行体育学习，为深化旨在追求运动乐趣的体育学习，学生们自发、自主的学习活动成了一个非常重要的条件，满足学生们的运动欲求就会产生运动的乐趣。这种欲求的水平越高，越明确，其满足后获得的喜悦也就越大。因此，体育课不能是带有教师强制性的，而必须能使学生自发、自主地享受运动中的乐趣的体育课。丰富多样、生动活泼的教学方法，新颖有趣、逻辑性强的教学内容，可以不断地引起学生新的探究活动，从而激发起学生更高水平的求知欲。

5. 进行思想品德教育和提高运动技能

体育教学不仅要育体，而且要育心。社会越向前发展，对人的道德情操和适宜社会生活的能力的要求也越高。体育教学可以培养学生具有一定的适应社会生活要求的个人行为和社会行为，具有符合时代精神的思想品德、文明修养、道德情操等。快乐体育在注重学生的主体地位和发展个性的同时，也要求运动技能在积极参与下的提高，培养终身体育的能力和习惯。

（三）快乐体育的实施原则

1. 教育性原则

在体育教学中渗透德育是体育教学的基本要求。快乐体育以"乐学"为支撑点对学生良好心理素质的培养更加广泛而深刻，包括目的、兴趣、情感、意志等全部非智力因素。

2. 趣味性原则

"授之以趣"，教师乐教，学生乐学，形成良好的教学气氛。使学生在轻松的、舒适的、快乐的环境中进行体育课，从而使学生快乐地学会动作及技术。

3. 情境性原则

将体育教学活动置于一定的情境之中，使学生贴近生活，使体育学习变得亲

切、自由和愉快。

4. 激励性原则

教学中一方面要"激情""激趣""激志"，激发学生主动学习精神；另一方面要"激疑""激思""激智"，激发学生的心智活动，达成在快乐中求发展，在发展中求快乐的目标。

5. 实效性原则

近期目标是培养学生良好的学习习惯和乐学精神，提高教学质量，远期目标是面向终身体育，发展体育素质。

二、体育游戏与快乐体育教学模式重构

（一）体育游戏的内涵

体育游戏作为一种社会现象，其随着人类社会的产生和发展而不断发展。在人类社会漫长的历史中，体育游戏经历了一个由萌生、发展到不断完善的过程。何谓体育游戏？有学者提出它是游戏的一种，是以身体练习为基本手段，以增强体质、娱乐身心、陶冶性情为目的的一种现代游戏方法，它是按照一定目的和规则进行的一种有组织的体育活动，也是一种有意识的、有创造性和主动性的活动，其基本特征是大众性、普及性和娱乐性球也有资料指明，体育游戏是以游戏为活动形式，以身体练习为基本内容，以促进德、智、体全面发展为目的，按照一定规则进行，具有浓厚娱乐气息的身体练习和思维练习方法的一种特殊的体育运动。它对人体基本动作形成、增强人体能力和智力、陶冶情操、培养锻炼兴趣起着积极作用。综合以上对"游戏"和"体育"含义的理解，可以明确体育游戏的定义，即体育游戏是按照一定目的和规则进行的一种有组织的，以身体练习为基本手段，促进人身心全面发展为目的，是体力活动和智力活动相结合、富有浓厚娱乐气息和鲜明教育意义的自主活动。由于体育游戏理论是游戏理论的一个分支理论，所以具有完整的有逻辑的游戏知识体系。

（二）体育游戏的特征

1. 趣味性

辞源中说，"游戏乃玩物适情之事也"，即游戏是有趣的玩类的事情，它能使人在精神上得到某种欢娱，能满足人们对娱乐的需求。尽管它不能直接创造物质财富，但是能吸引各种不同的对象主动参加。不管何种类型的游戏，组织参与游戏活动，首先是有趣好玩，从中得到欢乐。体育游戏也是如此，所以趣味性是体育游戏的第一大特征。如果没有趣味性，则不能称之为体育游戏，而只能称之为体育练习或身体练习。

2. 教育性

体育游戏是学生的"良师"，是体育老师的"益友"。体育游戏教学丰富了教学内容，激发了学生的学习动机；培养学生的思维能力、创造能力和竞争力；提高学生的注意力，改善学生的心态；完善个性；培养学生的意志品质；建立良好的师生关系；提高学生的身体素质和健康水平，使学生在德、智、体、美诸方面全面发展。体育游戏教学实施并实现了"健康第一"的指导思想，在未来的体育教学中一定会发挥更大的作用。

3. 竞争性

体育游戏大多都具有以个人或集体取胜为目的的竞争性特征。通常以游戏完成的数量、质量、速度为判别胜负的依据。因此，它充分体现游戏参与者体力、智力上的竞争特点，通过游戏活动可提高参加游戏者的身体活动能力、思维能力、应变能力、创造能力，并在游戏中培养学生团结互助的集体主义精神，使参与者在竞争中实现精神上的满足。

4. 科学性

体育游戏在组织的过程中要考虑到学生原有的知识、技能、身体素质和训练水平，根据由易到难、由浅入深，循序渐进的原则，对不同年龄和性别的学生要区别对待，科学组织，做到"因材施教"。同时，游戏过程中要密切观察学生身体状况的变化情况，科学合理地掌握运动密度和运动量。

（三）基于体育游戏的快乐体育教学模式重构措施

1. 贯彻"安全""健康"和"娱乐"三者统一的教学指导思想

"安全"问题是体育教学中最先考虑的问题，由于这个问题会带来严重的后果，就限制了体育活动的开展，而这里寻求的是在保障安全的活动环境下，学生德、智和体等方面全面发展，即"健康"成长；"健康"是体育教学的追求，而"娱乐"配合"健康"，在这里把两者并列，主要因为"娱乐"是"健康"不可或缺的途径。因此，只有统一三者，才能准确定位快乐体育教学的指导思想。三者合为一体才是一个良好的教学指导思想，快乐体育的本身原则就在于更"安全"、更"健康"、更"娱乐"地完成课程，三者的关系相互联系、不可分割。"安全"是课程完成的基础，学生的基本保障。"健康"体育课的根本所在就是要提高学生的身体素质，通过锻炼方式来予以提高，从而达到健康的目的。"娱乐"就是在前两者的基础上通过娱乐身心的方式，在安全的基础上来达到活跃身心健康的目的，这也是快乐体育所带来的一种教学效果。

2. 建立以增强体质，促进人格完善的教学目标

众所周知，科学合理的体育活动能使身体更加健康，随着深入的研究，人们发现学生在积极参与运动的过程中，思维变得更加活跃和敏锐，创新能力大大提高。同时，由于受到活动环境的熏陶，也能够加速个性社会化的形成，而学生认知能力的培养和个性社会化的形成则能促进人格的完善。社会的发展对于人才的需要越来越高，人本身的基本素质也需要提高，在基础的课程中，培养学生身体素质、健康能力是体育课的一方面。当前的社会需要及课程要求的改变，培养的是学生能力，能力的提高体现在动手能力，体育课的转变方式就在于如果在基本的思想上，让学生更好地完成教学目标，快乐体育的融入把学生的思想精力带动起来，融入课堂里，在环境因素影响的同时，身心得到了锻炼，人的身体得到锻炼，思维方式得到锻炼，从而达到体育课的教学目标。

3. 建立"因人而异"的教材体系和"因材施教"的教学方法

教学方式及教学方法是教学课程的基本体系，好的教学方法能更好地来完成教学，有针对性地采用好的教学方法能够更好地提高教学质量。学生由于受到诸

多因素的影响，其素质表现出明显的个体差异，因此教师要根据实际情况因材施教，具体在选择教学内容、方法及制定练习的难度与要求时，表现出选择和制定上的灵活性，尽量满足每个个体的实际需求。人性化的教学更好地体现了快乐体育教学模式的重要性，因人而异地进行教学。

4. 建立以游戏理论为辅，不断创新并达到培养学生身体发展为目标的教学内容

如今的体育课程大多以传授基本技术、基本学习方法为主，始终没有使学生能够更好地理解和掌握技术，在教学过程中运用多种游戏方法进行教学，以此提高学生的积极性，促进学生身心的发展。让学生在娱乐的过程中学到知识和内容，可以通过游戏的趣味性加上教学方法来完成。游戏的理论基础颇深，在运用上没有局限性，也要有一定的人文融入其中，所以教师在安排教学内容上要有所体现，这才能体现出新型体育教学模式中的新型元素，重视娱乐教学，但是不能把体育课程变成根本的游戏课，用游戏的方法和理论去辅助教学，达到良好的教学效果。

5. 建立以教师为主导，教师与学生共同为主体的教学群体

学生虽然是学习的主体，但其所需要的体育知识、技能，仍然需要由教师来传授；其在学习中的自学积极性，需要由教师来激发和培养；学生进行自主学习、合作学习和探究学习，也离不开教师的指导等。然而，教师在主导的过程，也要让自己成为主体，与学生一起感受和体验，共同互动起来，让体育教学过程中的所有成员成为一个随时随地的信息反馈系统。

6. 建立以重视情感投入为主并培养学生自主学习和合作学习的教学过程

体育教学的过程不仅是体育知识、技能的传递过程，而且还伴随师生之间的情绪、情感交流，伴随态度和行为方式的相互作用与影响。教师根据学生的自身需求，激发其兴趣，最后变成学习动机，而学习动机能克服许多传统教学模式中学生所处的被动状态的弊端，能够培养学生学习的自主性，也能改善师生关系和生生关系，从而在活动过程中互相学习，共同提高，为学生提供愉快的学习经历，这也有利于营造和谐合作的学习气氛。

三、高校快乐体育教学模式的应用

（一）理论基础与实践结合

每种教学模式的创新都需要扎实的理论基础作为支撑，在不断的摸索实践中进步完善。快乐体育教学想要实现模式创新，不仅要在教学内容、教学方式、教学评价方式等方面下足功夫，还要注意调整在实际运用中因为某些因素导致教学模式的不间断变动。结合不同的时期、不同的教师、不同的学生顺序等多方面的因素，实现灵活性、多样化的教学。例如，个性教学模式结合快乐体育理论为社会培养全面的人才；发现问题教学模式结合布鲁纳发现法理论；增强体质教学模式结合享受活动乐趣快乐体育教学基础理论。

（二）情绪感染，调动学生的学习热情

大学生在快乐体育教学过程中，教师的热身设置非常重要。在这样的过程中如果加入情绪预热，可以帮助学生在最短的时间内参与互动。由于传统的体育教学中，教师在传授运动技能或是体育课上的活动内容时，"说教"占据了相当大的部分，体育教师与大学生之间侧重的是"教育"，体育教师在肢体语言运用技能上的缺失，导致情绪感染严重不足，很难调动学生的学习热情。加上难懂的各种技术动作相关术语，学生与教师交流的主动性与互动性丧失，最终导致快乐体育的教学目标难以完全实现。

（三）强调学生的主体性

快乐体育教学在实施上采用的组织形式应以学生为主体，在各个环节中体现并带动学生的主观意愿。但要杜绝盲目地以学生为先。例如，在设计掌握技能教学模式中教师可以让学生选择自己的强项体育技能，并同步录入教学系统，然后根据学生的自身特点制定健身运动的方式。此外，还可以在目标教学中，让学生自己选择符合自身能力的学习目标。

（四）体育教学手段要丰富多元化

快乐体育教学中包括了教材内容、教学方法、教学形式以及教学评价等内容。

因此，快乐体育教学模式的创新就需要在这些环节中体现出来。例如，在对增强大学生体能教学的过程中，可以引入我国竞技体育领域中发展较快的体能训练方法，提高核心力量训练等。抑或将拓展训练的形式与体育教学结合起来，并引入健康周期理论，做好运动技能评价等教学内容。

（五）体育游戏让学生收获快乐

大多数学生潜意识里认为体育课应以"玩"为主，因此教师就应该抓住学生这个"玩"的心理，同时结合教材来进行体育游戏练习。体育游戏具有组织形式生动活泼、内容丰富多彩、操作简单易行等特点，能够在给予学生充分的愉悦体验的同时，将体育教学的目标充分渗透进去。

（六）利用现代科技发展促进体育课程改革

伴随着科技革命的不断深入发展，学科之间的渗透与交叉、分化与综合、知识结构的变化，推动体育课运用新的教学手段、组织形式、教学方法，最大限度地调动学生的积极性和主动性。快乐体育强调体育教学中应注意满足学生的动机需要，让学生愉快自主地从事体育学习与锻炼，充分发挥学生现有的能力去从事、创造、享受体育运动，并在运动过程中自觉积极地发展体能和提高运动技能。

（七）培养学生对体育运动的兴趣

遵循运动技能的形成规律，以系统传授运动技能为核心的一种体育教学活动体系，注重对技能掌握效果的评价，也称为"三段制"教学过程。在体育的教学过程中，要重视对学生体育能力的培养，使学生从体育锻炼中体验到乐趣，激发长期参加体育锻炼的欲望和兴趣，为其今后的终生体育锻炼奠定坚实的基础。

（八）努力建立融洽的师生感情

我国高校体育新课程理念中已经明确提出，教师教授知识和实施教学活动的过程其实是一种知识传递的过程，更加是一种学生和教师交流情感的过程，任何一个科目的高效课堂教育教学都建立在教师与学生之间情感交融的基础之上。因此，在大学体育课堂中应用快乐教学法，必须要建立起一种融洽的师生感情和平等的师生关系。例如，教师可以在自己的体育课堂中采取小组合作学习的教育方法，在大学生进行小组讨论的过程中，大学体育教师所扮演的角色并不是领导者与裁决者，而是评价者、指导者及组织者，具体来说，就是要对学生进行指导，使他们能够对体育教材的知识和内容进行深入理解，并且要对大学生自身所显现出来的问题和错误进行详细分析，教师不能劈头盖脸地批评学生，而是应该耐心地引导学生抛弃错误的知识和观念，接受正确的知识和内容，教师必须要明确学生出现错误的原因，究竟是学习态度原因、学习方法原因，还是其他原因。然后，让学生实施小组合作学习及交流，小组成员共同研究应该如何对学习过程中遇到的问题进行解决。

第三节 高校体育网络教学模式

一、概述

（一）相关概念

1. 网络教学

网络教学是利用计算机设备和互联网技术，在此基础上实行信息化教育的教学模式。借助互联网平台实现异地、实时的教学和学习，平台将多媒体视频、音频、图像、动画等资源融合在一起。网络教学的主体是教师和学生，教师制作多媒体课件或开发网络课程时参考教学大纲、学生学习特征和学生认知水平，有针对性地调整课程、课件内容，将制作好的多媒体课件或网络课程与相关资源、扩展信息发布到网络教学平台。学生则通过网络设备接入到网络学习平台，可按教学要求选择课程或针对自身特点进行学习，同时师生双方可通过平台的交流模块针对学习问题及时进行交流。

2. 教学管理

教学管理是学校正常教学秩序的保障，教学管理者通过一定的管理手段，使学生按照学校既定的培养方案进行学习，包括教学大纲、教学计划、教学运行、教学质量评估、学籍的异动审批及学科、专业、教室、考场等管理。在确保正常教学秩序的前提下，同时对教师及学生在校期间开展的各类活动的辅助与监管。

3. 网络教学管理平台

网络教学平台是建立在以互联网为基础的现代远程教育的支撑平台，为在网络上进行学习的学习者和教育者提供交流的平台，可以方便教育者进行授课、答疑、谈论以及作业的批注。它是支持共享和交互的平台，为学生学习质量提供了一定的保障，且符合统一的标准，它是现代网络教学必备的教学支撑平台。

网络教学管理平台建立在网络教学平台的基础上，教师可以在这个教学平台上开设教学课程，方便学习者自主选择要学习的课程并进行自主学习内容的挑选。不同学习者根据教学内容来进行交流互动，教学活动围绕着教师的教和学生的学来开展，方便教师和学生进行讨论和交流。它是支撑教学活动最重要的应用管理系统，为教师和学生提供了强大的施教和网上学习的环境。同时，将学校教务管理平台的内容进行融合，教师可以在平台上对学生的作业进行批注，可以编辑教学课件，可以在线对学生进行考试等。

平台可根据教学的课程需要，定制个性化的学习工具。同时，学生也可以在这个平台上选修课程，安排学习计划，查看选修课程的内容，向教师提交作业，汇报协作学习的情况等。

（二）理论基础

1. 教育传播理论

教育传播理论是教学技术的重要理论基础，现代远程教育的教与学活动，是一种以教与学的异地分离为特征，以媒体传播信息为特点，以学习者的自主学习为主的获取知识量的新的学习形式。由教育者按照一定的教育目的和要求，选定教育内容，并借助媒体通道，将知识、技能及思想等传输到特定的教育对象的过程。

2. 人本主义理论

人本主义心理学主要体现在以培养"完整的人"或"自我实现"为目标，强调人的认知发展和情意发展的统一，强调人的情意发展和认知发展的统一；同时罗杰斯认为人的学习倾向和内在潜力是天生的，保持学生的好奇心将会推动终身学习的发展。好奇心可以帮助学生解决学习中的困难，而且可以不断激发学生自主学习的潜力。从这个意义上说，网络教学管理平台的个性化学习有利于学生"自我"目标的实现，以兴趣为引导点，推动学生学习，提高学习效率与品质。

3. 混合学习理论

混合学习理论的主要特点是将现代教学与传统教学融合在一起，通过综合运用不同的教学手段来满足不同的教学需求。在传统的教学中，只要存在不同教学手段的结合，就可以称为混合式。例如，在课堂中播放录音、录像等。需要教师对"混合"的内涵有充分认识，才能将教学活动有效地体现出混合式学习，并将混合式学习的思想融入教学活动之中。在网络教学平台的教学活动中，将传统学习与网络学习结合起来。根据学习者自身的特点和教学内容要求，针对实际的教学环境和教学条件来选择多种传递通道进行知识传输，不局限于任何一种教学方法、教学手段和教学设施，同时通过教师有效的引导和规划，学习者根据自己的能力去进行自定步调的学习，以取得更好、更有效益的学习效果。

4. 绩效评价理论

绩效评价理论是组织依照预先确定的量化指标及评价标准，运用科学的评价方法，对评价对象的工作能力、工作业绩进行定期和不定期的考核与评价。在网络教学管理平台中，师生双方均可互相评价、互相监管供同时，引入第三方监管机制即教务部门对师生同时监管，既可以考核评价教师日常教学活动的开展、课件资源的上传、师生日常的交流情况，又能够对学生完成课程进度、日常考试、教师评议、学业完成情况进行考核评价，在一定程度上督促师生双方有序地进行教学活动，保证教学顺利开展。

二、网络教学模式在高校体育教学中的应用

（一）网络技术在高校体育教学中的应用发展的特点

网络技术应用于高校教学的快速发展和变化，是以网络技术为核心，通过运

用网络平台实现高校师生之间教学辅助功能的过程。与传统模式下的高校体育教学相比，高校体育教学的信息化、智能化是计算机网络技术、信息技术高速发展的必然结果。学校开展体育网络化教学，需要建立一个完善的体育教学管理系统，包含体育教学管理系统、体育教学资源管理系统以及体育课堂教学的网络管理系统，从而营造基于互联网的信息化、智能化的体育教学环境。丰富的体育教学信息资源提高了网络技术的应用效率，能够有效地整合各个方面的体育教学资源，实现高校体育教学信息资源的及时整合与分享。通过网络技术可以及时对高校体育教学资源进行更新，及时满足体育教学知识更新的需求。为高校体育教师和学生提供丰富的体育教学资源，提高学生自主学习的积极性。在高校体育教学中，使学生突破被动"灌输式"的教育方式，学生可以根据自身需求设定符合自己特点的学习目标，从而极大地提高体育教学过程中学生自身的积极性。在这种新的体育教学环境中，体育教师不仅仅是传统体育教学中知识的教授者，也是学生自主学习过程中学习的引导者，丰富了师生之间的交流渠道，方便了学生学习过程中教师的指导。这种模式极大地丰富了体育教学形式，拓展了学生在体育课堂之外的学习环境，营造了不受时空限制的体育教学环境。总之，对高校体育教学模式进行改进，有利于高校体育教学质量和效益的提高，而传统模式下的体育教学也能够得到开放性的发展。

网络技术在体育教学中的应用使得体育教学形式日趋多元化，高校体育教学过程中环境更加自由，为学生提供了更加方便接受体育教育的教学形式。网络技术应用于高校体育教学，使得高校体育教学更加适应时代发展的需求，这也是现代信息化社会发展对于高校教学发展的现实需求。网络技术应用于高校体育教学提高了高校体育教学的学习效率，这也是网络时代背景下学生接受的学习知识的方式之一。体育知识的更新频率高、时效性快，将网络技术运用到高校体育教学之中，可以及时让学生接收到最新的体育科学知识信息。

网络时代的到来使得网络技术得以飞速发展，各大高校越来越多地采用网络技术进行网上选课以及教学管理。高校体育教学管理工作的智能化发展离不开网络技术的支持，运用网络技术开发的教学网络管理系统为高校体育教学繁重的管理工作带来了巨大帮助和改善。通过体育教学网络管理系统的运用、建设，及时掌握学生体育课程的选课情况信息，方便高校教师结合所教授的体育专业课程及时进行教学计划的调整，更加有效地应对高校体育教学的需要，全面详细地掌握本校体育类学科教学过程中教学资源的分配情况，并对本校体育教学的相关数据信息做出更加准确的统计。体育教学网络系统可以根据管理员以及教师和学生操作人员的身份及功能需求的不同，来进行不同功能使用权限的分配，保障体育教学网络管理系统的正常运行。管理员掌握整个系统数据库的安全操作权限，其中学生拥有查询自己考试成绩及管理选课等权限，体育教师则可以通过使用网络教学管理系统，及时了解体育教学所需的有关信息，并对所教授学生的学习进度与成果进行了解，从而方便教学计划的顺利实施。

新的网络时代背景下的体育教学环境更加致力于发展学生个性、培养学生终身体育学习能力、促进学生综合素质的发展，从而最大限度地发挥网络技术对体育教学资源的作用，构建良好的体育教学环境，为实现终身体育做贡献，对实现全面育人和终身体育的目标有着重要意义。

（二）网络时代在高校体育教学中的应用策略

1. 体育信息化背景下高校体育教学改革的需要

高校体育教育是高等教育的重要组成部分，而高校现代化体育教学又是高等教育现代化发展重要组成中的关键环节。同时，高校体育教学在大学生接受高等教育的过程中肩负着全面提高高校学生身体素质的重要使命，为现代化素质教育发挥着重要的作用。网络技术在高校体育教学中的应用为改变传统模式下高校体育教学提供了技术上的支持和保障，同时也为高校体育教育工作者未来信息化教学的发展带来了难得的机遇。网络技术应用在体育教学中，并与其他学科进行多学科教学辅助整合后的教学方式得到了迅速发展，并且受到了学术界许多专家学者以及高校体育教师和学生的认同，在网络技术运用于高校体育教学的过程中展现出其特有优势。与此同时，高校体育教学工作者在体育教学过程中，通过将网络技术融入传统体育教学过程中来设计新的教学模式，使网络技术更好地服务于高校体育教学的需求，为高校体育教学的现代化发展起到良好的辅助作用。将网络技术应用到高校体育教学管理的工作中，可以有效地促进高校体育教学管理效率的提升，为高校体育教师与学生提供了良好的教学科研环境及更加便捷的交流途径。未来一段时期，网络将从根本上改变原有的高校体育教学模式，并更加有效地整合高校体育教学资源，极大地推动高校体育教学的现代化发展。

建立和完善高校体育教学网络技术应用平台的环境，需要加大高校计算机硬件设施的投入，加强高校校园网中体育网的建设。良好的高校体育教学网络技术平台环境是建设现代化高校体育教学的基础，其中包含了标准化的网络技术设施和系统化的教学软件。随着网络时代背景下网络技术的快速发展以及高校已经基本普及的网络多媒体教室和大量的体育教学网络应用软件，高校体育教学网络技术平台的应用环境得到较好的硬件保障，具备良好的教学环境可以促使高校体育教师在体育教学中更好地应用网络技术来完善高校体育教学。

随着当前网络时代背景下网络技术的发展与广泛应用，网络技术给高校体育教学带来的影响越来越深刻，应用网络技术的体育教学网络平台受到了广泛关注。在高校体育教学中应用网络技术，营造对软件和硬件建设的良性教学环境也有要求，如果不具备良好的体育教学软件和网络硬件教学环境的支持，那么在体育教学的过程中就发挥不出应有的教学效果。高校应加大对高校体育教学软件开发的力度，使之可以更好地为高校体育教学提供优质的服务。高校体育教学中运用多媒体网络教学离不开体育教学网络资源的支持，丰富的体育教学课件和教学素材是未来高校体育教学的保障，高校应及时对体育教学所需的网络教学资源库进行更新，增加体育教学所需的相关课件，对体育教学所需数据信息资料进行教学共享。高校体育教学网络资源库的建立为高校体育课程提供了充足的体育教学课件，为体育教学课件的自主设计提供了丰富的体育教学素材，而且体育教学网络资源库的建立也拓展了学生的学习途径。高校体育多媒体教学网络资源库的建立和完善离不开高校体育教师对体育教学资源的制作和搜集，需要多方面的支持，及时建立有效的激励机制提高积极性，使广大师生积极地加入体育多媒体教学网络资源库的建设中来。高校之间应加强合作，实现体育教学资源库的共享，及时对优秀的体育教学资源进行收录，并建立长期稳定的教学合作和共享关系，进而加强高校体育教学网络资源库的建设。

2. 改进传统体育教育模式，提高教学管理的质量和效率

在高校体育传统的教学模式中，多数是体育教师课堂讲述的形式，其中大多依赖于体育教师的板书及静态投影图等单项式教学。这种传统的教学模式形式和方法都比较单一，使得高校体育课程的教学效果受到了局限，没有得到充分的发挥。网络多媒体技术是集各种网络信息载体平台于一体的技术，通过网络技术把图文及视频动画等影像进行体育教学信息的整合，是网络技术应用于高校体育教学的重要表现方式之一。网络多媒体技术在体育教学中的应用，从而辅助高校体

育教学，已经得到了高校体育教师的广泛认可。在高校体育教学中应用网络多媒体技术，可以针对高校体育教学的特点发挥其特有的优势，结合不同体育教学中实际教学网络软硬件设施的具体情况，应采用相对多样的体育教学课件制作软件进行网络多媒体课件的制作。这些方法的运用有利于节约教学成本，提高高校体育教师工作效率，改进高校体育教学的质量。其中，在高校体育教学中，体育理论课程教授的各项运动技术的理论、方法及动作理论分析，还包括运动技能的教学步骤与方法和影响成绩因素的分析，都需要有与之相应的图像解析和相应的视频教学，这样不仅能极大地提高学生课堂学习的积极性，还能增强课堂上体育教学的效果。网络技术的运用可以使体育教学中，及时选取最新的优秀赛事中运动员的数据材料和视频做教学示范，这将能够较好地调动学生学习过程中的积极性。在体育教学过程中运用情境式的教学使得体育教学的效果成倍增加，利用网络多媒体技术对体育教学进行科学处理是高校体育教学现代化发展的重要表现。体育教学智能化的管理涉及高校体育教学的方方面面，体育教学网络信息化管理可以加快体育教学工作的进度，提高高校体育教学工作效率。高校体育教学管理还包括高校体育教学资料和文档的智能化管理，当前高校体育工作中存在着一些单调、烦琐、重复的细碎工作，如高校举行校园运动会，从校园运动会的报名准备、赛程编排，到各项赛事的成绩记录以及对应的统计分析。随着现代网络信息技术的快速发展，基于高校体育教学的实际需要，对高校体育教学管理所需要的软件加强开发和运用，从而推动高校体育教学智能化管理的发展。现代化的高校体育教学不应仅仅局限于传统模式的体育教学方式，尤其在这个网络技术飞速发展的时代，网络技术应用于高校体育教学已经成为未来高等体育教育发展的必然趋势。网络技术在体育教学中的运用有效地突破了时间与空间的限制，弥补了传统体育教学中所使用的纸质教材的不足，极大地拓宽了学生体育学习的知识面，拓展了新的体育学习方式，丰富了高校体育教学内容，强化了高校体育教学效果，增强了学生在体育教学中自主学习的积极性，提高了高校体育教学的教学效率。

　　高校体育教学有其独有的特性，由于体育教学中体育运动项目的种类比较多，不同的运动项目其运动技术相应也有所不同，在不同运动项目和运动技术的教学中都需要体育教师进行相应动作的示范。高校体育教师由于自身随着年龄增长等原因，对于体育教学中一些体育运动技能的动作示范能力有所降低，不能保证每个动作都能做得符合标准。网络技术在体育教学中的运用，有利于克服体育教师自身因素的限制，引用与相关体育课程所需的体育运动项目的标准进行示范，并整合运用到教学之中。这样不但不会因为体育教师自身年龄增长、身体技能的退化而受到影响，反而可以更好地利用体育教师本人对该运动项目多年的体育教学实践经验，达到更高标准的体育教学水平。网络多媒体技术能够将不同运动项目的技术动作全方位地展现在体育教学课堂上，同时还可以对相应的体育运动项目中的细节动作进行细致的分解教学。通过视频动画的视角转移，每个时间点的定格等，给学生在运动项目每个时间段多个视角的视觉呈现，保障学生对所学的体育运动项目每个细节的学习都有科学直观的认识，激发学生进行体育学习的兴趣，提高高校体育教学的效率。网络信息技术作为体育教学技术的一种，其被广泛地应用到高校体育教学的课程之中，以促进高校学生对体育知识的学习。在当前高校体育教学过程中，不能一味地只对单一体育学科的相关的体育知识、运动技能进行教学。在如今知识信息迅速更新的时代背景下，为了更好地提高高校的体育教学的效率，应该考虑将体育教学的课程与其他学科的课程进行整合。

由于计算机网络技术与网络多媒体技术的迅速发展，新的网络信息技术不断被运用到高校体育教学的课堂之中，与体育教学的课程相结合，出现了许多新的现代化的体育教学模式和学习方式。多学科间的课程整合就是把与课程相关的交集部分进行教学内容的辅助融合，在体育教学过程中运用教学技术融为一体的体育教学理念。这些对高校体育教学有很大的帮助，在体育理论课程的教学中，通过集合网络多媒体技术进行课程的设计，能使体育理论的教学过程变得形象生动，同时能够提高学生在体育课堂上的学习积极性和课堂学习效率。网络技术的运用可以使体育教学中各项体育运动技术的分析更加细致准确，在高校体育教学中运动训练过程中对学生的体能监测十分重要，网络技术的运用促进了高校学生体能监测的科学化，通过网络技术及时反馈出每个学生在运动训练中的负荷等相关数据并加以合理、系统的分析，从而达到体育教学过程中科学化的训练效果。体能监测借助于先进的网络信息技术可以使体能监测标准化，对于体育教学过程中运动训练及时进行科学数据分析，并对相关的数据进行准确的保存，有助于历史数据的统计和分析研究。使高校体育教学中的运动训练计划更加合理化，从而对体育教学中运动训练的全过程进行跟踪，包括对训练的目标和制订的训练计划及实施训练的目标实现等。高校体育教学在保障学生掌握一定的运动技能的基础上，发挥学生自主练习的积极性，使训练的过程更加科学有效。

3. 加强网络技术在体育教学中的普及与相关师资队伍建设

高校体育教师是高校体育教学过程中的指引者和实践者，高校体育教师是否具备现代化的教学技术运用理念，直接影响到高校体育教师自身的教学行为。高校体育教学中网络技术的应用使传统模式下的体育教学理念和方式都发生了转变，有效地促进未来高校体育教学的改革和推动高校体育教学现代化的发展。高校体育教师在高校体育教学中运用网络技术辅助教学，需要突破传统体育教学理念的束缚，不断促进高校体育教师体育教学理念的提升，这有利于高校体育教师在网络教学技术等专业技能方面的提高，有效地建立现代化的体育教学教育理念，使高校体育教师对网络技术应用于体育教学过程中，对体育教学的效果及教学模式和方法的提高有准确积极的思想指导。因此，高校体育教学中体育教师对网络技术在高校体育教学中所发挥的具体作用，要用准确的高校体育教学理念进行指导，才能在高校体育教学中提高高校体育教学效率，有效保障高校体育教学质量和高校体育实现现代化教学。网络技术全面应用于对高校体育教学中对体育教学智能化的发展，高校体育教师工作效率的提高和学生学习效率的提高方面产生了极大的推动作用。网络技术在高校体育教学中的应用，可以有效地发挥其特性来提升高校体育教学的效果，使高校体育教学发展符合当前信息化社会现代化发展的需要，为高校的体育教学效率提高提供保障。

网络技术应用于高校体育教学，使得高校体育教师的教育职责不仅仅停留在体育课堂教学上，网络技术的运用拓宽了体育教师在课堂之外与学生交流的渠道，使得高校体育教师在课堂之外的时间可以方便快捷地解答学生在体育课程学习中遇到的问题。高校体育教师应及时对高校体育教学的网络素材库进行完善建设，为高校体育教学提供一个良好的网络支持平台和体育教学环境，这些都需要体育教师彻底转变传统模式下的体育教学理念，从而促使高校体育教师熟练掌握运用网络技术于体育教学之中的特性。现代化的体育教学技术对高校体育教学中学生的学习有积极的促进作用，能够更好地增强未来高校体育教学效果。实现这些，需要高校体育教师把现代化的体育教学技术合理地应用到体育教学实践中，为网络时代下高校体育教学建立一个体育教学多媒体网络平台，为高校大学生自主学习和合作交流提供良好的学习环境，从而更好地培养高校大学生的创新能力和合作精神。

高校应及时建立完善的体育教学网络技术管理激励制度，为高校体育教学更好地应用网络技术提供完善的保障体系。高校体育教学管理制度应跟随网络教学技术的不断发展进步，及时更新有关新网络技术应用的管理规定，从而不断完善高校体育教学管理体系。高校为保障现代化体育教学技术的运用，需要重视高校的教学网络管理系统，及时采取应对措施，完善体育教学网络管理系统。要及时建立高校体育教学现代化教学技术运用的有效激励制度，如设立行之有效的奖励措施，并纳入高校评定考核体系之中，积极利用网络多媒体技术制作的体育教学课件开展教研活动。对优秀的体育教学课件及时给予相应的奖励，充分调动高校体育教师在体育教学中运用网络技术的积极性，使高校体育教师及时掌握最新的现代网络教学技术，从而积极促进高校体育教学现代化的发展。

第五章

运动训练的原理与方法

第一节　运动训练的理念及发展创新

一、运动训练理念

（一）教育性训练理念

1. 教育性训练理念的内涵

在运动训练过程中，教练员要重视对运动员的文化教育和素质培养，并注意强调这一方面的重要性，从而使训练和教育紧密地融合在一起，达到训练与教育相结合、相协调、相促进的效果，这对于促进运动训练效果的提高具有积极的作用。

2. 教育性训练理念的理论基础

教育性训练理念的理论基础是多方面的，为了对这一理念有一个更加深入、全面的了解，从以下两个方面来介绍其理论基础。

（1）运动员的健康成长与自身文化教育水平有密切的关系。运动训练是一种社会活动，这一社会活动能否顺利进行，主要取决于教练员、运动员、管理人员和科技人员等相关人员是否能够积极参与运动训练活动，并在活动过程中密切配合。由此可以看出，教练员与运动员这两个运动训练中的主体的知识水平是影响竞技运动发展的重要因素。现阶段，在运动训练过程中，运动员主体性难以得到充分的发挥，而且运动员文化素质的培养也没有得到应有的重视，所以导致了以往运动训练中出现了一系列的不科学的现象，具体表现为以下几个方面：训练方法与手段单一，过分强调身体素质、技战术修养、心理素质等的训练，轻视了对运动员文化和人文素质的培养，使得大部分运动员在激烈竞争的训练和比赛中显得力不从心。这就在很大程度上制约了运动的发展，并且导致运动出现滞缓现象。

（2）运动员运动水平的提高与其自身的文化素质水平相关联。现代运动的较量，主要表现在体能、技能、心智能力等几个方面的较量。在某些条件下，心智能力要比体能、技能更重要，尤其是随着运动员年龄的增长，心智因素的影响就显得更为明显。一般情况下，具有较高运动智能的运动员，之所以能够大幅度提高自身的竞技能力，除了由于能够较为深刻地把握运动的特点和规律，并且能够更准确地认识运动训练理论和方法外，还因为能够对教练员的训练意图有更正确的理解，在高质量地完成预定的训练计划过程中能够与教练员完美配合。与此同时，更准确地把握运动战术的精髓和实质，在比赛中灵活机动地运用战术，动员和控制自己的心理活动等也是高智能运动员竞技能力水平较高的重要因素。

（二）人文操作性训练理念

1. 人文操作性理念的内涵

运动训练中，人文操作性理念的内涵主要从以下四个方面体现出来：① 强调对运动员的尊严与独立的重视；② 对运动员思想与道德的关注；③ 对运动员权利的关注；④ 对运动员生存状况与前途命运的关注等。

2. 人文操作性理念的理论基础

人文操作性训练理念的理论基础同样是多方面的，下面主要从三个方面来介绍人文操作性训练理念的理论基础。

（1）人的行为的实施在一定程度上受到其自身感知或信念体系的指导。人的行为受其自身感知或信念体系的影响。从人文主义、感知经验主义的角度上来说，人之所以能够有行为，主要是因为有人的感知或信念体系的指导。从人本主义的角度上来说，所谓的人文操纵的方法，就是教练员或领导者必须按照他们的信念体系和他们要领导的运动员或人员的信念体系来认识领导工作。

（2）运动水平的提高，基础性的要求是与自然规律和价值规律相符合。运动是自然规律和价值规律的双重存在。现代运动训练要求讲求科学性，并且符合该项目运动的客观规律。因此，为了取得理想的训练效果，在进行运动训练时，不仅要符合科学规律，而且还要在追求目标与实现目标的过程中符合人类正常的价值规律。除此之外，不仅要体现人文特征，而且还要将科学性与人文特征相结合、相统一，从而达到真与善的统一。

（3）人的主体性是人文的重点，人与技术的关系因此而更加明确。人文不仅凸显了技术的灵动，而且也摆脱了"技术"对"人"的控制，这就明确了人的主体性及人与技术的关系。运动训练的过程就是教育的过程，教育重视的是发展内在动力，行动力是由内在动力引导而来的。

（三）技术实践性训练理念

1. 技术实践性理念的内涵

在运动训练过程中，运动员的训练不仅要符合运动训练的一般规律，而且还要符合竞技项目的本质特征及规律。运动员本身具有双重性，他们不仅是技术的主体，同时也是技术的客体。技术的物质手段作为客体，与作为主体的主观精神因素是统一的。

2. 技术实践性理念的理论基础

下面主要从两个方面来介绍技术实践性理念的理论基础，同时这两个方面也是运动员在运动训练中要注意的两个要点。

（1）技术实践性理念要与事物的客观规律相符。技术实践性的基本要求就是求真。具体来说，就是运动的技术实践性的训练要符合事物的客观规律，也就是说运动要与运动项目的本质特征及规律相符。所谓的求真，就是在运动训练过程中，要以运动的本质特点和规律为主要依据，科学指导运动训练过程，力争做到结合实际，并且与事物的客观规律相符合。

（2）技术实践性理念要遵循从实际出发的原则。在现代运动训练中，一切都要以符合实战为主，从实际出发和结合实战是对技战术进行训练最有效的方法。运动员只有通过不断的练习，才能够在比赛中有轻松、熟练和优秀的表现。要想取得理想的比赛成绩，一定要做到积极训练，并且训练要与比赛的情况尽可能一致，最大限度地包括比赛过程中出现的所有因素，这样才能取得良好的训练效果。

二、运动训练理念的发展创新

（一）运动训练的理念需要创新思维

回顾运动训练理念的发展，人们不难发现，运动训练理念一直是在科学理论与实践经验的不断冲突和碰撞过程中得到丰富和发展的。科学理论与实践经验的不断冲突和碰撞激发了竞技体育活动过程中的创新思维。在竞技体育活动中，研究者通常把研究对象的顺序、原理、属性、结构、大小等因素通过改变常规思考和处理方向，从而引发创新的理念，例如，力量训练方法中"正金字塔"与"倒金字塔"训练方法的应用、速度与耐力训练过程中组数与次数的逆变性组合都会对运动训练产生一定的影响；田径径赛规则在田赛比赛中运动员轮次的变化也深刻地体现了逆变的色彩与效用。徐福生改变足球传统技术训练的教材顺序，从相对较难的运球技术入手，以过人突破技术为核心的侧向思维使得足球技术的掌握明显加快；球类项目中诸多类似"扬长避短""攻其不备"和"黑马奇兵"的战术变化，都是通过部分改变对象的顺序、原理、属性、结构、大小等因素或者是融合了其他思想而引发的创新思维，对竞技体育发展起到了推动作用。

（二）运动训练理念的变化发展

运动训练活动是一种开放的物质活动，总是在不断地拓展和深化，并不是原有物质活动的简单重复，因而必然会产生新情况，涌现新问题。作为训练活动的指导思想也不是一成不变的，当原有的运动训练理念不能有效地阐释新情况和解决新问题时，就要求对运动训练理念进行创新，对运动训练的本质、规律和发展变化的趋势做出新的理论概括。在不同的时期和阶段，随着项目发展的形势和变化的需要，运动队和运动员的具体情况和特点各不相同，训练理念也在不断变化。这种变化反映了人们在使自己的思想符合客观实际，以形成正确的指导思想，促进训练的发展。不过，理念的主观形式与客观实际的统一也不是绝对的，而是相对的，因为人们的认识只能相对地逼近客观实际，而不可能穷尽客观实际。因为事物的发展变化是相对的，不以人的主观意志为转移。随着运动训练实践的进一步发展，原来与客观实际相统一的理念又变得不那么一致了，并且差距越来越大，于是又需要创新。在当代科学技术快速发展并向竞技运动训练大规模介入和渗透的背景下，运动训练发生了深刻和巨大的变化，教练员的训练理念也在不断进行着补充与更新。实践已经证明，一个运动员成绩的快速提高，乃至一个运动项目水平的快速发展，往往都与教练员训练理念的补充和更新密切相关。科技的进步、经济的发展、社会的繁荣，为运动训练理念的发展提供了必要的条件，同时也会催生出更新的运动训练理念，而原有的运动训练理念不会像人们所预言的那样进入衰退期甚至是衰亡期，而是经过一段时间的调整后，立足自身的优势，借鉴其他学科的长处，对自身进行有效的改造而获得新的发展。

第二节　运动训练的基本原理及原则

一、运动训练的基本原理

（一）运动训练的运动学基础

运动学基础主要指的是运动技能的基础。所谓的运动技能是指人体在运动中掌握和有效地完成专门动作的能力，也就是在准确的时间和空间里大脑精确支配肌肉收缩的能力。提高运动技能依靠人们对人体机能客观规律的深刻认识和自觉运用。

1. 人体运动系统的构成

（1）肌肉。肌肉组织主要由肌细胞组成，肌细胞为细长的细胞，故亦称肌纤维，是肌肉的基本结构和功能单位。每条肌纤维外面皆由一层薄的结缔组织膜包裹，称为肌内膜。数条肌纤维构成肌束，一个个的肌束表面也由肌束膜包裹。肌束再合成从外表看到的一块块肌肉，外面包以结缔组织膜，称为肌外膜。肌肉中，水分约占 3/4，另外 1/4 为固体物质（如能量物质、蛋白质、酶等）。人在参加运动的过程中，其动力是由骨骼肌不断地运动来提供的，骨骼肌在神经系统支配下，收缩牵动骨骼，维持人体处于某种姿势，或产生人体局部运动，最终促进机体完成运动所需的各种动作。人体内脏器官的活动也离不开相应的平滑肌和心肌的作用。骨骼肌是指附着于骨骼上的肌肉，是肌肉的一种。骨骼肌在人体内分布广、数量多，是运动系统的主体部分。人体内约有400块大小不一的骨骼肌，约占体重的36%～40%。成年男性约占40%，成年女性约占35%。可分为中间庞大的肌腹和两端没有收缩功能的肌腱，肌腱直接附着在骨骼上。骨骼肌收缩时通过肌腱牵动骨骼而产生运动。肌腱由排列紧密的胶原纤维束构成，肌腱内胶原纤维互相交织成辫子状的腱纤维束。肌腱的一端与肌内膜、肌束膜和肌外膜相连接；另一端与骨膜紧密结合。肌腱本身虽无收缩能力，但能承受很大的拉伸载荷，而肌腹的抗张力强度远远不及肌腱。

（2）骨骼。骨骼是由骨膜、骨质、骨髓及血管、神经所构成的，它以骨质为基础，表面被骨膜包裹，内部充满骨髓。骨是人体运动系统的重要组成部分，对运动员的运动训练起着至关重要的作用。但是骨的功能不仅仅体现在它的运动功能上，它还有支撑身体的功能、保护脏器的功能、造血的功能、运动的杠杆功能、储备微量元素的功能。

（3）关节。关节是骨与骨之间借助于结缔组织、软骨或骨的一种连接。借助它连接起全身的骨骼，从而对整个人体起到支撑和保护的作用，特别是人体的运动更加依赖关节的活动是否顺畅。关节主要是由关节面、关节囊和关节腔所组成的，辅助以韧带、关节内软骨和关节唇等结构。根据关节运动轴的多少和关节面的形状等因素，可以将关节分为单轴关节、双轴关节和多轴关节三种形式。也可以根据两骨间连接组织的不同，将关节分为纤维性关节、软骨关节和滑膜关节。

2. 运动过程中人体机能的变化

（1）比赛前后身体机能变化的基本过程。

在运动训练的过程中，多重刺激源作用于运动员机体，引起各器官系统的机能发生一系列变化。依据机能表现形式，大致可分为赛前状态、进入工作状态、稳定状态、运动性疲劳和恢复过程五个阶段。① 赛前状态。运动员在训练前，某些器官、系统产生的一系列条件反射性变化称为赛前状态，赛前状态可出现在比赛前数天、数小时或数分钟。② 进入工作状态。在训练活动开始后，虽然经过了一定的准备活动适应，但是人体并不能立刻达到最高的水平，而是一个逐步提高和适应的过程，这一过程被称为进入工作状态，其实质就是人体机能的动员。③ 稳定状态。当机体逐渐适应比赛时，则进入稳定状态，这时，人体的机能活动在一段时间内保持在一个较高的变动范围。④ 运动性疲劳。机体在运动过程中会产生一定的运动能力暂时下降的现象，一般称为运动性疲劳。该现象是由运动训练负荷引起的一种正常的生理现象。适度的疲劳可以刺激机能水平不断提高，但发展到一定程度时就会出现过度疲劳，可能会造成机体损伤以致损害健康。⑤ 恢复过程。恢复是指人体在运动之后，人体的各项生理功能恢复、能源物质补充、代谢物排出等一系列变化。运动时体内代谢过程加强，不间断地代谢以满足运动时能源的补充需要，在运动中及运动停止后能源物质都在不断进行补充和恢复，只不过运动中的能量消耗大于补充，运动后的体内能量消耗慢而小于补充。

（2）一次训练中身体机能变化的基本过程。

人在运动的过程中，运动训练负荷作为一种刺激，必然会引起各器官系统机能发生一系列应激性反应。在运动训练前后，这些反应可表现为耐受、疲劳、恢复和消退等不同阶段。① 耐受阶段。在运动训练开始阶段，人体的各项机能会在一定的水平上维持一段时间，并不会马上表现出衰减或降低，这一阶段称为"耐受阶段"。在这段时间内，由于机体已经从上次训练课中得到不同程度的恢复，会表现出比较稳定的工作能力，能高质量地完成各项训练任务。训练的主要任务正是在这个阶段完成的。② 疲劳阶段。在经过一定时间的运动训练负荷的刺激，人体会产生一定的疲劳状况，机能能力和效率都会逐渐下降。达到何种程度的疲劳深度，正是训练安排所要达到的目的。只有机体达到一定程度的疲劳，机体在恢复期才能发生结构与机能的重建，运动能力才能不断得到提高。③ 恢复阶段。训练结束后，即进入了恢复阶段，机体开始补充所消耗的能源物质、修复和重建所受到的损伤并恢复紊乱的内环境。机体在恢复阶段恢复的速率，主要受两方面影响：一方面，身体的耐受阶段持续时间的长短，耐受阶段持续时间越长，则疲劳程度越深，恢复需要的时间就越长；另一方面，运动结束后能量的补充是否及时，能量补充越及时到位，则恢复的速度越快。④ 消退阶段。超量恢复不会一直持续，它会随着时间的进行而逐渐消失，而如果不及时在超量恢复的基础上施加新的刺激，已经形成的训练效果就可能会逐渐消退。运动效果保持的时间和消退速率主要取决于超量恢复的程度，所出现的超量恢复现象越明显，保持的时间相对越长。因此，在安排运动训练的内容时，不仅应重视训练负荷安排的合理性，而且必须重视运动训练后的恢复，并在出现超量恢复后及时安排下一次训练。

3. 运动训练对人体运动系统的影响

经常参加运动训练对人体运动系统有着重要的影响，其影响主要表现在以下几个方面。

（1）运动训练对肌肉的影响。参加运动训练能够充分地发展骨骼肌，使其肌纤维增粗，肌肉的体积增大，肌肉力量增加。该项运动能够使肌纤维中线粒体数目增多，肌肉中脂肪减少，从而减少肌肉收缩时的摩擦，即肌内膜、肌束膜、肌腱和韧带中的细胞增殖、增厚、坚实、粗壮；肌肉内化学成分发生变化，如肌糖原、肌球蛋白、肌动蛋白和水分等含量都有增加，从而使 ATP 加速分解，与氧的结合能力增强，有利于肌肉收缩，表现出更大的力量；可使肌肉中毛细血管增多，改善骨骼肌的供血功能。因此，经常参加运动训练的人的肌肉会显得发达、结实、健壮、匀称有力，收缩力强，运动持续时间更长。

（2）运动训练对骨骼的影响。青少年新陈代谢旺盛，在这一时期进行合理的运动训练，对骨的生长和发育有着良好的作用。经常参加运动训练，可使骨表面的隆起更为显著，骨密质增厚，管状骨增粗。这一系列骨形态结构的改变，使骨的抗压、抗弯、抗折断和抗扭转等机械性能得到提高。骨的这种良好变化，与肌肉的牵拉作用有密切关系。肌肉力量的增加与骨量的增加有着显著相关性，且骨量增加部位与肌肉训练部位有关。当肌肉力量增大，肌肉收缩对骨骼产生的应力刺激可有效提高成骨细胞的活性。

（3）运动训练对关节的影响。定期适量的运动训练可以使骨关节面的密度增加，骨密质增厚，从而越发能够承受更大的运动训练负荷。由于运动训练项目不同，它对关节柔韧性所起到的作用也就不同。如乒乓球、羽毛球、篮球等项目，对于参与者的急转、急停能力的要求极高，这就需要参与者拥有良好的关节柔韧性。同时，关节的稳固性和灵活性又是一对矛盾，因为肌肉力量大，韧带、肌腱、关节囊就会增厚，这对关节稳固性和防止关节损伤有很大好处，但这样又势必会影响关节的灵活性。所以，在进行运动训练时，运动者要处理好关节的这对矛盾。

（二）运动训练的生理学基础

1. 物质代谢

食物中包含多种营养素，人体从食物中摄取各种营养物质，经血液循环输送到各人体器官，通过相应的代谢为人体提供能量。糖、脂肪和蛋白质等营养物质经人体吸收后，人体的组织、细胞一方面通过合成、代谢构建和更新自身储存的能源物质，另一方面通过分解代谢（氧化分解）以产生能量。物质代谢又主要包括以下几种。

（1）脂肪代谢。脂肪分解代谢产生的能量是长时间中低强度运动的主要供能物质。人体的肌肉组织中贮存着少量的脂肪，在运动时产生一定的能量。当脂肪的动用（氧化）增加时，血浆中的游离脂肪酸即透过肌细胞膜进入肌细胞被氧化，而脂肪组织则水解成甘油和脂肪酸进入血浆中，以补充被消耗的游离脂肪酸。因此，脂肪首先是在酶作用下水解成脂肪酸和甘油来释放能量的。

（2）糖类代谢。食物中的葡萄糖经消化吸收后，汇集于门静脉，经肝进入血液循环，其中大部分运到各组织合成为糖原和含糖化合物，其中最主要的是到肝中合成肝糖原储存，一部分转变为脂肪和氨基酸，血液中保留的一部分糖称为"血糖"，另一部分直接供组织氧化利用放出能量，同时产生 CO_2 和 H_2O 并将其排出体外。糖的氧化分解是供应人体活动所需能量的主要来源，全身各组织都能进行这一反应。糖的氧化分解包括无氧分解和有氧氧化两种主要方式，从本质上来讲，这两种形式是同一过程在两种情况下（缺氧与氧供应充足）的不同反应方式，其反应过程在前一阶段是完全相同的，差别是在丙酮酸产生以后。糖的无氧氧化产生乳酸；氧供应充足时，丙酮酸继续氧化生成 CO_2 和 H_2，并释放出蕴藏在分子中的能量。

（3）蛋白质代谢。蛋白质是人体生命活动的重要组成部分，也是人体重要的能源物质之一，与机体运动之间存在非常紧密的联系。它在调节机体各种生理功能中起着不可替代的作用。一般来说，蛋白质不能直接提供人体运动所需的能量，为人体提供能量只是蛋白质的次要功能，只有在某些特殊情况下，如长期饥饿、疾病或体力极度消耗时，人体才会依靠蛋白质氧化供能。但蛋白质分解代谢过程中能产生许多物质，对糖和脂肪的供能有着重要的作用，同时，蛋白质的分解代谢和合成代谢平衡是维持人体生命活动的基础。蛋白质主要参与实现人体代谢更新，由于其主要由氨基酸组成，因此，其代谢过程是以氨基酸代谢为基础的。蛋白质的代谢需要很多激素参与调节，如肾上腺素和甲状腺素能促进蛋白质的分解，表现为甲亢时，甲状腺素分泌增加，人体蛋白质分解增加，人体逐渐消瘦；当生长激素分泌增加时，人体蛋白质合成增加，肌肉健壮。

2. 能量代谢

（1）人体物质能量储备。

人体通过消化系统摄取必要的能量物质，这些物质在人体中通过生物氧化反应，分解成一些代谢物，同时释放出大量的能量，这些能量通常大部分以热能的形式释放于体夕卜，还有一部分则转化为化学能，储存在一种称之为三磷酸腺苷（ATP）的高能磷酸键中，人体活动的直接能量就来源于三磷酸腺苷的分解，肌肉收缩需要 ATP 供能，消化管道的消化和吸收都需要 ATP 供能。ATP 的重新合成需要糖、脂肪和蛋白质的氧化分解供能。ATP 的再合成有多种途径，就其供能系统而言，主要有以下三种。

第一，磷酸原系统（三磷酸腺苷-磷酸肌酸，ATP-CP）。它是由细胞内的 ATP 和 CP 这两种高能磷化物构成，具有供能绝对值不大，持续时间很短的特点。但是，它供能快速，因为 ATP 是体内唯一的直接能源，所以其能量输出功率最高。

第二，有氧氧化系统。它是指在氧供应充分的条件下，糖和脂肪完全分解生成二氧化碳和水，同时生成大量的能量，使 ADP 再合成 ATP。有氧氧化系统能生成丰富的 ATP，不生成乳酸之类导致疲劳的副产品，它是人进行长时间耐力活动的主要供能系统。

第三，乳酸能系统。乳酸能系统又称为无氧糖酵解系统。它的能量产生是靠肌糖原的无氧酵解，最后产生乳酸，而放出的能量由 ADP（二磷酸腺苷）接受，再合成 ATP，它是在机体处于缺氧的情况下的主要能量来源。乳酸能系统对人体进行能量供应，它的作用与磷酸原系统一样，能在暂时缺氧的情况下迅速供能。

在进行不同项目的训练时，运动者应根据自身的年龄、身体条件以及个人需要来选择适合的能量系统作为主导作用的运动项目，同时还要注意所选择的运动手段和项目的科学化。运动者除了选择有氧氧化系统的项目外，还可以适当选择乳酸能系统供能的项目，发展身体的无氧耐力。

（2）运动中三大供能系统活动的关系。

在人体运动过程中，人体运动形式的不同，则其不同的能量代谢系统提供能量的能力和速率也会不同。磷酸原系统和乳酸能系统都供应能量，但 ATP 和磷酸肌酸的最终合成以及糖酵解产物乳酸的消除却要通过有氧氧化来实现。所以，肌肉活动所需能量的最终来源是糖和脂肪的有氧氧化。人体中磷酸原系统供能的绝对值不大，在运动中维持的时间也很短，但是能在短时间内快速作用。

总体来说，人体在运动过程中，各供能系统之间的关系与运动训练负荷的强度和持续时间密切相关。在 0～180 秒最大运动时，各供能代谢系统的基本活动主要表现为如下特点：在 1～3 秒的全力运动中，基本上由 ATP 提供能量；在完成 10 秒以内的全力运动时，磷酸原系统起主要供能作用；在 30～90 秒最大运动时以糖酵解供能为主；在 2～3 分钟的运动时，糖有氧氧化提供能量的比例增大；而超过 3 分钟以上的运动，则基本上是有氧氧化供能。随着人体运动时间的延长，供能物质由以糖有氧氧化为主逐渐过渡到以脂肪氧化为主。总之，人体在运动中，并不是由一个供能系统完成供能的，在有一个主要的供能系统基础上，其他的供能系统也会参与其中，共同完成人体运动所需要的能量供应。每个供能系统都有其独特的特点和供能能力，供能系统不同，所需要的能源物质也不同，运动中的输出功率和供能时间也会有明显的差异。

3. 运动与呼吸

运动员在运动训练的过程中，机体与外界环境之间的气体交换称为呼吸。呼吸系统包括呼吸道和肺，而呼吸道是一系列呼吸器官的总称，这些器官包括鼻、咽喉、气管、支气管。人体的呼吸过程由外呼吸、内呼吸和气体运输三个环节构成。呼吸系统是氧运输系统的重要组成部分，其主要机能是实现机体与外界环境的气体交换，以使血液中的氧分压、二氧化碳分压、酸碱度维持在正常生命活动所允许的范围之内。人体通过肺实现与外界气体的交换，通过血液实现气体的输送和排出。人体在运动时，机体代谢旺盛，所需氧量及二氧化碳排出量明显增加，呼吸系统加强，所以运动训练（特别是耐力训练）必将使呼吸系统的形态、机能产生适应性变化。呼吸肌主要是膈肌和肋间外肌。当膈肌收缩时腹部随之起伏，肋间外肌收缩时胸壁随之起伏。因此，以膈肌运动为主的呼吸形式称腹式呼吸，以肋间外肌运动为主的呼吸运动称胸式呼吸。成人的呼吸一般都是混合式的。呼吸形式与年龄、生理状态、运动专项等因素有关。在进行运动训练时，要根据动作的特点灵活转变呼吸方式。

4. 运动与心率

心率是运动生理学中最常用而又简单易测的一项生理指标。在运动实践中常用心率来反映运动强度和运动训练对人体的影响，并用于运动员的自我监督或医务监督中。成年人静息时心率在 60～100 次/分，平均为 75 次/分，但随着年龄、性别、体能水平、训练水平和生理状况的不同而有所不同。一般来说，人的心率会随着年龄的增长而有所减慢，至青春期时接近成年人的频率。在成年人中，女性心率比男性快 3～5 次/分。有良好训练经历或体能较好者心率较慢，尤其是优秀耐力运动员静息时心率常在 50 次/分以下。在运动的过程中，人的心率会逐渐加快，随着运动强度的增加，心率也会相应地增快，因此，心率也是判断运动训练负荷的一项简易的指标，能够在一定程度上反映运动员的体能水平及运动训练的水平。

二、运动训练的原则

运动训练的原则是运动员参加运动训练需要遵循的基本准则。这些原则是在长期的运动训练实践中积累起来的具有普遍意义的概念总结和有关科学研究的成果，反映了运动训练的客观规律。运动训练中运动员如不遵循这些基本原则，盲目地进行训练，不仅不能促进身心全面发展，获得良好的训练效果，反而易引起运动损伤或者运动性疾病，损害健康。下面对运动训练的基本原则进行具体介绍。

（一）竞技需要原则

竞技需要原则即指根据提高运动员竞技能力及运动成绩的需要，从实战出发，科学安排训练的阶段划分及训练的内容、方法、手段和负荷等因素的训练原则。贯彻这一原则可使训练更好地结合专项的特点和专项竞技比赛的需要，提高运动训练的专项针对性、实战性和实效性，争取获得满意的竞技比赛成绩。贯彻竞技需要原则，需要注意以下几个方面。第一，要围绕运动训练的基本目标，全面安排好训练和比赛。第二，正确分析专项竞技能力的结构特点。每个运动项目由于其专项的特异性，决定了其竞技能力构成因素的差异性。对不同专项竞技特点和运动员竞技能力结构特点的分析，正是确定不同项目训练负荷内容的重要基础。第三，依据竞技需要原则的要求，负荷内容和手段的选择是由不同专项竞技能力的主要因素与运动员自身的具体情况决定的。第四，注意负荷内容的合理结构，因此，在训练过程中，在熟练掌握合理动作的基础上，应将主要精力放在如何更有效地提高体能水平上，以获得更大的力量、更快的速度和更强的耐力来实现竞技水平的不断提高。同时，对同一项目的不同运动员，还要求根据运动员自身竞技能力的特点和对手的特点，安排好心理训练的内容和手段。

（二）动机激励原则

所谓动机激励原则，指的是促使在运动员以个体为主的运动训练过程中，更好地激励其培养具备良好的运动训练动机和行为，在完成训练任务的过程中更加积极主动的训练原则。在运动训练中，要通过各种合理的途径和方法激励运动员主动从事训练。遵循动机激励原则就是要不断激励运动员的运动训练积极性和主动性，培养其自我调控能力、独立的思考能力以及创造能力。其有如下几个方面的具体要求。第一，要满足运动员的基本生活需求。实践证明，人们只有在基本的物质得到一定的保障之后，才会进行更好层面的追求。所以，在运动训练中，运动员的物质生活需求要得到一定的保障，同时还要注意其人身安全等。只有这样，才能更好地引导其形成实现自我价值的更高层次的目标和追求，从而才能产生良好的运动训练动机。第二，要对运动训练的目的性和运动员正确的价值观进行培养，使其逐步形成自觉从事运动训练的态度和动机，引导其从不同的角度和层次认识参与运动训练的意义和价值，培养其正确的价值观。第三，在运动训练中，要以运动员为主体。这就要求教练员在对运动员进行运动训练时，必须注意以下几个方面：一是明确运动员的主体地位；二是要注意有意识地培养运动员独立思考的能力；三是要引导运动员提高和加强自我反馈的能力，培养运动员进行自我分析和评价的能力；第四，在运动训练中，要选择科学的训练方式。对于过去那种简单、粗暴的"从严"训练方式，教练员要在正确认识和理解"从严"含义的同时，结合现代科学合理的方式对其进行调整和改变。

（三）适宜负荷原则

训练过程中，要根据训练任务、对象水平与要求，科学合理地在各个训练环节中提高运动训练负荷量，直至达到最大负荷要求，这就是所谓的适宜负荷原则。因此，首先要以训练任务和对象水平及每个练习的目的、要求、负荷为主要依据来对运动训练负荷进行科学合理的安排。在训练过程中，运动训练负荷要经过加大、适应、再加大、再适应这样一个逐步提高的过程。在球类运动的训练中，加大运动训练负荷，直至最大限度，首先要从训练任务和运动员身体状况、机能能力和训练水平出发，考虑运动训练负荷安排的合理性。训练过程的不同时期、周期、阶段及每一节训练课的任务都有所不同，运动员承受运动训练负荷的能力也不同，这主要反映在运动员承受负荷能力的大小和恢复的快慢上，以及对负荷强度和负荷量的承受能力上。因此，只有根据训练的不同任务和运动员的训练水平安排运动训练负荷，才是合理的。同时，在运动训练过程中，运动训练负荷的加大必须循序渐进。在加大运动训练负荷过程中要处理好负荷量和负荷强度的关系，掌握好负荷与恢复的关系。除此之外，需要注意的是，运动训练负荷的增加必须达到极限。因为只有极限负荷的刺激，才能将运动员机体的机能潜力充分挖掘出来，并且经过不断地训练形成超量恢复，才能够提高运动员的身体素质和运动水平，达到参加激烈比赛、创造优异运动成绩的要求。

（四）周期安排原则

周期安排原则是指周期性地组织运动训练过程的训练原则。依运动员机体的生物节奏变化规律，竞技状态形成与发展的周期性规律，以及运动竞赛安排的周期性特点，按一定的动态节奏，逐步提高安排训练内容和负荷量度。贯彻周期安排原则要掌握以下几点。

1. 掌握各种周期的序列结构

了解各种周期的时间构成及其应用范畴，对于教练员在训练实践中贯彻周期安排训练原则是一个必不可少的重要条件。

2. 选择适宜的周期类型

贯彻周期安排时，要考虑到选择适宜的周期类型。例如，确定年度训练的安排时是采用单周期、双周期还是多周期；第一周期的训练应该是加量周期、加强度周期还是赛前训练周期。

3. 处理好决定训练周期时间的固定因素与变异因素的关系

周期安排原则的依据是人体竞技能力变化和适宜比赛条件出现的周期性特征，其中，后者是决定训练周期时间的固定因素，而前者则是变异因素。因为重要比赛日程的安排通常与某个项目最适宜的比赛条件的出现是一致的，而且通常在上一年度即已确定。尽管人体本身受着生物节律的影响，但它并非绝对不变，人们完全可以通过训练安排使其在特定的时间里表现出最佳的竞技状态。竞技状态的发展过程是可以由人来控制的，教练员应努力做到有把握地调节这一变异因素，使之与特定的比赛日程安排相吻合。

4. 注意周期之间的衔接

把一个完整的训练过程划分成若干个较小的周期之后，人们往往会忽视各周期之间的衔接，主要表现在注重训练过程的阶段性而忽略了连续性。整个训练过程中不同时间跨度的周期组成了一个连续发展的过程，因此在具体的训练过程中应特别注意周期之间的衔接。

（五）区别对待原则

区别对待原则是指在运动训练中要根据运动员各方面条件及不同训练条件和不同训练任务等，有区别地确定训练任务，对训练方法、内容、手段和负荷有相应的安排。运动员在身体条件、心理品质和个性特征等方面都表现出明显的差异，因此在训练中要始终遵循和贯彻区别对待的原则。贯彻区别对待原则，有利于发掘运动员的潜力，防止训练中个别人脱离整体现象，只有进行正确的区别对待，有的放矢地进行训练，才能取得良好的训练效果。

（六）直观训练原则

直观训练原则是一种非常重要的运动训练原则，它是依据直观性与动作技能形成的教学论原理所确立的大学生运动员必须遵循的准则。其主要目的是使这些大学生运动员能更有效地完成技术、战术和智力训练的任务。在教学过程中，直观性教学有很多种手段和方法，而且现代运动训练更加强调直观性原则的运用。运动训练中，尤其是训练初期，遵循和突出教学训练的直观性十分重要，具体来说，应注意以下几点。

1. 合理地选用直观手段

选用各种直观手段时要注意选择那些目的性最强、最有成效的手段，并必须明确所选的各直观训练手段所能解决的主要功能，并根据不同对象、不同运动项目和训练内容的特点，选择和应用有针对性的直观手段。

2. 根据运动员的个体特征选择直观手段

选择和运用符合运动员个体的特点及训练水平的直观手段，且对不同训练水平的运动员在训练时应采用不同的直观方法和手段，同时，还要注意采用不同的训练强度。

3. 运动训练中，应先进行直接示范

使运动员掌握到一定的水平后，再通过录像、图解、直接观摩优秀运动员的表演和比赛等手段，同时结合清晰、准确、形象的讲解，以及教练员对运动员技术动作的观察分析，经过研究讨论，来启发训练者进行积极思维活动，并逐步找出体育运动的规律性。

4. 注意掌握运用直观手段的时机和方法

要根据不同年龄阶段运动员的感觉器官发育的敏感发展期的不同，合理地选择和运用直观手段。教师可用语言信号、固定的身体姿势或慢速动作，来加深运动员对空中的方位、肌肉用力情况进行体会等。

（七）系统训练原则

在现代运动训练中，只有坚持进行多年不间断的系统训练，才能对所要掌握的运动技能进行不断重复和巩固，才能完成运动技能系统化积累。另外，这种多年的系统性训练也是在现代竞技运动中获得优异运动成绩所不可或缺的一环。多年的系统训练和周期性训练是贯彻系统性原则的重要手段。

（八）适时恢复原则

适时恢复原则是指及时消除运动员在训练中所产生的疲劳，并通过生物适应过程产生超量恢复，提高机体能力的训练原则。在运动员疲劳达到一定程度时，应依照训练的统一计划，适时安排必要的恢复性训练，采取有效的恢复措施，使运动员的机体迅速得到充分的恢复和提高。

第三节 运动训练的方法及创新性探索

一、运动训练的方法

运动训练采用的方法有很多，具体要根据实际情况和需要进行有针对性的选用，以达到最佳的训练效果，下面介绍几种常见的训练方法。

（一）分解训练法

分解训练法指的是将完整的技术动作或战术配合过程合理地分成若干个环节或部分，然后按环节或部分分别进行训练的方法。在需要集中精力完成专门训练任务，对主要技术动作和战术配合环节的训练进行加强时，适合采用分解训练法进行训练，这样可使训练取得更高的效益。分解训练法有着自己的适用范围，主要适用情况包括技术动作或战术配合过程较为复杂、可予分解，且运用完整训练法又不易使运动员直接掌握的情况下，或者技术动作、战术配合的某些环节需要较为细致的专门训练单纯分解训练法、递进分解训练法、顺进分解训练法、递进分解训练方法是较为常见的四种分解训练法类型。

（二）完整训练法

完整训练法指的是从技术动作或战术配合的开始到结束，不分部分和环节，完整地进行练习的训练方法。完整训练法的运用可以帮助运动员对技术动作或战术配合进行完整的掌握；良好地保持技术动作或战术配合的完整结构和各个部分之间的内在联系。完整训练法具有广泛的适用范围，既包括单一动作的训练，也包括多元动作的训练；既有个人成套动作的训练，也有集体配合动作的训练。但是在不同的范围内运用时，要注意有所侧重。

（三）持续训练法

持续训练法是指负荷强度较低、负荷时间较长、无间断地连续进行练习的训练方法。练习时，平均心率应在 130～170 次/分钟。持续训练主要用于发展一般耐力素质，并有助于完善负荷强度不高但过程细腻的技术动作，可使机体运动机能在较长时间的负荷刺激下产生稳定的适应，内脏器官产生适应性的变化；可提高有氧代谢系统供能能力及该供能状态下有氧运动的强度；可为进一步提高无氧代谢能力及无氧工作强度奠定坚实的基础。根据训练时持续时间的长短，可以将持续训练法分为短时间持续训练方法、中时间持续训练方法和长时间持续训练方法三种类型。

（四）间歇训练法

间歇训练法是指对多次练习时的间歇时间做出严格规定，使机体处于不完全恢复状态下，反复进行练习的训练方法。运动员在严格的间歇训练过程中，心脏功能能够得到明显的增强；通过运动训练负荷强度的调节，机体各机能与有关运动项目相匹配的适应性变化也会产生；通过不同类型的间歇训练，可以有效地发展和提高糖酵解代谢供能能力；通过对间歇时间的严格控制，可以使运动员在激烈对抗和复杂困难的比赛环境中发挥出更加稳定的技术动作；在较高负荷心率的刺激下，有利于促进机体抗乳酸能力的提高，从而能够保证运动员在较高强度的情况下仍具有持续运动的能力。高强性间歇训练方法、强化性间歇训练方法及发展性间歇训练方法是间歇训练法的三种基本类型。

（五）变换训练法

变换训练法是在综合考虑实际比赛过程的复杂性、对抗程度的激烈性、运动技术的变异性、运动战术的变化性、运动能力的多样性及中枢神经系统的灵活性等因素的情况下提出的。所谓的变换训练法就是指对运动训练负荷、练习内容、练习形式以及条件进行变换，以使运动员的积极性、趣味性、适应性及应变能力得到提高的训练方法。通过运动训练负荷的变换，能够产生机体与有关运动项目相匹配的适应性变化，从而使承受专项比赛时不同运动训练负荷的能力得到提高。通过变换练习内容，能够使运动员的训练更加系统，并使运动员的不同运动素质、运动技术和运动战术得到协调的发展，从而使之具有更接近实际比赛需要的多种运动能力和实际应用的应变能力。依据变换内容的不同，可以将变换训练法分为形式变换训练方法、内容变换训练方法和负荷变换训练方法三种类型。

（六）重复训练法

重复训练法指的是多次重复同一练习，并在两次（组）练习之间安排相对充分的休息时间的训练方法。采用重复训练法，多次重复同一动作或同组动作，经过不断强化运动条件反射的过程，有利于运动员对技术动作的掌握和巩固。通过相对稳定的负荷强度的多次刺激，可使机体较高的适应性机制尽快产生，有利于运动员身体素质的发展和提高。单次（组）练习的负荷量、负荷强度及每两次（组）练习之间的休息时间是构成重复训练法的主要因素。静止、肌肉按摩或散步是通常采用的休息方式。依据单次练习时间的长短，可以将重复训练法分为短时间重复训练方法、中时间重复训练方法和长时间重复训练方法三种类型。

（七）循环训练法

循环训练法指的是根据训练的具体任务，将练习手段设置为若干个练习站，运动员按照既定顺序和路线，依次完成每站练习任务的训练方法。运用循环训练法可使运动员的训练情绪得到有效的激发，并且使负荷"痕迹"得以累积、不同体位得到交替刺激。每站的练习内容、每站的运动训练负荷、练习站的安排顺序、练习站之间的间歇、每遍循环之间的间歇、练习的站数与循环练习的组数是循环训练法的结构因素。运用循环训练法，可以使不同层次和水平的运动员的训练情绪和积极性得到有效提高；可以使运动训练过程的练习密度得到增加；可以随时根据具体情况因人制宜地加以调整，做到区别对待；可以防止局部负担过重，延缓疲劳的产生，对全面身体训练非常有利。在实践中，循环训练法中有"站"和"段"的说法，其中的"站"指的是练习点，如果一个循环内的站数中，有若干个练习点是以一种无间歇方式衔接，那么这几个练习点的集合可称为练习"段"。"站"和"段"是安排循环练习的顺序时应该考虑的。以各组练习之间间歇的负荷特征为依据，可以将循环训练法分为循环重复训练方法、循环间歇训练方法和循环持续训练方法三种基本类型。

（八）比赛训练法

比赛训练法指的是在近似、模拟或真实、严格的比赛条件下，按比赛的规则和方式进行训练的方法。比赛训练法的提出有着一定的依据，包括人类先天的竞争和表现意识、竞技能力形成过程的基本规律和适应原理、现代竞技运动的比赛规则等因素。运动员全面并综合地提高专项比赛所需要的体、技、战、心、智各种竞技能力可以通过比赛训练法的运用而实现。教学性比赛方法、模拟性比赛方法、检查性比赛方法和适应性比赛方法是较为常见的四种比赛训练法的类型。

（九）综合训练法

综合训练法是指把重复训练、循环训练、变换训练等各种训练法结合起来运用，或者在一组训练中安排各种技术训练、灵敏训练、力量训练等多种内容的训练方法。在训练实践中，以上各种训练方法并不是单一存在和使用的，因此，需要通过综合训练来灵活地调节运动员的训练负荷与休息，使其更圆满地达到训练要求，从而促进运动员运动素质和运动水平的全面提高。综合训练法变化很多，组合多样，具体可以根据不同性别、年龄、身体状况、锻炼水平的运动员的需求进行适当的变化、调整，以期取得理想的训练效果。随着现代科学技术的进步，运动训练方法从理论到实践不断推陈出新、日新月异。目前，社会各界有识之士非常重视改变传统经验的训练法，借助新的科学理论，运用新的模式的训练方法正在不断被尝试和创新。当前，随着竞技体育运动的发展、科学技术的进步以及人们认知的不断提升，运动训练的方法正在向多样化的方向发展，训练方法日益多样化主要得益于运动员和教练员在运动训练方面积累了丰富的经验，因此，他们总结了多种多样的训练方法来指导训练实践。现代运动训练更加注重实效性和技术完善。传统训练方法在运动训练中得到了保存，同时由于高科技手段的引进，新的训练方法在运动训练中不断得到应用，新的训练方法与传统的训练方法相结合，使得运动训练更加科学、有效，正因如此，才促使运动员不断突破极限，在比赛中不断刷新纪录。

二、运动训练方法的创新性探索

时代在发展，科技水平在不断提升，运动员的竞技水平、训练的层次和维度也在相应地提高，这就对训练方法提出了新的要求。

（一）破旧立新

所谓破旧立新，就是要打破原来固定的训练方法，从训练手段、训练思路等方面入手树立新的训练方法。例如，教练员平时要经常对自己的训练方法加以审视，看看自己的训练方法是否已经成为一种思维定式，是否已经过时，是否对运动员训练到一定程度就难以再有提高了，是否训练水平落后于形势的发展，等等。许多陈旧的方面必须通过创新来改变其面貌、改变其效益，从而增强训练效果。立新要以创造性思维去思考、解决各种问题，去寻找新的突破口，开辟新途径，去发现新的思路、观点、方法、手段等，从而才能获取新的成效。

（二）逆向思维

训练目标、训练计划、训练方法等内容往往容易习惯依据传统观念、经验和权威人士的意见来思考，容易将自己框定在一定的模式中去思考、解决问题，逐步形成了思维定式，慢慢抹杀了创新思维及创新方法的思路。要充分认识到，要适应现代形势发展，就要善于转换思维方式方法，善于用逆向思维法去突破传统的观念、经验或权威人士的束缚，突破陈旧的思维定式，去开创、形成新的思维模式，激励自己树立新思想、新观念，总结新经验，开创新的训练思路，进行新的训练决策等。

（三）克弱转强

运动员在训练过程中，要善于主动地挑剔自己的弱点、缺点或不足，并将其作为探索研究的基准点，努力攻克它，使弱转化为强，从中获得创新的成功。假如在训练中，采用某一训练方法而得不到预期的效果，这并非教练员训练方法的问题，而是在于自己的训练方式，这时应该对训练方法加以深入剖析，找出其不足或落后的方面，并加以弥补、修正，或创造出新的训练方法。通过克弱转强法，使训练得出成效。

（四）移花接木

现代知识的综合运用程度越来越高，新成果大量地涌现，知识的渗透力越来越强，综合聚变效应也越来越强。要善于将其他学科中的原理、规律、方法等移接到本领域的运动训练理论体系中去，进行巧妙地衔接，创造出新的高效的训练原理、规律、方法等，从而有效地促进自身学科的不断发展与壮大，提高训练效果。如"系统论、信息论、控制论"移接到体育各个领域中已发挥出巨大的效果，有力地促进了体育科学的发展。

第四节　运动训练负荷的科学安排

一、运动训练负荷的基本知识

（一）运动训练负荷原理

运动训练中的最终训练目的是促进运动员身体素质水平、运动水平的提高，要想实现这一最终目的，就要在运动训练过程中使运动员不断承受和适应训练负荷，促进其机体的运动能力和对外界（运动训练负荷）的适应能力的不断提高，这就是运动训练负荷原理。运动训练过程中，运动员会承受一定的外部刺激，运动员机体在生理与心理方面承受的总刺激便是运动训练负荷，机体承受刺激时表现出来的内部应答反应程度可以反映运动训练负荷。运动训练负荷有着自身的特点，它具有目的性和选择性，即一定的功能特点；运动训练负荷还具有渐进性、极限性和应激性，随着运动训练负荷水平的提高，训练适应水平也会相应地得到提高。运动训练负荷与运动成绩之间密切相关，这主要从对应性和延缓传导性上体现出来。运动训练负荷种类繁多，每种负荷都有自己独特的含义，因此必须准确掌握各种运动训练负荷的概念和特性，对运动训练负荷进行科学调控，调控时需注意运动训练负荷的综合性、实战性和动态性，并需结合具体个体进行，注重运动训练负荷的定量与等级。

（二）运动训练负荷刺激及机体机能的变化

运动训练负荷刺激主要是指运动训练负荷对机体的刺激，人体活动时所表现出来的力量、耐力、速度、柔韧和灵敏素质等不是根本原因（本质），而是运动的结果（表象）。在运动训练中，机体对训练负荷刺激所做出的反应表现在两个方面，即生理反应和心理反应，通常所说的运动训练负荷指的是生理负荷，就是指机体在生理方面所承受的运动训练刺激。

运动训练的过程也可以看作是一个不断对人体施加运动训练负荷刺激的过程，在这一过程中，人体各器官系统将发生一系列反应。这些反应特征主要表现为耐受、疲劳、恢复、超量恢复和消退等机能变化。在运动训练过程中，机体的负荷刺激变化主要会经历以下几个阶段。

1. 耐受阶段

耐受是运动训练初级阶段机体对运动训练负荷的刺激反应，是机体接受运动训练负荷刺激后身体机能变化和反应的第一个阶段。运动训练负荷强度和运动员训练水平会影响这种耐受能力的强弱和保持时间的长短。这一阶段，应以体能训练为主。

2. 疲劳阶段

在承受一定时间的运动训练负荷刺激之后，机体机能和工作效率会逐渐降低，即出现疲劳现象。具体来说，运动员训练到何种疲劳程度及耐受多长时间以后疲劳取决于训练课的目的。实践表明，训练过程中，运动员只有达到一定程度的疲劳，才能提高运动能力，才能在恢复期获得预期的超量恢复效果，从而促进机体机能的增强。

3. 恢复阶段

训练结束后，在补充和恢复阶段，机体主要是补充训练过程中所消耗的能源物质，修复所受到的损伤并恢复紊乱的内环境，使机体各器官系统的机能恢复到运动前水平，以完成机体结构与机能的重建。机体疲劳的程度决定了恢复所需时间的长短。

4. 超量恢复阶段

超量恢复，又称"超量代偿"，是关于运动时和运动后休息期间能量物质消耗和恢复过程的超量恢复学说，由苏联学者雅姆波斯卡娅提出。超量恢复指的是在运动结束后，运动过程中所消耗的能源物质以及降低的身体机能不仅可以得以恢复，而且会超过原有水平。通常来说，运动训练负荷量越大，强度越大，疲劳程度越深，超量恢复越明显，但切忌过度训练。

5. 消退阶段

一次训练结束后，如果不及时在已获得的超量恢复的基础上继续施加新的刺激，那么已经产生的训练效果在保持一段时间后就会逐渐消退，机体机能又下降到原有水平摩因此，要想保持长久的运动训练效果，就要求运动员必须在上一次训练出现超量恢复的基础上对下次运动训练做出及时的安排。

二、运动训练负荷的科学安排与调控

（一）运动训练负荷的定性与定量

1. 运动训练负荷的定性

（1）训练负荷的专项性。训练负荷的专项性指训练负荷要与运动员的训练水平和比赛要求相符。运动训练过程中，训练负荷的练习分为运动专项练习与运动非专项练习。其中，运动专项练习是提高运动员专项运动技战术水平的直接因素，只有加强运动专项训练，才能为运动员运动实战水平的提高奠定良好的基础。

（2）训练动作的复杂程度。训练动作的复杂程度是专项运动训练中客观存在的内容，是运动训练中运动训练负荷定性的一个重要方面。运动训练实践中，动作复杂程度决定着训练负荷的大小。区分训练动作的复杂程度是控制运动训练负荷的依据和需要。需要提出的是，由于运动训练中，运动员的许多技能动作并不能预定，必须根据场上对手的表现临时做出选择性反应，因此，目前对此要做出量化评定具有较大的难度。

（3）训练负荷的生理改善。确定运动员运动训练时机体工作的供能系统是为训练负荷定性的内容之一。研究表明，系统的运动训练中，ATP-CP 和糖酵解供能约占 80%，糖酵解和有氧代谢约占 20%。因此，运动员应结合运动专项的训练要求和特点，选择采用无氧代谢，或是有氧代谢，或二者的协调配合来进行训练，也就是以实际情况为依据合理安排训练。

2. 运动训练负荷的定量

（1）内部负荷指标。内部负荷指标指由于运动员在训练过程中进行各种身体、技战术训练，训练的负荷使运动员有机体内发生一系列生理和生化变化，内部负荷的指标能比较科学、准确地反映有机体在负荷时产生的各种变化，有利于教练员根据这种变化去掌握和控制训练过程，安排训练负荷。运动训练中，使用内部负荷的指标来测量负荷的方法比较广泛段血压、心率、血乳酸、尿蛋白、氧债、血红蛋白、最大吸氧量等是常用的指标。

（2）外部负荷指标。外部负荷指标又称"负荷的外部指标"或"外部负荷"，包括负荷量和负荷强度两个指标。在运动训练中，负荷量的各个指标测定的方法比较简单。机体对负荷强度刺激所引起的反应比较强烈，能较快地提高机体各器官系统的机能水平，所产生的适应性影响较深刻，消退较快。在运动训练中，测量负荷强度的各个指标比较复杂，所以难度也比较大。

目前，对运动员外部负荷指标进行测量，一般通过记录技战术训练的时间、训练次数、训练难度、训练的激烈对抗程度等方法。

（二）不同负荷的判别

运动训练期间，当运动员的运动训练内容、训练手段的特点相当稳定时，有机体机能能力表现出来的动态变化就能够被明显地观察到。因此，可根据训练实践中运动员有机体机能活动性的动态变化来对训练负荷的大小进行判别。运动训练负荷的大、中、小可以客观地按照机体恢复的时间进行判别。研究表明，训练负荷的大、中、小与有机体内环境的稳定性的变化紧密相关，并且能具体反映到恢复过程的时间上。通常，小负荷与中等负荷后，机体恢复过程的时间通常是几十分钟或几个小时；大负荷后，一般需要较长的时间才能实现机体的恢复。在运动训练中，应结合实际情况来对运动员的训练负荷大小进行判定，具体可以根据生理学和生物学的指标来判别，也可以采用其他相对间接且客观的指标进行判别，不管使用哪种方法，都要保证准确地判定训练负荷。

（三）运动训练负荷的特点与注意事项

1. 科学安排运动训练负荷的特点

科学安排与调控运动训练负荷就是以更科学、更合理的方法安排运动训练负荷，从而实现运动训练水平和运动成绩不断提高的目的。对训练负荷的科学安排需要遵循负荷、应激与恢复原理，竞技状态的形成与科学调控原理，周期性与节奏性原理，以及竞技能力的训练适应原理等。简单来说，科学调控运动训练负荷就是在训练过程中，教练员根据训练的任务及运动员的个体情况，按照人体机能的训练适应规律，以大负荷为核心，坚持长期、系统和有节奏地安排运动训练负荷。

2. 科学安排与调控负荷的注意事项

（1）不同训练阶段采取不同的调控方法。根据负荷因素的基本特征，在训练初期，为了使运动员尽快进入运动状态，通常以增加负荷量的方法来尽快实现运动员机体的适应。在专项训练阶段，以提高负荷强度刺激的方法来加深运动员的机体适应过程。

（2）选择合理的负荷的内容和手段。教练员应按照不同运动项目、训练内容、训练手段的负荷特征和不同训练任务选择好相对应的训练内容、手段和方法。对运动员而言，其参与的具体竞技运动项目不同、训练目的不同，所安排的训练负荷应有所区别。

（3）对负荷方案进行最佳综合设计。在运动训练过程中，教练员要根据各对应性负荷结构的特征及相互间的关系，进行负荷方案的最佳综合设计。特别是要注意负荷量、负荷强度与总负荷，内部负荷与外部负荷，生理、心理与智力性负荷，以及训练负荷与比赛负荷的综合设计。

（4）按照运动员个体特点确定运动训练负荷。教练员要通过科学的训练诊断，对运动员的个体特点加以了解，对符合他们个体特点的个体负荷模型进行科学确立。

（5）注意负荷安排的长期性、系统性。在进行运动训练时，要根据连续负荷中疲劳的正常积累与过度疲劳之间的关系，对多年、年度、周及每一次课的训练过程的负荷进行对应的安排，使不同训练阶段的运动训练负荷能够连贯起来，促进运动员运动水平的逐步提高。

（6）重视运动训练负荷的节奏性。教练员要把大负荷训练与减量训练结合起来，使之形成最佳的负荷节奏，进而促使运动员取得最佳的运动成绩。

（7）合理增加运动训练负荷。根据训练任务和训练对象，逐步、有节奏地加大运动训练负荷，直至最大限度，但在竞走运动训练过程中，运动训练负荷的安排不宜过大，应以提高单位训练时间里最大的效益为准则。运动训练负荷的增加应当在运动员适应了原有负荷的基础上进行，只有这样才能取得较好的训练效果。

（8）注意处理好负荷量、负荷强度与总负荷的关系。教练员要按照运动项目特点、训练和比赛任务、个体特点等因素，以总负荷的要求为基础，确定好负荷量和负荷强度的最佳组合。突出强度是高水平竞走运动员负荷安排的重要特征。但注意应从实际情况出发，负荷强度和负荷量应合理搭配。

（9）重视恢复。训练水平的提高离不开对训练负荷的合理安排，没有恢复，也就没有新的负荷安排。在运动疲劳之后，人体的恢复时间有所不同，恢复时间过长或过短都不利于提高身体素质和技战术水平。注意掌握运动员训练后不同恢复阶段的时间、个体负荷的极限能力、承受极限负荷后的恢复时间，及各训练过程的负荷性质及适宜的间隙时间和恢复方式，并根据这些要点来对大负荷训练进行安排。训练之后，还应注重采用多种手段来帮助运动员消除疲劳。

（10）做好运动训练负荷监测和诊断工作。教练员应在运动训练过程中根据运动训练负荷的构成因素及运动训练负荷的可监控性特点，正确地确定各运动项目的各训练内容、手段和训练方法，及不同运动员个体的运动训练负荷监控指标体系，对科学的运动训练负荷监控、诊断系统和诊断模型进行建立。

第六章

专项身体素质理论及训练方法

第一节　专项特征基础认知

一、专项特征定义与构成

专项特征是指一个运动项目在比赛规则的允许下，以获得最大的运动效率为目标，在力学、生物学等方面表现出的主要运动特点。通常专项特征可以分为技战术、体能、心理和环境等方面，每一个方面又由不同的因素构成。从训练学的角度分析，竞技运动项目的特征包括三个不同的层次：一般特征、项群特征和专项特征。三个不同层次的项目特征在范围上并没有质的区别，其主要差别在于对项目特征解释和描述的程度上。项目间的差异，并不是总能体现在所有的项目特征上，如技战术、体能及心理等，尤其是对于同一属性的运动项目来说，它们的差异可能更多地集中于某一个项目特征中。

二、专项特征的确定

由于各运动项目的性质可以从各个不同的方面和角度去确定，而且一个项目的性质以不同的标准确定可以有多重性。但其特征的确定则要找出区别于其他项目的特别显著的标志。训练中确定运动项目特征通常有四个方面。

（一）各运动项目比赛规则规定取胜的主要因素

以竞技体操为例，我国体操界广大教练员、科研人员、运动员通过多年的探索，多数认为竞技体操项目的显著特征是"难、新、美、稳"，这是竞技体操比赛规则规定的取胜的主要因素。

（二）运动项目的主要供能系统

在体能类项目中，经常以主要供能系统确定项目的特征。例如田径 100 米跑主要特征是 ATP 供能，因此训练中提高运动员的无氧代谢能力，发展速度是最为重要的。

（三）运动项目的技术结构和主要环节

任何一个运动项目的动作技术都有其特殊性，具有不同的技术结构和主要环节。动作技术的结构主要指动作是由哪些部分构成的，动作技术的主要环节是在构成动作技术的若干部分中，对完成动作、决定成绩最具影响的部分。

（四）运动项目对运动素质的特殊要求

在举重项目中，若仅仅依照运动素质的特殊要求就确定其是力量性项目，这并非十分严谨。因为从比赛动作抓举和挺举两项来说，它需要的力量是全身协调用力的速度性力量，或称爆发力量，而不是单纯的最大力量，这也是该项目比赛动作技术对运动素质的特殊要求。因此准确地说，举重项目的特征，其实是全身协调用力的速度力量性项目。

三、专项特征研究的发展趋势

对专项特征的认识是一个逐步深入的过程，它不仅取决于教练员自身的认识能力，而且在相当大的程度上依赖着科学技术和研究方法的发展。新理论的出现可以为项目特征的认识开辟新的视角，新技术和新方法的问世能够促进认识程度更加深入。当前，在专项特征的认识上出现了以下几方面的发展动向和趋势。

（一）由宏观向微观的发展

从运动训练的角度分析，任何一个运动项目的特征都有一般与专项、宏观与微观之分。宏观的项目特征是从一般或项群共性的角度把握训练的方向，微观的项目特征则是从一个专项的角度指导运动员的训练。如果错误地将一般或项群的项目特征视为本项目的专项运动特征，就不能准确地给运动项目定位，对项目的了解始终处于模糊的水平，甚至会失去训练的方向。诚然，任何一个事物的发展都需要宏观和微观的指导。宏观的理论可以透过复杂多变的因素把握发展的方向；微观的认识可以对具体的方法和措施进行调整和操作。从竞技训练的角度分析，运动训练的整体发展或某一类项目的发展确实需要宏观理论的指导，但是，对于一个具体运动项目的训练来说，迫切需要的，是对项目的运动特征和训练规律进行微观、具体和有针对性的了解和认识，从众多细节中提取出专项的特征，只有这样才能够真正为专项的训练提供有价值的信息，促进专项运动水平的迅速提高。专项特征绝不能只停留在宏观的认识程度，而应该深入到专项之中，从多个角度和层面解析专项的特点，提炼出能够反映专项运动本质的规律，这样才可以准确把握专项训练的脉络，提高训练效率。

（二）由外在到内在的发展

对项目特征的认识不能仅停留在专项运动的外在形式上，而必须深入到神经与肌肉的内在运动水平。运动项目的外在特征只能反映运动的结果，而造成这种结果的原因主要在于机体的运动系统和能量供应系统，肌肉在神经支配下的收缩以及在收缩过程中对能量的需求。在运动训练中，只有深入了解神经肌肉系统的工作情况，才可能选择正确和有效的训练方法，只有充分掌握运动过程中能量代谢系统的运转规律，才能够制定出符合专项特点的训练负荷。对内在专项特征细节的了解和掌握，有助于提高运动训练的针对性和有效性境了解不同肌肉在专项运动中的参与程度和工作方式，可以帮助人们制订出有针对性的力量训练计划；掌握不同供能系统对专项运动的不同支持作用以及它们之间的关系，可以提高耐力训练的效率；对不同供能系统恢复特点的了解，能够帮助教练员把握和控制训练的负荷。对专项内在特征的深入认识，是提高专项训练效率的重要条件。与外在运动形式不同，内在专项特征的把握是从神经—肌肉的工作方式和用力程度的层面上解决训练的专项化问题。因此，对专项内在特征的认识程度在很大程度上代表着竞技运动训练的科学化水平。

（三）由静态到动态的发展

专项运动的时间或距离是专项的一个重要特征，它从总体上反映了专项的运动特点，是运动员和教练员制订训练计划的主要依据。但是，时间和距离等指标是对专项特征的总体描述，是专项运动的结果。从运动分析的角度来看，结果并不等同于过程。结果是过程的集合和终点，过程是结果的内容和原因；结果是静止固化的，过程是动态可变的。在运动的过程中，无论是外在的速度、角度和节奏，还是内在的肌肉收缩和能量供应，都随着运动时间的持续而变化，所以，与结果相比运动过程包含的信息量更加全面，反映的问题更加深入。因此，对专项特征的理解和认识，应该更加重视运动的过程，从过程的动态变化中深入和详细地了解项目的"运动"特征。专项特征动态描述的另一个作用，体现在对专项运动技术过程的全面了解。以往对专项技术特征的描述往往忽视了体能的存在，主要是对专项主要技术环节的运动学或动力学标准特征的分析。然而，这种标准的"最佳技术模式"并不能全面和真实地涵盖整个专项运动过程中技术的变化。对于几乎所有的运动项目来说，运动员都不可能始终以同样的技术动作完成比赛，随着运动员体力的消耗运动技术必然发生改变，这种改变在很大程度上反映了专项能力的水平。从整体上来看，负荷时间和强度是各个竞技运动项目都具有的共性，在比赛距离或时间相对固定的情况下，取胜的关键主要集中在速度和速度的保持能力上。在这个过程中，运动员的体能势必影响到专项技术的发挥，体能与技术之间的相互影响和作用始终贯穿于整个专项比赛的过程之中，技术与体能的这一互动关系在很大程度上同样应归属于专项技术特征的范畴。

第二节　体能与专项能力

一、体能

体能是运动员竞技能力的重要组成部分，也是运动技能表现的必要条件。科学合理的体能训练，能够提高运动员的竞技能力和改善运动员的身体形态，使之更加适应专项运动和技术的需要，从而达到提高运动水平的效果。同时，对提高运动员预防伤病的能力和恢复能力也有积极意义。毫无疑问，体能训练越来越得到各级运动队教练员的高度重视。体能训练研究也成为目前国内体育科研的热点研究领域，成为众多运动训练学专家所关注的焦点。

（一）体能相关概念辨析

目前，经常见到一些和体能相似的词汇，比如体适能、体力、运动能力、体质、运动素质等。其实，这些词汇的概念与体能概念有很大的不同，如果不清楚它们之间的区别，就无法对相关的理论问题进行深入的研究。

1. 体能与体力的区别

体力，是人体活动时所付出的力量。一般理解为机体整体的抗疲劳能力，它是体能的重要组成部分之一。体力是与耐力有密切联系的概念，但它又不能完全等同于耐力。人们经常谈到的体力，一般是指身体整体的耐力。体能与体力的主要区别在于，体能不仅内涵上（与体力有所不同，它指的是运动员运动能力与对环境适应能力的结合体），而且外延要大于体力，体力涉及的身体抗疲劳能力仅是其适应运动需要的一个方面的能力。

2. 体能和运动能力的区别

运动能力是身体在运动中表现的活动能力，包括一般活动能力和竞技运动能力。体能与运动能力的区别，主要表现在概念的层次关系上，体能是运动能力的上位概念，也就是说，体能包括运动能力，它比运动能力涉及的内容要多，如体能还包括运动员对比赛环境的适应能力。

3. 体能与体质的区别

体质是指人体的健康水平和对外界的适应能力，是在遗传性和获得性基础上表现出来的人体形态结构、生理功能和心理因素的综合的、相对稳定的特征。其包含的范畴综合起来有：① 身体的发育水平，包括体格、体型、体姿、营养状况和身体成分等方面；② 身体的功能水平，包括机体的新陈代谢状况和各器官、系统的效能等；③ 身体的素质及运动能力水平，包括速度、力量、耐力、灵敏度、协调性，还有走、跑、跳、投、攀登等身体基本活动能力；④ 心理的发育水平，包括智力、情感、行为、感知觉、个性、性格、意志等；⑤ 适应能力，包括对自然环境、社会环境及应激原的抵抗能力等。体质侧重点在于先天遗传表现出来的基础的生理和形态结构，是一种比较稳定的、先天性的基本的身体素质和内在心理的倾向，在静态中表现出来的一种机能的特质。体能是体质的下位概念，即体质包含体能，是体质的一个主要方面，是体质的前提和基础，是体质在一定范围的延伸。体能侧重于运动员的运动能力和运动适应能力，是有机体各器官、系统的机能在肌肉活动中的反映，是人体机能在动态中表现出来的特质。在评价方式方面，体质好坏，用一个精确的"标准"是不可能完成的，而体能是生理机能的外在表现，是身体物质做功的能力，体能水平的高低可以有速度、力量、耐力、灵敏度等身体素质等计量指标。在运用方面，体能主要应用于运动训练研究实践中，而体质则侧重应用于遗传和医学等方面。

4. 体能与运动素质的区别

运动素质是体能的外在表现，是体能的构成因素之一，属体能的下位概念，也是运动实践中评价和检查体能水平的常用指标。体能与运动素质既有联系，又有区别。运动素质是指运动员具备的力量、耐力、柔韧性等。体能概念涵盖的内容更广，既有运动素质，又有运动员对比赛环境的适应能力。所以，专项训练中，体能训练是从整体、全局的角度，运用各种有效的训练手段和方法，提高运动员的专项运动能力和对比赛环境的适应能力，使运动员的身体形态、机能水平和运动素质在同一个体中实现最优配置，达到提高竞技能力的目的。而运动素质训练主要偏重于速度、力量、耐力、柔韧性等能力的提高。

（二）体能特点

至今，体能训练已成为各个运动项目竞技能力训练的主要内容，但由于教练员对体能本质特征的认识存在差异，因而，体能训练效果也不尽相同，所以，揭示体能训练特点很有必要。归纳起来为特异性、时间局限性和不均衡性。

1. 体能的特异性

体能的特异性，又称为其专项性。从不同运动项目中挑选相同年龄阶段的运动员进行最大吸氧量和最大氧债值实验室测定，所得数据较为一致，但若再用专项负荷进行测验就可发现，其结果与实验室资料比较差异很大，说明体能存在着特异性，即专项性的特点。体能的获得是通过采用专项特有的手段训练的结果，即使用非专项的手段来获得，也必须符合该项目的要求。其生物学机制在于适应过程的专项特异性，这是现代竞技运动中保证运动技术水平的一个特征。适应性反应的专项特异性不仅表现于身体素质和植物性神经系统能力的发挥方面，而且表现于心理因素的发挥方面，特别是在完成紧张肌肉活动，又必须用意志来加强工作能力这一方面。

2. 体能的时间局限性

某一种体能水平只能保持相应的时间，这就是体能的时间局限性。体能的产生过程即是运动员有机体的适应过程，任何适应过程都存在着两种适应性反应：一是急性但不稳定的；二是长久的相对稳定的。急性适应性反应产生的体能，取决于刺激的大小、训练水平及其机能系统的恢复能力。由专项强化训练所获得的体能虽然目的很明确，但并不表示有极大的稳定性。因为这种适应性反应是通过高强度的专项负荷产生的，是以超量恢复为其表现特征的，并不建立在各种器官和系统的肥大、变异的基础上，即生物学的形态改造上。这就导致体能存在着时间局限性。虽然相对稳定的适应性反应是建立在各器官、系统的形态改变基础上，但是各运动专项的特点是随着专项成绩水平的提高而变化的。即使在某一时期已形成较为稳定的体能，但随着专项特点的改变，原有的体能将不再能满足未来专项特点的需要，因此也表现出时间局限性。

3. 体能的不均衡性

体能的不均衡性表现为已获得的体能不可能在较长时间的工作过程中维持同一水平。这是因为，任何肌肉活动都是依靠有机体的能量供应系统的工作保证的。能量供应系统存在着无氧系统和有氧系统。无氧与有氧系统工作时，机制迥异，动员的器官系统也不相同。虽然这一工作过程发生在同一机体上，但相互之间有着一定的独立性。在维持较长时间的工作时，虽然有着主导供能系统支撑工作，但还是要依靠互相的交替和补充。这时，各供能系统之间存在着"衔接"的问题。由于每个供能系统的发展并不完全一致，并不整齐划一，因此必然会产生总能量供给的波动状态。

（三）影响体能发展水平的主要因素

体能发展水平的高低，受运动素质、形态结构、机能水平、心理品质和适应能力等多种因素的影响。

1. 形态结构对体能的影响

人体的形态结构影响体能发展水平的高低。通过发展肌肉的力量练习，肌肉的横断面增大了，肌肉的重量体积增加，运动员的体重增加了，形体发生了变化，在投掷运动中，增加了运动员动作过程中的动量在动作速度、动作技术等基本不变的条件下，人体动量的增加，器械出手时的速度就增加，从而器械就能飞行更长的距离。足球、篮球等项目中运动员肌肉体重的增加，就增加了在同等动作速度条件下的动量，提高了在短兵相接时的对抗能力，包括合理冲撞能力。关节、韧带包括形体等形态结构通过训练发生了有利于支撑能力的变化和提高，就能直接提高支撑能力，如举重运动员肩关节、肘关节通过训练在额状面和矢状面内发生了能够充分伸直的变化，就能减少直臂支撑杠铃时的水平分力，增加向上支撑杠铃时的垂直分力，提高运动员支撑杠铃时的力量。同样的道理，运动员的"O"形或"X"形腿通过训练有所改变，也能提高人体由下蹲状态向上起立时的负重能力。通过训练运动员心脏的心室或心房的肌肉出现运动性增厚，肺脏呼吸肌增加，等等，这些形态结构的变化，导致心脏每搏血液输出量增加，尤其是承担最大运动负荷时，心脏血液最大输出量增加，这就直接有利于人体承受最大运动负荷时氧气和营养物质的供应、代谢物质的还原和消除等机能的提高，从而有利于体能的提高。

2. 人体的机能对体能的影响

人体的机能包括承担负荷量的能力、承担负荷强度的能力、承担总负荷的能力、恢复能力、免疫能力、可塑性、体能动员发挥能力等，这些能力的大小直接影响体能的大小。承担负荷量、强度、总负荷能力的高低是衡量和评定体能高低的主要指标和标准，其中任何一项能力指标的上升或下降都是体能提高或下降的标志，其中任何一项指标提高了，即标志着体能相应提高了。恢复能力，尤其是以大强度为主的大负荷训练后的恢复能力是近代运动训练中越来越重视的主要训练指标之一，提高恢复能力是最重要的研究课题之一。这是因为恢复能力大小或高低直接决定体能、竞技能力提高的幅度、速度及最终达到的高度。大负荷刺激后，身体产生不适应反应，恢复能力强的运动员产生新的训练适应的能力就强，可塑性就大，包括体能在内的各项竞技能力因素提高就快。适应能力、免疫能力也是对体能的高低起决定性影响的因素之一。该能力的稳定提高对体能的提高和发挥都起着保证和促进作用。对训练负荷、对训练比赛等体内外环境适应性差的，对流行疾病免疫力低的运动员体能的稳定性必然差，训练的系统性必然缺乏必要的保证。体能的动员发挥能力也是体能的重要组成部分之一。体能水平基本相同的两名运动员，谁的动员发挥能力强，谁就能获胜，这也是比赛中最普遍的现象。

3. 心理能力、技能等竞技能力因素对体能的影响

在运动训练和比赛中，运动员的体能不但与形态结构、机能能力、运动素质等因素或与这些因素的潜力直接相关，而且与能否把这些可能性和潜力充分协调组合、充分发挥表现出来的心理能力、技能，甚至是战术能力等竞技能力的组成因素的能力大小密切相关。在各个运动项目中，尤其是在体能类运动项目中，经常能见到一些运动能力，甚至形态结构较好的运动员，由于承受心理压力和抗外部干扰能力较弱，或动作技术不尽合理，不够稳定巩固，造成体能能力或其潜力得不到应有的发挥，运动成绩往往还不如一些体能及其潜力与自己基本相同、基本相近，甚至稍低而心理素质和技术水平发挥较好的对手。

4. 比赛环境对体能的影响

体能就身体本身而言，具有贮备性和潜在性。如主观不情愿或客观受限制，则体能不能得以展现和发挥。其一，主观能动性如何。主观上可以调控自身能量释放的总量和强度，因此思维指令是决定体育发挥的关键因素；其二，神经中枢的兴奋状态怎样。精神振奋与萎靡不振势必有截然相反的体能表现；其三，意志品质等心理特征怎样。体能的施展是一种体力的耗费，在许多情况下是一种艰难甚至是痛苦的生理过程，其中意志品质的作用是相当重要的；其四，对变化的外界环境的适应能力如何。外界环境的变化，势必引起机体的应答反应。体内的这些变化，就会连锁地影响体能的发挥，适应能力强，机体调节快，则能应答自如，宛若平常。综上所述，一定的体能水平或潜力，必须具有相应的心理能力和技能等做保证才能相应或充分地发挥出来，才能构成竞技能力中的体能优势，才有实际意义。因此，在体能训练中，不但要切实抓好体能三大组成部分的训练提高，而且还要认真抓好心理能力、技能水平的改善和提高。

5. 形态结构、机能和运动素质的相互关系

形态结构制约机能的发展和提高，机能制约运动素质的发展和提高。因此，体能训练内容和训练安排，不仅要最终落实到运动素质的发展和提高上，还要相

应兼顾到形态结构、机能的提高和发展，这样才能使体能训练收到事半功倍的效果。例如，肌肉的肌腹长，肌腱短而粗壮，去脂体重大，肌肉的放松紧张能力强等。肌肉的形态结构条件好，这就预示着肌肉的收缩能力强，发展潜力大；机能的发展提高快，潜力大；力量、速度等运动素质发展潜力大，最终体能提高快、水平高。形态结构制约机能，机能制约运动素质的发展，形态结构、机能等体能因素水平的高低必须通过运动素质的高低表现出来才有实际意义，才能促进体能，进而促进竞技能力的提高。

在运动实践中，一些运动员的形态结构、机能均不错，而运动素质水平相对不高，导致体能上不去，或水平不高，最终导致竞技能力和运动成绩的水平受到限制。而有些运动员的形态结构或机能并非很好，而运动素质却能上得去，表现出很高的体能水平和竞技能力。

二、专项能力

专项能力与运动员专项运动紧密相关，它是能直接促进专项成绩提高的一种特殊能力。对运动员而言，其竞技能力的充分发挥，主要依靠对运动成绩具有决定性作用的专项能力的强化训练，挖掘其体能和技术的潜力，这样才能有效促进运动成绩的快速提高。专项能力训练的目的是根据运动员现有条件，将个人身体素质转化为专项竞技所需的能力。不但练习内容要依运动员训练水平、技术状况、训练时期、年龄及生理、心理特点而定，而且其动作时机、速度、顺序、路线、幅度及身体姿势等时间和空间特征也应尽量接近于比赛技术动作，或尽可能满足专项竞技和比赛的需要。因此，专项能力训练是将运动员身体机能和身体素质转化为专项实战能力的重要桥梁，在实践中往往是取得高水平运动成绩进一步突破的关键环节。

（一）专项能力的定义

一个未受过竞技运动专业系统训练的人也许同样具备很好的肌肉力量，但是他在任何一个运动项目的比赛中都不可能达到高水平，其原因就在于他拥有的力量不是专项所需的力量，专项能力达不到专项运动员的水平。专项能力指运动员在特定专项领域所具备的竞技能力，是提高专项训练水平和专项运动成绩所具备的最直接的竞技能力。专项能力主要包括专项运动素质、专项运动技术、专项战术意识和战术能力、专项心理品质及专项运动智能。专项能力的高低直接决定着专项训练水平和专项运动成绩的好坏，专项能力的提高必须通过长期系统的训练才能实现。

（二）专项能力的训练

在各个项目的训练过程中，都必须处理好专项能力与一般能力的发展关系，合理安排好两种能力训练的内容和训练时间的比重。在多年训练过程中，随着训练水平的提高，专项能力的训练应逐渐占主导地位。

1. 强化"专项"在训练中的核心位置

在运动员多年训练过程中，一般能力和专项能力的发展在比例上并不是等同和不变的，而是随着年龄和专项成绩的提高不断地发生变化。一般来说，在基础和初级训练阶段，一般能力的训练占有重要位置，而随着年龄和运动成绩的提高，专项能力的训练比例逐渐增加，直至在进入高水平训练阶段后成为训练的核心。在过去的训练过程中，人们过于强调训练的"多样化原则"，在运动员进入高水平训练阶段后仍然采用大量分解和局部的训练手段和负荷发展运动员的专项能力。在这一训练思想的指导下，恰恰忽视了专项本身作为一种专项训练手段对专项能力发展的作用，没有认识到完整的专项练习是集机体各种不同能力于一身，从生理、心理到技战术等多方面对机体构成最全面和最适宜刺激的训练手段，从而致使以突出整体和综合性为主要特征的专项能力得不到有效的发展。这一专项训练旨在强化"专项"在训练中的核心位置，以提高专项成绩作为训练的最终目标，从运动训练的生物适应理论出发，最大限度调动和发挥机体的专项潜能，在科学训练思想的指导下强调和突出不同运动能力的协作和整体发展。完整和高强度的专项训练对于高水平运动员尤其重要。运动员进入高水平训练阶段后，各项身体素质及它们之间的协作已经达到很高水平，某一局部运动能力的改善不仅很难使专项成绩得到提高，而且有时还会影响整体的发展。此时，只有运用完整和高强度的专项练习手段才能在更加接近实际比赛的环境下，充分挖掘那些与专项密切相关的器官和系统的潜力，从整体上促使不同素质之间、各种素质与技术之间及心理、环境等因素与技战术的发挥之间的协作更加均衡和稳定。另一方面，体能类项目的特点也决定了"专项"在训练中的核心作用。当运动员进入高水平训练阶段之后，运动成绩的进一步提高很大程度上依靠"体能"的改善得以实现。

分解和局部的训练在训练负荷上难以达到"专项"的训练效果，显然无法有效地提高专项能力。但是，我国部分体能类项目的训练表明，至今完整的专项练习手段作为专项训练的核心内容无论是在理论认识上，还是在训练实际中均处于滞后状态。它导致我国相当一部分高水平运动员尽管拥有出色的身体素质条件，却无法在专项技术中得到充分展现。

2. 进行接近完整技术和完整技术的分项练习

完整和高强度专项练习的训练，体力与神经能量消耗大、恢复慢，训练中反复次数不能多，课次也不能密集，在整个训练过程中所占比例要恰当。所以在训练中还应采用接近完整技术和完整技术的分项练习。在将专项作为发展训练能力的重要手段的同时，还必须注意到训练的负荷，尤其是强度。强调完整的专项训练并不意味着盲目增加训练的强度，过高的训练强度并不能解决专项训练水平问题，甚至还可能妨碍专项能力的发展。运动员在长期大且低强度的训练中很难获得突出的、接近比赛强度的刺激。

3. 提高训练强度

传统的周期训练理论曾对运动训练产生过较大的影响，但已不能完全适用于现代高水平竞技体育研究。在旧的训练模式的指导下，一些教练员片面地理解训练"量"与"质"的关系，机械地认为数量的堆积是获得训练质量的前提，简单地将由训练量引起的机体疲劳作为衡量训练效果的指标。这种以"量"为主构成的训练，即使是运用了非常"专项化"的训练手段，也不可能提高训练的"强度"。运动成绩的提高，取决于多方面的因素，其中训练质量对训练的效果起着至关重要的作用，而训练的质量取决于训练的强度、完成专项技术和练习动作的正确性及练习的密度和数量等。训练目标不明确、重点不突出、针对性不强的低强度训练，运动员的专项能力也就难以提高。运动训练实践已经证明，随着运动员竞技水平的提高，机体各器官、系统的功能及其它们之间的协作不仅达到了相当高的水平，而且日趋逼近生理机能的极限。运动员进入高水平训练阶段的一个主要特征为竞技能力的"可塑空间"逐渐减小，专项成绩的提高速度日趋缓慢，它导致运动员对训练手段和负荷的要求显著增强。在这种情况下，低强度大负荷训练不利于专项水平的提高，有一定强度要求的训练才能有助于运动员保持稳定状态，在比赛中发挥水平。

4. 根据"从实战出发原则"安排训练

"从实战出发"，就是要将比赛场的残酷性、对抗强度、比赛压力体现在训练中。

（1）掌握项目特点和规律。运动项目特点是建立科学指导思想的根本，是科学设计训练方法的源泉，是制订科学训练计划的指南。因此在实践中，只有切实了解和掌握了运动项目的特点，才能做好优秀运动员的专项能力训练，否则一切都是空谈。对运动项目的规律和特点有了本质的认识，专项运动能力训练的方向才不会出现偏差，运动成绩才会大幅提高。项目的特点不是一成不变的，随着比赛规则的变化，运动水平的提高，在训练中对专项的理解也应随之变化，专项训练的方法和手段也应发生相应的变化。

（2）重视训练与比赛的一致性。从实战出发就是从比赛的实际需要出发，是专项训练与比赛一致性的具体体现和要求。从实战出发要求在训练中使用比赛时完整且高强度的专项训练手段，这对于体能类项目可能十分重要，比如田径中的跳高和跳远等。完整和高强度的专项训练对于高水平运动员尤其重要。运动员进入高水平训练阶段后，各项身体素质以及它们之间的协作已经达到很高水平，某一局部运动能力的改善不仅很难使专项成绩得到提高，而且有时还会影响到整体的发展。此时只有运用完整且高强度的专项练习手段才能在更加接近实际比赛的环境下，充分挖掘那些与专项密切相关的器官和系统的潜力，从整体上促使不同素质之间、各种素质与技术之间及心理、环境等因素与技、战术的发挥之间的协作更加均衡和稳定。

（3）坚持从难、从严要求。从实战出发，在进行专项能力训练时要从难、从严进行。从实战出发的"难"就是强调专项能力训练的针对性和高质量；从实战出发的"严"，最根本的就是要突出专项的特点。从难和从严的训练要求必须有针对性，根据实战需要从实际出发，结合运动员的个体特点，进行有针对性的训练。

（4）注重心理和智力的培养。对优秀运动员的培养，不仅包括加强对其体能和技术的训练，更重要的是加强对其心理和智力的训练。例如，根据运动员的心理与智力特征，坚持从实战出发，塑造其优秀的心理素质。在实战训练中要打破以"体力投入为主"的单一训练模式，使之向身心并重、技能合一的方向转化和发展。在实践中，有些运动员在大赛中因心理失衡而导致失败，其实这就是平时训练中不注重内在质量的结果。

第三节　专项身体素质训练方法

一、专项力量

（一）概念的界定

1. 不同项目对力量的不同要求

在对"专项力量"进行界定时，必须弄清不同项目对力量的不同要求，通过分析几个典型项目的用力特点后发现，这些要求主要体现在以下方面。第一，在不同的运动项目中，由于专项动作用力时刻的起始速度要求不同，最终将导致不同专项运动员的力量产生差异。第二，由于不同的项目对肌肉用力的持续时间要求不同，导致对运动员的肌纤维成分、用力时的供能系统，以及最大力量和快速力量的要求不同。第三，在肌肉用力的目的相似时，用力收缩方式稍有不同，会对力的效果产生重大的影响。第四，在动作结构相似的条件下，如果用力方向的要求不同，对运动员的用力要求也是不同的。第五，即使在动作结构相似的条件下，如果克服的恒定外界阻力不同，对肌肉力量的要求会不同。第六，不同的项目，产生反作用力的物质材料的性能不同，对肌肉用力的要求不同。第七，即使动作的结构相近，但由于不同项目的战术要求不同，会造成肌肉力量特点的不同。不同项目对力量的不同要求中，上述第一至第四点都指明了不同专项的运动员其肌肉收缩用力在时间和空间上的区别，这些区别又是由于运动员在比赛规则的要求下，为了最大限度地挖掘力量潜力所采用的技术造成的。第五点和第六点的恒定外界阻力以及产生反作用力的物质材料，虽然是由规则规定，但这种规则上的限制，决定了运动员采用哪种技术。第七点则指明了战术对力量特点的影响。总之，不同项目运动员的力量特点，主要是由该运动员比赛动作的技术和战术在时间和空间上对肌肉用力的要求来决定的。

2. 对专项力量的认识

对"专项力量"较为准确的解释是，在运动员比赛动作技术和战术所要求的时空条件下，参与运动的肌肉或肌群收缩克服阻力的能力。由于这种肌肉的能力最终表现为运动员在该项目的比赛中，为了获得比赛的优胜，在符合规则的条件下，对人的整体或某一部分或器械进行最大限度的加速或减速，或使它们保持在一个特定的位置上，因此，运动员所克服的阻力、运动员或其控制的器械的速度大小或速度变化大小，以及位移大小和姿势的准确与否，都可用来考查运动员在专项力量上的水平。特别注意，"时空条件"应该包括肌肉收缩时的速度大小、收缩开始前所需改变状态的物体的初速度、肌肉用力的持续时间和肌肉收缩形式。另外，技术是一种理想的"模式"，反映的是一般规律，具有共性；但又必须考虑运动员个人的特点，具有个性。同时技术具有相对性，它随实践的发展而发展，始终处于一个动态的过程中。在理解战术要求时，要特别注意，由于要贯彻战术意图，运动员的心理定向将导致对比赛动作要求的影响。

（二）专项力量训练机理

专项力量是指在运动员比赛动作技术和战术所要求的时空条件下，人体参与运动的肌肉或肌群收缩克服阻力的能力。专项力量训练的目的就是通过专门的肌肉力量训练，使运动员相关的神经肌肉系统引起专项化的适应和提高。神经肌肉系统可以通过神经和肌肉两条途径来适应训练。根据训练计划的特征，发展肌肉力量时，爆发力将会因去适应其他力量的特征而导致下降。比如，用完成很慢的大负荷抗阻力练习来提高运动员的最大力量时，就可能导致肌肉快速力量和快速收缩能力的下降。因此，首先要确定目标运动的专项化神经肌肉特征，再去安排用以提高专项力量的各种抗阻力练习。神经肌肉系统引起的适应，以及由此在运动中产生的提高，与所运用的抗阻力练习类型密切相关。这种训练的专项性涉及练习的各个特征。它们包括：练习所动用的肌肉群、动作的结构、关节运动的范围、肌肉收缩的类型与速度。力量训练的专项适应性，要求必须确定目标活动的专项需求。对专项需求的完整分析应该包括：参与工作的肌群、收缩类型、动作速度、"拉长—缩短周期"运动的要求、克服或移动的负荷、动作的持续时间、保持高能量输出方面的要求、能够提供的间歇周期和受伤的可能性等方面。

（三）专项力量训练

1. 体能主导类快速力量性项群

体能主导类快速力量性项群包括跳跃、投掷和举重项目。快速力量的训练在本项群训练中有着特别突出的地位。跳跃项目中快速起跳能力的培养，投掷项目中器械出手速度的训练，举重项目迅速发力上挺能力的训练，都在本项群训练中日益引起高度重视。

2. 体能主导类速度性项群

体能主导类速度性项群包括短跑、短距离游泳等项目。例如：100 米跑、200 米跑、50 米自由泳、100 米自由泳与 100 米跨栏等。短跑运动员专项力量训练。该项目的力量是一种动力性力量，根据用力的性质，动力性力量又可分为重量性力量和速度性力量。短跑运动中的肌肉活动，既表现为重量性力量又表现为速度性力量，只不过在短跑运动中，肌肉的收缩速度更明显、更重要。因此，把短跑运动员的用力称之为速度性力量。短跑运动员的力量训练必须和技术相结合，才能使力量训练达到最佳的效果，因为力量训练的最终目的是学习技术、提高运动成绩而服务的。可是怎样使二者结合起来呢？简言之，围绕着技术结构的特点进行力量训练。例如，先进的短跑技术要求落地时小腿和踝关节要做积极后扒动作。假若小腿和踝关节的力量差，就不容易做出此动作。为此在训练中就要加强对小腿和踝关节的力量训练。练习方法有以下几种：① 负重做快速的小步跑。要求：落地时小腿和脚做积极的后扒动作，并保持高重心。② 负重做高摆扒地的技术。要求：大腿高抬，而后并积极下压踮膝放松，小腿自然前伸，落地时积极后扒。③ 弹性踮步走和弹性踮步跳。要求：脚掌着地过渡到足尖有弹性地走或跳。④ 沙坑或木屑跑道上做各种弹性跳。要求：踝关节充分用力落地要有弹性（单足跳、跨步跳和原地双脚跳）。⑤ 负重（杠铃或沙袋）的原地双脚跳起。要求：脚跟不落地、落地后立即反弹跳起。⑥ 跳深（40 厘米高）。要求：足尖着地，落地后立即反弹跳起。游泳的专项力量训练。进行游泳运动员力量训练，力量练习手段选用必须与游泳技术动作结构和完成动作的主要工作肌肉群用力形式相似，才能获得最佳的训练效果。游泳运动员的陆上和水上力量练习应该结合起来，陆上练习的持续时间应与水上比赛项目所需时间相同，这样才有利于将陆上发展的力量转化为水中的力量。采用陆上力量练习器进行专项力量练习时，必须考虑到水上训练的练习特点，水上和陆上练习的负荷方向一致才是合理的，可进行的陆上专项力量练习器为：橡皮拉力、滑轮拉力和等动拉力。这三种练习器各有不同的特点，相对来说，等动拉力更适合专项，它充分考虑到了水上阻力的性质，在练习的安排上如果水上主要进行速度训练，那么进行力量练习器的训练时，应做力量或速度力量类型的练习。

3. 技能主导类对抗性项群

隔网抗性项群包括乒乓球、羽毛球、网球、排球等项目。专项力量素质是该项群运动员对抗能力、速度，以及运动技术动作的掌握与完善的基础和保证。所以，要求运动员必须进行全面的专项力量训练。

（1）发展上肢专项力量素质训练。发展上肢专项力量素质训练可进行各种徒手的挥拍动作训练；持铁制球拍进行各种挥拍动作的训练；持轻哑铃进行各种挥拍动作的训练；用执拍手进行掷远训练；进行扣杀、扣球击远的训练。乒乓球上肢专项力量训练还可采用借力强行训练法，这是一种极限训练法。主要用于发展乒乓球运动员的相对力量。训练方法是：乒乓球运动员在完成极限负荷，训练到每组的最后阶段，单靠运动员本身的力量已无法完成动作，这时教练或同伴及时给予恰当的助力和保护，使其重新再进行挥拍 2～3 次。这个动作的关键是给的助力要恰到好处。这种训练方法可使肌肉得到最高强度的刺激，能有效地提高肌肉收缩的速度和力量。

（2）发展下肢专项力量素质训练。乒乓球运动员下肢的专项力量训练也至关重要。训练方法有负重半蹲后跳起训练；负重半蹲侧滑步训练；负重交叉步移动训练；负重单、双脚跳训练；负砂背心或者绑砂护腿进行各种步法移动训练。做杠铃半蹲，首先适当放松关节肌肉，选择用尽全力最多做 15 次左右的重量来做，8～10 个一组，做 4 组，每组间休息 1～2 分钟，每周做 3 次。注意动作中速度要由慢到快，再由快到稍慢。乒乓球要求爆发力，更要求速度，所以不能像健美运动那样的方式来训练，每周不要超过 3 次，超过 3 次效果反而不好。

二、专项速度

（一）专项速度训练机理

专项速度训练的目的，就是针对不同的专项，通过专门的反应速度训练、动作速度训练、位移速度训练，使运动员相关的神经肌肉系统引起专项化的适应和提高。专项速度的生理、生化基础表现为以下几点。

1. 专项反应速度

反应速度的快慢取决于兴奋通过反射弧所需要的时间即反应时的长短。在构成反射弧的五个环节中，传入和传出神经的传导速度基本上是固定的。所以，反应时的长短主要取决于感受器的敏感程度、中枢延搁和效应器的兴奋性。其中中枢延搁优势最重要的，反射活动越复杂，经历的突触越多，反应时越长。

2. 专项动作速度

（1）肌纤维类型的百分组成及其面积。肌肉中快肌纤维百分比越高、快肌纤维越粗，肌肉收缩速度则越快。

（2）肌组织的兴奋性。肌组织兴奋性高时，强度较低且时间短的刺激强度就可以引起组织的兴奋。

（3）条件反射的巩固程度。在完成动作的过程中，动作技术越熟练，动作速度也就越快。

3. 专项位移速度

以跑为例，位移速度主要取决于步长和步频两个因素及其协调关系。步长主要取决于肌力的大小、肢体的长度及髋关节灵活性和韧带的柔韧性；而步频主要取决于大脑皮质运动中枢的灵活性、各中枢间的协调性、快肌纤维的百分比以及其肥大程度。神经过程的灵活性好，兴奋与抑制转换速度快，是肢体动作迅速交替的前提，各肌群间协调关系的改善，可以减少因对抗肌群紧张而产生的阻力，有利于更好地发挥速度。所以在周期性的项目中，肌肉的放松能力的改善，也是提高速度的一个重要因素。

（二）专项速度的特点

区别于一般速度的专项速度，按不同的表现形式，可分为专项反应速度、专项动作速度及专项位移速度。运动员在大多数运动项目中所表现出来的专项速度，都是这三种表现形式的综合体现，但在不同项目中，专项速度的三种类型各自占的比重有所不同，通常不会单独出现，而是在不同的专项中，表现出各自不同的需求。运动员专项速度的发展水平对其总体竞技能力的高低有着重要影响。竞技技术动作大多要求快速完成，良好的专项速度有助于运动员更好地掌握合理而有效的运动技巧，肌肉快速的收缩能够产生更大的力量，高度发展的专项速度又为速度耐力、专项耐力的发展提供了更大的空间。在不同的运动项目中，专项速度有着重要的作用。对体能主导类速度性的竞技项目，专项速度水平直接决定着运动成绩的好坏；对耐力性项目，高度发展的专项速度有助于运动员以更高的平均速度通过全程；对技能主导类项目，时间上的优势可以转化为空间上的优势，使体操、跳水等项目选手有更大的可能完成难度更高的复杂技巧，使球类及格斗项目选手获得更多得分的机会。

（三）专项速度训练

依据项群理论，以运动项目所需运动能力的主导因素为基准，对竞技项目首先分为体能主导类、技能主导类、技心能主导类、技战能主导类四大类。继而以各项体能或技能的主要表现形式或特征作为二级分类标准，把体能主导类项目分为快速力量性、速度性及耐力性三个亚类；把技能主导类项目分为表现难美性；技心能主导类为表现准确性；技战能主导类则分成同场对抗性、隔网对抗性、格斗对抗性及轮换攻防对抗性四个亚类。发展不同类项群专项速度的要求是不同的。

1. 体能主导类

（1）体能主导类快速力量性项群专项速度训练。如跳跃、投掷、举重。该类项目对专项速度的要求主要表现为专项动作速度和专项位移速度。以跳高为例，对其专项速度的训练，主要围绕提高运动员动作速度和位移速度进行。由于大脑皮质神经过程的灵活性是实现高频率动作的重要因素。因此，做高频率的动作的重复练习有助于其发展。例如，跳深、连续跨步跳、原地跳、沙坑跳、跳绳、短距离极限跳、立定三级跳、连续单足跳等。每天训练课跳 150～300 次，每组重复 1～5 次、训练负荷采用本人最大速度的 90%～95%。在专项速度练习之后，进行放松训练，提高肌肉的放松能力。

（2）体能主导类速度性项群专项速度训练。如 100 米跑、100 米游泳、500 米自行车等；这类项目对专项速度的要求主要表现为专项反应速度、专项动作速度、专项位移速度三种速度的有机整合。以 100 米跑为例，提高反应时的练习。通过反复发出各种信号刺激让练习者迅速做出反应的信号刺激法练习，是实现缩短反应时的重要手段。如反复进行听起跑口令或枪声进行起跑练习。此外，还应完善起跑技术，进行提高动作速率的训练。高频率的动作的重复练习有助于其发展肌组织的兴奋性。如快速小步跑、快速高抬腿；还可以借助牵引跑、跑台、顺风跑等借助外力提高动作频率的练习。发展磷酸原系统供能的能力，多次重复 20～60 米的快跑、行进间 20～60 米快跑、追逐跑等。提高肌肉的放松能力，用次最大速度跑，来避免肌肉过分紧张。发展力量和柔韧性，如持哑铃重复摆臂练习、负重跑、阻力跑等。

（3）体能主导类耐力项群专项速度训练。包括中长距离及超长距离的走、跑、骑、游、滑、划等所有的项目。这类项目是以速度耐力为主导的项目，对专项速度的要求主要表现为专项位移速度。以 1 500 米跑为例，在借助牵引跑、跑台、顺风跑等借助外力提高动作频率的练习的基础上进行持续训练，即在一定的速度基础上进行持续 1 分钟左右的练习。以通过提高乳酸能供能能力来解决位移速度尤其是最后 400 米冲刺的能力，提高肌肉的放松能力。在长距离的跑动过程中，注意脚步与呼吸的节奏，摆臂放松，以避免过分紧张。肌肉的放松能力好坏对保持高速度起着重要作用。

2. 技能主导类专项速度训练

例如，体操、艺术体操、技巧、跳水等。这类项目对专项速度的要求主要表现为专项动作速度。以跳水为例，主要采用高频率动作的重复练习，有助于其专项速度的发展。快速练习：如计时俯卧撑。纵跳转体练习：原地跳起转 360° 或 720° 练习，连续进行 10～20 次，要求转体要快，连续 2～3 组。快速翻转练习：连续踺子接小翻、连续快速侧手翻。快速哑铃练习：持 1 千克哑铃，做快速头上双臂屈伸。减少阻力法：可以利用一些增加助力的方法来减轻运动员体重，提高运动员的动作速度，目的是提高运动员高速运动的感觉能力，以帮助运动员提高完成某一技术环节的动作速度。提高速度力量是提高动作速度的重要基础。如计时快速推倒立、臂屈、俯卧撑；计时快速完成两头起、背屈伸；计时快速引体向上练习；规定距离的快速爬倒立练习，等等。

3. 技战能主导类

（1）隔网对抗类专项速度训练。如乒乓球、羽毛球、网球、排球等。这类项目对专项速度的要求主要表现为专项反应速度、专项动作速度、专项位移速度三种速度的有机整合。以乒乓球为例，提高反应时的练习可采用信号刺激法，如多球快速练习、视觉反应练习。提高动作速率的训练可进行多球练习，加快供球的节奏和增大回球的难度等。提高灵敏度训练可进行正确的、反复的练习技术动作，尤其是结合性技术动作，提高各种技术动作之间的衔接和转换的协调性和节奏感。提高 ATP-CP 系统和乳酸能供能系统的机能水平可利用"重复训练法"，把时间控制在 1 分半钟以内，两人连续的快速对拉等方法提高 ATP-CP 系统和乳酸能供能系统的机能水平，提高肌肉的放松能力。

（2）同场对抗类专项速度训练。如足球、手球、冰球、篮球等色这类项目对专项速度的要求主要表现为专项反应速度、专项动作速度、专项位移速度三种速度的有机整合。以足球为例，训练方法：① 提高反应时的练习。信号刺激法：如轻跳，听（看）教练员击掌，快速转体 180°；队员站成四路纵队，人与人之间距离 3～5 米，教练员站在队伍前面，按照教练员口令和各种手势，全队做向前、向后、向左、向右快速度起动 2～3 米或原地转体 180°等各种动作的变换练习。② 提高动作速率的训练。重复训练法：通过反复地在快速运动中完成两个或两个以上技术动作结合的练习，逐步提高运动员无球和有球技术动作的熟练程度，建立巩固的动力定型。大量采用田径运动中训练短跑运动员的训练方法来提高足球运动员的跑速。多采用 15～30 米各种不同开始姿势的快速冲刺跑。如，后退四五步后立即向前冲刺 10 米；连续向前冲三步，再转身后退两三步，再向前冲三四步等方法。

（3）格斗对抗类专项速度训练。如摔跤、柔道、散打、拳击等。这类项目对专项速度的要求主要表现为专项反应速度、专项动作速度、专项位移速度三种速度的有机整合。以拳击为例，训练方法：① 提高反应时的练习。信号刺激法：如"相互摸肩练习"，即两人相对分开站立，伺机拍击、触摸对方的肩部，且可相互躲避对方的拍击，看谁反应快，拍击次数多。② 提高动作速率的训练。如"最高速度完成单个动作或组合拳法的练习"，在 15～20 秒内，尽最大速度，尽可能多次快速地完成单个动作或组合拳法。负重快速完成动作法：以最大力量水平的 15%～20% 为宜。③ 提高 ATP-CP 系统和乳酸能供能系统的机能水平。"最高速度完成单个动作或组合拳法的练习"，是在较短的时间内，大强度、大密度的练习，能较好地发展提高 ATP-CP 系统和乳酸能供能系统的机能水平。④ 提高肌肉的放松能力。通过短距离的变速跑、变向跑、单脚跳、双脚跳、收腹跳、跨步跳等各种跑跳动作，重点发展踝关节和小腿三头肌的爆发力及弹性。

（4）轮换攻防对抗类专项速度训练。如棒球、垒球、板球等。这类项目对专项速度的要求主要表现为专项反应速度、专项动作速度、专项位移速度三种速度的有机整合。以棒球为例，训练方法：① 提高反应时的练习。采用信号刺激法，如投球手以不同的速度，不同的角度反复投向击球手，让其挥棒击球。② 提高动作速率的训练。在无球状态下，重复进行挥棒技术的练习。③ 发展磷酸原系统供能的能力。利用重复训练法，在对以上练习进行多次重复的同时，也很好地发展了磷酸原系统供能的能力。④ 提高肌肉的放松能力。尤其是在挥棒前的等待期，过度紧张会加速能量的消耗。挥棒的瞬间，拮抗肌的主动放松能提高挥棒的有效力量，从而提高专项动作速度。负荷交替法：可以用较重的棒球棒进行挥棒练习，之后换正常棒球棒接着再做若干次挥棒练习。

三、专项耐力

（一）专项耐力的概念

"耐力"的定义是人体在尽可能长的时间内进行肌肉活动的能力。耐力是人体抵抗疲劳并持续活动的能力。专项耐力概念虽然已被提出很多年，但是直到现在仍未对此概念的内涵和外延达成一个统一的共识，例如在《体育科学词典》中，把专项耐力的概念定义为运动员长时间持续地或多次地重复地完成专项运动的能力。

（二）专项耐力的训练机理

人体的运动能力不可避免会受到自身形态结构、心理因素及环境条件的限制。要想在比赛中取得优异的运动成绩，运动员就必须在生理机能、技术水平和心理素质几个方面获得最大的发展。在探讨训练机理之前，首先要明确影响专项耐力成绩的关键因素，在此基础上才能更好地探索合适而有效的训练方法。影响耐力素质的因素有多种，这里主要讨论生物学、心理学和遗传学的影响因素，主要从外周性限力因素、中枢性限力因素、心理限力因素及遗传限力因素四个方面对耐力成绩的影响因素进行研究。

1. 外周限力因素

与中枢限力因素相对应，把心肺功能、内环境的稳定性、肌纤维的类型及肌肉的横断面积统称为外周限力因素。根据物质转运理论，引入"转运系数"的概念来描述物质从一处运往另一处的能力。物质运输中某一环节的转运系数等于该环节中运输阻力的倒数。氧气的转运系数越大，则受到的阻力越小，氧气转运系数的大小主要取决于心肺功能的强弱；二氧化碳、乳酸及物质代谢的转运系数的大小决定了人体内环境稳态的维持，而内环境的稳定性是有机体正常运行的基础保障；同时人体体温的平衡也影响着内环境的稳定，机体总是通过调节产热率和散热率，使机体的产热量等于散热量，从而保持机体的平衡。耐力训练中归根到底还是肌肉的运动，肌纤维的类型、肌纤维类型的百分比及肌肉的横断面积等都是影响耐力成绩的重要因素。由此可见，能量的供应、内环境的稳态、肌纤维类型及肌肉的横断面积都是影响耐力成绩的决定性因素。从项群的特点角度出发，外周限力因素对于体能类项群的影响占有较大比重，例如体能类项群中的中长跑项目，拥有强大的心肺功能和良好的内环境调节机制是获得优秀运动成绩的基本保障。

2. 中枢限力因素

神经系统的专项性特征决定运动单位参与数量与类型，而神经发放冲动的强度和发放模式决定了肌肉力量大小、递增率和持续时间。各中枢间兴奋和抑制的协调，使肌肉活动节律化、能量消耗节省化及吸氧量和需要量相对平衡化，从而能长时间保持运动。神经过程的相对稳定及各中枢之间的协调性是提高有氧能力的重要前提。提高脑细胞对酸性环境的耐受力是耐力训练过程中一个很重要的部分，只有保证信息处理中心和命令下达中心的正常工作，人体的其他功能才得以正常地运行，才能保证机体持续地运动下去。战能类项群和技能类项群中的运动项目需要大强度的神经发放冲动和高频率的兴奋与抑制的相互转换，中枢限力因素对于此类项目影响较大一些，同时中枢机制的耐酸性对于无氧运动项目同样非常重要，而对于一些射击类项目又需要神经的高度集中。

3. 心理限力因素

影响成绩的除了身体的、技术的因素之外，心理限力因素也起到决定性的作用，然而，心理训练往往没有被放在重要的位置上，这是目前运动训练过程中的一大缺憾。在高水平运动员的角逐中，最后决定胜负的关键因素往往是心理因素，所以心理训练应引起教练的高度重视。在长期艰苦的耐力训练过程中，个体的心理特征是运动员通过自觉的努力获得最佳身体训练效果的主要决定因素。坚强的意志品质还会促使运动员在面对肉体痛苦和精神挫折时，竭尽全力地拼搏。

4. 遗传限力因素

从人类遗传学上看，耐力性项目的运动成绩与其他运动项目的成绩一样，是复杂的多因素的集合。研究发现，人的生理、心理以及神经等的特性受遗传的影响较大，遗传因素在很大程度上决定着运动员的发展方向与发展潜能的大小，例如白肌纤维含量多的运动员适合于快速运动的项目，而红肌纤维多或血红蛋白含量高的运动员则适合于耐力性运动项目。基于以上分析，从专项耐力影响因素的角度去分析耐力训练的训练机理，得出专项耐力的训练机理主要由以下几部分构成：提高心肺功能及能源储备、提高机体的耐受力、提高神经一肌肉系统的协调整合的能力及其培养运动员坚强的意志品质和完备的心理素质。

（三）专项耐力训练

1. 体能主导类快速力量性项群

此类项目对于专项耐力的要求主要表现为以最大强度重复完成完整比赛动作的能力。例如田赛项目、举重等。

训练方法：重复训练法。这是以多次重复完成比赛动作或接近比赛要求的专项练习为主的训练方法。例如在举重项目中，可以规定某一运动负荷，然后让运动员在此负荷下以标准动作尽可能多地重复完成，直至力竭。跳高耐力训练中，要求运动员在某一高度持续地完整完成跳跃练习。

2. 体能主导类速度性项群

此类项目对于专项耐力的要求是运动员尽可能地在最短的时间内通过全程，例如 100 米跑、200 米跑、50 米自由泳、100 米自由泳与 100 米栏等项目。训练方法：① 间歇训练法。根据项目的特点以及时间的要求，安排在一定的时间内重复若干组，组间有间歇休息时间，放慢节奏和速度。② 变速训练法。长短段落变速跑，分为多种训练方式，例如，快慢结合跑，200 米快 + 200 米慢 + 150 米快 + 150 米慢 + 100 米快 + 100 米慢 + 100 米冲刺跑，这样可以增强对比赛中速度和耐力结合的意识，体会如何在疲劳状态下进行高速运动。③ 追逐性训练。例如，让运动员排成一路纵队快跑前进，队尾最后一人急速追赶跑向队首，然后队尾的队员再连续地跑向队首。④ 上下坡往返跑，下坡时候快跑，上坡时候慢跑等。

3. 体能主导类耐力性项群

此类项目对于专项耐力的要求是用尽可能快的平均速度通过全程。例如 800 米以上径赛项目、公路自行车、铁人三项等项目。训练方法如下。

（1）持续训练法。这是一种负荷强度较低、负荷时间较长、练习过程并不中断的练习方法。持续训练法是为重点发展有氧代谢水平而提出的。该法强调一次负荷运动的持续时间较长，强度适中，心率负荷指标应在每分钟 130～160 次之间。例如在铁人三项运动中，为了发展运动员的有氧耐力，如果运动员要在 10.5 小时内完成铁人三项比赛，每周至少要进行 11 千米的游泳、320 千米的自行车和 65 千米的跑步训练来加强体能。

（2）高原训练法。此方法是在高原上进行耐力训练的一种训练手段。我国在云南海埂、青海多巴和宁夏西吉等多地建立了中度高原训练基地，并把高原训练作为大赛前的重要训练手段，取得了显著的训练效果。中度高原空气密度只有海拔平面的 77%，氧含量只有平原地区的 3/4 左右，氧分压大于平原地区的 20%～25%。当运动员在这样的环境下进行训练时，由于"调节适应期"产生应激，呼吸频率和心率加快，溶解在血管里的部分氧气受低气压的影响不易被身体吸收，使得血管体积增大、血管扩张、血管壁增厚、血管变粗、通过的血量增多，从而更好地锻炼了心血管系统，提高了最大摄氧量和血色素浓度，增强了耐受乳酸的能力。

4. 技能主导类表现难美性项群

此类项目对于专项耐力的要求是以最佳技术重复完成完整比赛动作的能力。例如体操、艺术体操、跳水、花样滑冰、花样游泳等项目。训练方法如下。

（1）完整练习重复法。包括规定练习动作套数的重复法和规定练习时间的重复法。规定练习动作套数的方法是指让运动员尽量以比赛规格的动作质量完成某一数量的动作套数。而规定练习时间的重复法是指让运动员在规定的时间内尽量以比赛规格的动作质量进行专项动作的练习。例如在体操的训练中可规定运动员一次性完成 5～15 遍整套动作练习或规定在一定的时间内持续地进行某一套专项动作的练习。

（2）分段练习重复法。是指对于整套动作中的某一技术环节的多次重复练习，例如体操训练中原地连续侧空翻、前空翻、连续趋步曜子、踱子小翻等。

（3）间歇训练法。间歇训练理论认为，训练时心率达 170～180 次/分钟，间歇后心率达 100～125 次/分钟时再进行训练，此种训练方法主要发展的是磷酸原供能系统。

第七章

乒乓球运动基本理论常识

第一节　乒乓球技术原理的构成

乒乓球运动在我国普及率较高，但技术精湛、动作规范的人却不多。在乒乓球教学中，可辅以物理学原理，利用物理理论来引导学生学习乒乓球技术，可以提高学生的乒乓球技能。在乒乓球技术教学中，最常用到的物理学原理有：力的三要素、入射角等于反射角原理、动量冲量转化原理、流体力学原理、力矩原理、杠杆原理、摩擦原理，这也是本节论述的切入点。

一、力的三要素在乒乓球技术教学中的运用

在进行对抗练习时，学生经常遇到高球出界、低球无法过网的问题。对此，学生只是进行反复的动作训练，以期在训练中找到感悟，掌握控制球高低的技术。但一味地进行运动技术训练，效果并不理想，此时应引导学生从物理学的角度来看待上述问题。乒乓球的高低说到底也是运动结果，而力是运动的直接动力。根据牛顿经典力学中力的三要素（大小、方向、作用点）可知：在接球点高于球网的情况下，应尽量把力的作用点选在球的中上部，力的方向应水平向下，角度要适当，确保球不出界，又能过网；在接球点低于球网的情况下，应尽量把力的作用点选在球的中下部，力的方向应水平向上，角度要适当，确保球既能过网，又能不出界。此外，应确保一定的力度，提升球的运行速度和距离，避免因力度不足使球无法过网。总之，用力的三要素来揭示乒乓球的出界、过网，能引导学生

应用物理学原理来分析实际问题，为运动训练提供新的思路，对提升其击球技术具有重要的现实意义。

二、入射角等于反射角原理在乒乓球技术教学中的运用

在进行挡球技术练习时，学生通常无法顺利地完成一定数量的连续击球。除了技巧不够熟练外，最主要的原因就是学生很少从乒乓球反弹的角度来判断球的落点。根据入射角等于反射角的物理学原理，球的反射角等于其入射角，那么在击球的一瞬间学生就可以据此判断出乒乓球反弹的角度及可能的落点，甚至可保持球落点的相对稳定。应用入射角等于反射角原理可协助学生对挡球技术进行调整，尽管这原理仅限于挡球技术的练习，在实际的对抗练习或比赛中并不适用，但可有效增强学生动作练习的信心。

三、动量冲量转化原理在乒乓球技术教学中的运用

在进行对抗练习中，经常由于一方击球速度过快导致对方不能很好地接球。根据动量冲量转化原理 $Ft = Mv$，其中，F 代表力的大小，t 代表时间，M 代表质量，v 代表速度。而乒乓球的质量是一定的，那么击球的力越大（F）、作用时间越久（t），那么球速就越快，就越不容易判断球的落点。所以，在对练的时候，应对击球的力（F）和作用时间（t）进行调整，寻找到一个双方都能接受的球速，既要保障对抗练习的强度，又要确保对方能在大多数情况下能接到球。尽管动量冲量转化原理只能在理想环境中应用，但对现实中的乒乓球技术教学同样具有较好的指导作用，使学生认识到影响乒乓球运动速度的因素，并据此进行调整和控制，确保对练双方能进行多回合练习。

四、流体力学原理在乒乓球技术教学中的运用

随着乒乓球技术教学的深入，学生会接触到旋转球，旋转球分为逆旋球、顺旋球、上旋球、下旋球，对于才开始接触旋转球的学生而言，由于不明白乒乓球旋转的原因，既不能很好地借助旋转球，也不能掌握旋转球的技术。旋转球是乒乓球技术的一道难关，是学生乒乓球技术水平提升的关键。根据流体力学原理，

我们可知：流体的流速越快，压强越小，对物体的压力就越小；流体的流速越慢，压强越大，对物体的压力就越大。对于上旋球而言，在向前飞行时，球体上下的空气会跟着旋转，在没有空气阻力的情况下，乒乓球上下空气旋转的速度一样，所受到合力为零。但在空气阻力作用下，乒乓球上沿的旋转速度低于下沿，受到的合力向下。这是因为球体上沿的旋转方向与空气阻力相反，导致上沿空气旋转的速度减小，压强变大，对乒乓球的压力增大，而球体下沿的旋转方向与空气助力相同，导致下沿空气旋转的速度变大，压强减小，继而使得乒乓球受到合力向下，使得上旋球的飞行弧度比不转球更低、更短。对下旋球而言，则刚刚相反，乒乓球会受到一个向上的浮力，这使得在其他条件一样的情况下，下旋球的飞行弧度要比不转球、上旋球的更高、更长。对于左旋球而言，在向前飞行时，球体左右的空气会跟着旋转，在没有空气阻力的情况下，乒乓球左右两边空气旋转速度一样，所受到合力为零。但在空气阻力作用下，乒乓球左边的旋转速度低于右边，受到的合力向右。这是因为球体左边空气旋转方向与空气阻力相反，导致左边空气旋转的速度减小，压强变大，对乒乓球的压力变大。而球体右边的旋转方向与空气助力相同，导致右边空气旋转的速度变大，压强减小，继而使得乒乓球受到向右的合力，使得左旋球右拐。对于右旋球而言，则刚刚相反，乒乓球受到合力向左，发生左拐。尽管这些道理相对简单，但学生很少从流体力学原理来解释上述现象，而老师的教授使得学生对旋转球的运动规律有一个更加深刻的认识，运动技术的提升也会更快。

五、杠杆原理在乒乓球技术教学中的运用

乒乓球的运动需要力的支撑，力量不足就会导致球的飞行距离过短，影响技术效果。但在乒乓球技术的学习中，部分学生在发力拉弧圈球、发力攻球时总感觉力不从心，力量总是使不出来，导致打出的球软绵无力。这主要是因为学生的击球动作不规范，没有认识到击打球的过程也会涉及杠杆原理。从杠杆原理来看，人作用于物体的原理很简单，躯干、手臂，手腕可以看作杠杆，连接部分看作支点，躯干通过扭动发出的力量，通过与手臂之间的节点传给手臂，并与手臂本身的力量汇集在一起，然后通过手腕把力量施加在乒乓球上。这是一系列过程，包含多种动作有转腰、收臂、屈腕、伸腕等，要想完美发力，各项动作必须协调一致。由于动作较多，学生很难协调一致。将杠杆原理应用到乒乓球技术教学中，

可使学生认识到动作协调的重要性，引导他们注重动作细节的训练。

六、摩擦力在乒乓球技术教学中的运用

回球落到球台后，可能会侧拐、向上拱、向下沉，这主要是因为乒乓球受到了摩擦力的作用。对上旋球而言，落到球台后，由于球体是上旋的，其会受到向前的摩擦力，在摩擦力的作用下，球体就会表现出加速向上拱。对下旋球而言，其受到的摩擦力向后，在摩擦力的作用下，球体就会表现出减速向下沉。对顺旋球而言，落到球台后，会受到向右的摩擦力，在摩擦力的作用下，球体就会向右旋转。对逆旋球而言，落到球台后，会受到向左的摩擦力，在摩擦力的作用下，球体就会向左旋转。

第二节　乒乓球各种类型打法及特点

一、乒乓球各种类型打法简介

乒乓球运动根据握拍方法分直拍打法和横拍打法。现在国际乒坛上主要的直拍打法分类更加细致，大致可以分为四大类型：快攻型打法、单面攻型打法、左推右攻型打法、直拍横打型打法。横拍打法大致可以分为五大类型：快攻型打法、弧圈结合快攻打法、快攻结合弧圈打法、削球和进攻结合的削攻打法、以削为主的削球打法。

（一）直拍打法

快攻型打法：一般采用反胶和正胶、生胶。此打法是正手直接攻打，击球速度快，台内主要以摆短和挑打为主，低球起板；反手采用推挡。20 世纪我国直板正胶打法的运动员都采用此打法。

单面攻型打法：属于直板选手的一种打法，一般正面贴反胶，主要是以正手全台的跑动进攻为主要的得分手段，配合推挡和反手攻为辅的进攻打法。代表人物有中国的郭跃华、马琳，韩国的金泽洙、柳承敏。

左推右攻型打法：属于弧圈结合快攻的打法，其他国家很少采用，属中国传统的独特打法。代表人物有中国台北的蒋澎龙、前国手郗恩庭。

直拍横打型打法：此打法是直板式握拍，是对传统直板反胶的一次技术革命，最大的特点是用反手反面技术代替了传统的推挡技术，正手用正面击打球，反手用反面击打球。反手反面技术能与横拍反手相持并占有优势，彻底改变了直板反手相持处于被动防守、不能转攻的局面。代表人物是中国的王皓。

（二）横拍打法

弧圈结合快攻打法：以弧圈球为主，快攻为辅，是当今最流行的打法，一般两面都是反胶。代表人物有世界冠军瓦尔德内尔、孔令辉、王励勤、王楠、张怡宁。

快攻结合弧圈打法：以快攻为主，弧圈球为辅，占位比前者近，一般一面是反胶，一面是正胶、生胶、长胶（也有两面都是正胶、生胶、长胶的）。代表人物有世界冠军王涛、邓亚萍、陈静，世界名将金香美、黄文冠等。

削球和进攻结合的削攻打法：是以被动的削球为主，伺机反攻的打法，20世纪50年代时曾垄断世界乒坛。现在用这种打法的较少了，男子有前国手丁松、韩国名将朱世赫，女子有韩国名将金景娥、国手范瑛等。

以削为主的削球打法：主要以削为主，通过削球的旋转变化取得比赛的胜利。

（三）怪拍打法

此打法一般靠胶皮的旋转差异创造机会，如用长胶削、磕、拱、飘等技术集合封堵来球，伺机（用倒板技术）反攻。代表人物有国手陈子荷、倪夏莲、陈晴等。

二、乒乓球各种类型打法特点

（一）近台快攻型

这是我国乒乓球队20世纪在世界乒坛上几十年保持长盛不衰的传统打法，从形成到发展已有60年的历史。从20世纪60年代初起，快攻类打法便进入了世界先进行列。它的技术风格体现在"快、准、狠、变、转"上，"积极主动，以快为主，抢先上手，先发制人"是中国近台快攻型打法的主导思想。技术特点为站位近台，上升期击球，动作幅度小，步法移动灵活，低球能回击。采用这种打法的运动员通常使用正胶海绵拍或反胶海绵拍，世界冠军刘国梁、邓亚萍就是这类打法中的佼佼者。随着乒乓球运动高速发展，这类打法由于技术上的缺陷逐渐减少。近台快攻首先要求击球节奏、速度快，力争在台面上抢攻来球的上升点和最高点，击球动作幅度较小，多采用爆发力、借力加力等用力方式。近台快攻运动员为了提高球速，要求击球弧线尽量低平，因此多采用摩擦较少、击打较多、使球脱板较快的技术，如快点、快拉、快攻、弹击和扣杀等进攻技术。

（二）弧圈结合快攻型

20世纪60年代初，日本队首次使用弧圈球技术大胜欧洲强队匈牙利队和南斯拉夫队。从此，弧圈球打法成为一种新型打法而闻名世界。经过不断的发展，此打法已从旋转变化不大、速度较慢、只用单面拉的初级阶段，提高到目前旋转强、速度快、两面能拉能冲的高级阶段。这是综合了旋转与速度的弧圈球进攻型打法，是当前的主流打法。它的技术风格体现在"转、快、狠、变"上。指导思想是"以转制快，以转破转，遇低能拉，遇高能冲、能扣"。基本特点是站位中、近台，以正手拉球为主，快攻为辅，把速度和旋转结合起来，以旋转和落点控制对方，为争取主动创造条件。

横拍弧圈结合快攻的打法，站位中、近台，正反手以拉弧圈为主，以前冲弧圈球代替扣杀。这类打法主要突出弧圈球的特点，通常以转制快的方法，用强烈的上旋冲力迫使对方退台防守，产生进攻机会。弧圈球通常比攻球的击球点多，失误率低，比如高点可以抢拉前冲弧圈球，在下降期可以抢拉加转弧圈球，这样既可以保证弧线也可以保证旋转。或以上旋结合侧旋，或以转与不转扰乱对方，或用快慢结合来破坏对方击球节奏，为冲杀和扣杀创造机会。

世界冠军孔令辉、王励勤等都属于这种打法。弧圈快攻打法要求旋转与速度的统一，因此多采用摩擦与抽杀结合的"鞭抽式"进攻技术，如挑打、拉冲、反撕、反带、抹、撇等。弧圈快攻选手在比赛中更多地运用变化速度与节奏的方式，时而近台，时而离台，时而击来球的上升期、高点期，时而击球的下降期，因此不仅移动范围大，而且击球动作幅度较大，自主发力更多。正手运用较多的技术是前冲弧圈球、正手快带弧圈球，正手能够熟练地运用弧圈球技术来进行主动的相持、进攻；反手快拨、快拉，接发球快搓、摆短、劈长等。因为弧圈球可以稳健地回击出台时强烈下旋和出台比网低的任何来球。实际应用中，在发球时可以运用转与不转发球，在发球后快速抢拉、抢冲，突出凶狠和积极侧身正手进攻。接发球时，多抢先上手，动作速度快，在中、近台有机会要多用爆冲，用不同的比如下旋和上旋的转换改变比赛节奏。

（三）快攻结合弧圈进攻型

这种打法将快攻技术与弧圈技术结合在一起，具备两种打法的特点，是在20世纪60年代弧圈球技术发明以后逐渐形成的，是欧洲横拍选手在继承了中国快攻和日本弧圈球的优点后，形成的一种速度与旋转相结合的打法。它的技术风格体现在"快、转、狠、变"上。其特点是抢先发力意识强，打的比例高，落点刁钻，以凶为主，狠中求准。缺点是比赛节奏较单一，相持弱，不善于打回合球。指导思想是速度为主，旋转为辅，速度与旋转密切结合；能快则快，不能快则以旋转来创造条件争取主动。技术特点是既能近台快攻、快拨（推）、快冲，也能离台拉弧圈球相持和过渡，攻守比较全面。通常使用反胶海绵拍或一面反胶、一面生胶海绵拍等。快攻结合弧圈进攻型打法要求选择既适合快攻又能拉弧圈球的球拍，用于快攻与弧圈球相结合。

横拍快攻结合弧圈的打法，站位中、近台，反手以快为主，正手既要能拉弧圈也要能打，但是共同的特点就是速度快。这类打法，要求近台快攻要有速度，正手拉球时要求速度与旋转并重，反手以拨球为主。快攻是主要的得分手段，而弧圈球多数为了争取主动为进攻开路，拉出机会球进行扣杀得分。如果被动，则退至中台，以弧圈球来相持过渡，伺机反攻。

正手运用较多的技术是快攻、快点、扣杀，正手快带弧圈球，正手能够熟练地运用弧圈球技术来进行被动时的相持、过渡，伺机反攻；反手快拨、快拉，接发球快搓、摆短、劈长等。实际应用中，在发球时可以在发球后快速抢拉、抢冲，突出凶狠和积极侧身正手进攻。接发球时，多抢先上手，动作速度快，在中、近台有机会要多用爆冲。

（四）削球型

削球型打法是欧洲横拍的传统打法之一，它有着悠久的历史和辉煌的战绩。

20 世纪 60 年代弧圈球出现后，欧洲选手大多弃削为攻，从而使采用这种打法的运动员数量锐减。目前在世界范围内，只有个别国家的少数运动员采用这种打法。中国乒乓球界在"百花齐放"方针的指引下仍保持削球打法，并根据时代的要求加以改进及创新，同样能在世界乒坛上攀高峰，取得好成绩。削球型打法随着技术的不断发展和运动员的个人特点，可分为以守为主的削球。

打法，削、攻结合打法，削、攻、推结合倒板打法和以攻为主的攻削打法。削、攻结合型打法是在削球的基础上发展而来的。它的技术风格体现在"转、稳、低、变、攻"上。"削得低，削得稳，旋转差别大，两面能进攻"是中国削、攻结合型打法的指导思想。其技术特点是防守时体现削球的稳健和进行旋转、落点、节奏变化的积极性，进攻时能在前三板抢攻、抢冲和在防守中能削中转攻、转拉和连续进攻，表现出突然性和主动性。这种打法虽被称为削、攻结合，但是绝非削、攻各占 50%，有的人将发球抢攻、削中反攻作为主要得分手段，削球变化只是为了扰乱对手，制造机会，如世界冠军丁松就是这样，最初许多人认为他是防守运动员，把他当守球打结果吃了大亏；也有的人以削球变化作为主要得分手段，进攻只是一种扰乱对方的手段。削、攻结合型打法的运动员，由于技术掌握须十分全面，要保证削球与弧圈进攻的旋转。削、攻结合的核心是"变化"——旋转变化、攻削变化、落点变化和节奏变化等，因此选用的球拍也要充分体现和适应这种变化。许多人选用两面性能各异的球拍，如一面反胶海绵用于主动变化旋转和进攻，另一面选用长胶、正胶或生胶；也有人使用"防弧"胶皮，这是一种弹性低、表面不黏的反胶，用于削球时控制与变化。

第八章

乒乓球技术教学与训练多元化

第一节　乒乓球教学基本知识

乒乓球运动是一项竞技性强、趣味性浓、普及广泛、深受广大民众喜爱的体育运动项目。经常参加乒乓球运动可以健脑益智，增强上下肢活动能力，改善心血管系统和呼吸系统的机能，提高心理素质，发展灵敏和协调素质。为此，了解乒乓球运动中的基础知识和基本技术的教学，对乒乓球运动技能的形成与发展具有积极的促进作用。

一、握拍法

握拍是学习打乒乓球的第一步，不要小看握拍，它关系到以后乒乓球技术的掌握。好的握拍方法不仅便于发力，还有利于手腕手指的灵活性。当然握拍法也不是一成不变的，可以根据运动员自身的特点进行一定的调整。目前握拍法分为亚洲运动员发明的直拍握法和欧洲人发明的横拍握法两种，运动员可以根据自己的打法特点自行选择。

从这两种握拍法的特点来看，各有其优缺点。直拍握法，手腕手指比较灵活，发球变化多，在处理台内球和追身球等方面比横板要灵活，但是它反手攻球力量不足，不容易发力。随着直板握法的发展创新，直板横打技术已经弥补了这个缺点。横板握拍法，手指手掌接触拍柄的面积大，比较稳定，容易发力，反手攻球的能力也较强，而且它控制球的面积较大。但是它的灵活性不如直板，特别是回接左右两边的来球时需要转动拍面，因此挥拍的摆速较慢，中路较弱。发球变化少，台内球和追身球难控制。横板运动员可以根据来球的需要适当调整握拍法，不要握得太死，以便更好地回击来球。握拍方法主要有以下几种。

（一）直拍握法

直拍握法的要点。直拍握法俗称"嵌式握法"，拇指的第一关节压住球拍左肩，食指第一关节自然向内弯曲，食指的第二关节压住球拍的右肩，食指与拇指间的距离适中，虎口贴于拍柄后面，其他三个手指自然弯曲叠放托于球拍背面，中指的第一指节的侧面顶在拍背面约三分之一处的中部，利用食指、拇指和中指将球拍夹住。直拍握法的关键是利用食指和拇指来调整拍形、转换击球方式。正手攻球时，拇指稍用力控制好拍形，食指相对放松，中指和无名指指尖顶在球拍背面起到决定发力方向和发力支撑点的作用。反手攻或推挡时，食指稍用力压拍，拇指稍放松，中指撑于拍后。其中中指是将击球力量作用于球的主要传递者，发力瞬间必须用力顶住球拍，但应注意避免中指顶拍与拇指压拍的距离过近，会造成两指用力相互抵消，影响用力效果。同时，中指也是协调控制拍形的支点，为了保证握拍用力支点的灵活，拍柄应靠在虎口的食指根部关节上，而不是虎口的中间，并且，球拍后面的手指稍伸直，有利于发力，但不可伸得过直，会影响手腕的灵活性，不利于打台内球和反手推或攻。

直拍握法的种类。直拍握法分为直拍快攻握拍法、直拍弧圈握拍法、直拍削球握拍法和直拍横打握拍法四种。

（1）直拍快攻握拍法

它又可以分为以下三种。

大嵌式握法：握拍时拇指和食指的距离较大，这种握法球拍稳定，利用上臂和前臂集中发力，正手中远台攻球比较有力，但是由于握拍较深，影响腕力的运用，处理台内球、加转下旋球、追身球和推挡球时稍差，因此目前这种握法比较少见。

中嵌式握法：握拍时食指和拇指自然弯曲，两指间距离适中（一般约一寸宽距离），食指的第一关节压住拍柄的左肩，食指的第二关节压住拍柄的右肩。中指、无名指、小指自然弯曲斜行重叠，中指的第一关节侧面顶在球拍背面的 1/3 处。这种握拍法是目前近台直板快攻型选手最常用的打法。

小嵌式握法：握拍时食指和拇指之间距离较小，几乎靠拢，握拍较浅，主要靠拇指和食指的第一关节压住球拍两肩。这种握法反胶攻球时，提起前臂后拍头自然朝上，利于反手高压击球，手腕较灵活，易于处理台内球，突击加转下旋球和攻中路追身球时较容易。但这种握法拍形下垂不太稳定，回接旋转强烈的弧圈球比较困难，这种握法多见于传统的两面攻选手。

（2）直拍弧圈握拍法

它又分为中式弧圈球握拍法和日式弧圈球握拍法。

中式弧圈球握拍法：这种握法与中式快攻打法的握拍法基本相同，只是在正手拉弧圈球时，拍后的三个手指略微伸直，以利于攻球时较好地保持拍形前倾稳定。

日式弧圈球握拍法：拇指紧贴拍柄左侧，食指扣住拍柄，形成一个小环状。正手拉球时，中指和无名指基本伸直，以第一指节握住球拍；反手推挡时，食指向内扣得更深，拇指放松并稍翘起。这种握法使手臂、手腕和球拍连成一线，类似于横拍，从而扩大了右半台的活动范围，加上这种握法重心多靠拍头，无形中延长了力臂距离（动作半径），正手拉弧圈和扣杀时易于充分发挥手臂的力量。但是手腕不够灵活，处理台内球、快攻球、追身球及反手近台球比较困难。日本、韩国运动员多采用这种握法。

（3）直拍削球握拍法

握拍时大拇指自然弯曲紧贴拍柄左肩，其余四指自然分开，托住球拍背面；攻球时，食指迅速移到拍前，以第二指节贴住拍柄，拍后三指仍弯曲贴于拍的上端；正手削球时，前臂旋外使球拍后仰；反手削球时，拍后四指灵活地将球拍"兜"起，使拍柄向下压住来球。

（4）直拍横打握拍法

直拍横打回击反手位的来球时使用球拍的另一面击球。握拍时与直拍近台快攻握法相比，拇指握得更深一点，食指移至球拍边缘处。球拍不能握得过紧，后面其余三指略伸开，这样有利于发力及控制拍形。

（二）横拍握法

横拍握法的要点。横拍握法称"八字式"握法，其握拍方法是：中指、无名指和小指自然地握住拍柄，拇指在球拍的正面轻贴于中指旁边，食指自然伸直斜放于球拍反面，虎口轻贴于拍，但虎口不宜太紧地贴在球拍上，否则会影响手腕的灵活性。正手攻球时，食指压拍，以拇指第一指节作为支点，与中指协调控制拍形并传递击球的力量，甚至可将食指略向球拍中部移动，以使其压拍的用力点与球拍正面的击球点更为接近，利用食指制造弧线并辅助发力；反手进攻时，则是以食指根部关节为支点，拇指压拍控制拍形并传递击球力量，同样，也可令拇指略向上移去接近正面的触球点，靠拇指控制拍形、发力和制造弧线。注意避免中指、无名指、小指和手掌将拍柄握得过紧，否则会使手臂用力的传递不够敏锐、调节不够精细而影响击球的准确性。横拍握法的种类。横拍握法分为深握、浅握、正手发球握法。

（1）深握法：虎口紧贴球拍，拍形稳定，发力集中，扣杀比较有力；削球时容易控制拍形。这种握法是防守型（包括攻削结合型）运动员常用的握法。但是由于虎口贴近球拍，手腕不够灵活，对攻时左右结合的灵活性稍逊；处理台内球和搓、削中路的近网短球较困难；运动的隐蔽性差，削转与不转球容易被识破。

（2）浅握法：虎口轻微贴拍，手腕较灵活，利于制造旋转变化，处理台内球的手法更加多样化；进攻低球较为容易；有利于创造旋转变化，左右结合更加协调。

（3）正手发球握法：正手发球时，为了加大手腕的灵活性和转动幅度，可将原先握住拍柄的中指、无名指和小指挪到球拍的背面，与食指一起托住球拍（类似直拍削球握法），发完球后再迅速还原到正常握法。这种握拍方式是瓦尔德内尔在 10 岁那年首创的。

（三）握拍应注意的问题

（1）不论哪种握法都不应握得过紧或过松。过紧会使手腕僵硬，影响发力时的手腕动作，过松会影响击球的力量和准确性。

（2）握拍不宜过浅。直握时，食指和拇指的距离不能过大或过小，以免影响手腕动作的灵活性，可以根据个人的特点进行调整。

（3）调整击球拍面时，要充分利用前臂、手腕手指的作用。例如，直拍反手推挡时，前臂旋外，食指扣紧，压住球拍，拇指放松。正手攻球时则相反，前臂旋内，拇指扣紧压住球拍，食指放松。

（4）运动员不应经常变化握拍方法，否则会影响打法类型及技术风格的形成。

二、基本姿势

基本姿势包括击球前的准备姿势和连续击球之间需要保持的身体姿态。打乒乓球必须注意保持恰当的基本姿势，从而保证击球者迅速移动，选择合理的击球位置，有效地完成击球动作。每个人的基本姿势因身体条件和技术特点的不同而有所差异。正确的基本姿势主要有以下几个方面。

（1）两脚开立，身体位于两脚之间或比肩略宽（身高者可稍宽，但不宜超过肩宽的 1.5 倍），身体重心位于两脚间，但不宜平均分配，主要保持在稍靠前的腿上。通常来说，削球打法和弧圈球打法的运动员，由于动作幅度大、跑动范围大、离台也较远，两脚距离就比快攻运动员大，重心也略低。

（2）两脚的前脚掌内侧着地，脚跟略提起，有助于快速起动。

（3）上体稍前倾，适度收腹含胸。既不能站得过直，重心过高，也不能挺出腹部，全身松散，否则将大大降低动作的灵活性，以后更会影响击球。

（4）两肩基本同高，保持自然放松状态，避免耸肩，未击球时也不应刻意地沉肩。同时下颌稍向后收，两眼注视来球。

（5）持拍手臂自然弯曲，置于身体右侧，大臂与躯干的夹角呈 60°左右，上臂与前臂的夹角接近 90°（或前臂与地面接近平行）。

（6）手腕放松持拍于腹前偏右侧，离身体 30～35 厘米（或相当于前臂的距离）。侧身抢攻较多的运动员，执拍手的位置应更偏正手位。手腕适度放松，但不能无力下垂而形成"吊腕"。

（7）球拍应位于台面水平面之上，非持拍手自然放于腹前，与执拍手基本同高。

（8）相对于球台端线而言，通常左脚稍站在前一点（以右手持拍为例）。但削球打法的运动员则略有区别：进攻较多的削球手经常两脚平行站位，便于左右移动；防守较多的运动员则更多地采用右脚稍前、左脚稍后的姿势，便于及时后退削球；削球手准备攻球时往往又会左脚稍前。

易犯错误及纠正方法如下。① 全脚着地、重心靠后，无法用力蹬地。纠正方法：在脚跟下放一个乒乓球，要求练习者体会提踵、前移重心。自我察看膝关节、肩关节的垂线是否超越脚尖。超过者，重心合适。可两人一组轮流相互纠正。
② 双脚尖呈外"八"字形，步法移动慢。纠正方法：要求小腿内旋、重心置前脚掌内侧。规定若干次模仿练习。③ 双腿和上体直立，重心高、起动慢。纠正方法：讲解弹性运动道理，并体会人体的踝、膝、髋各关节。

第二节　发球与接发球技术训练

在乒乓球训练和比赛中，每个运动员都会根据自己的打法特点和技术需求练就一套乃至几套发球技术，以达到直接得分为目的。所以乒乓球运动员的发球技术这个环节就显得尤其重要，同时它也是衡量一个优秀运动员的技术标准。乒乓球前三板由发球、接发球、发球抢攻（拉）组成。前三板在乒乓球运动项目中，具有举足轻重的作用。前三板曾是我国乒乓球优势技术，为中国乒乓球长盛不衰立下汗马功劳。随着国际乒联对规则的不断改革，比如，球体增大，原 2.5 克增加到 2.7 克，将原来乒乓球的 21 分赛制改为 11 分赛制，对发球实行新的规定，每轮 5 个发球改为 2 个发球，实行无遮挡发球等规定。对运动员发球技术提出了更多更高的要求，也使乒乓球前三板技术显示出更重要的作用。

一、发球技术训练

目前世界乒乓球发球技术的发展方向是：以旋转、速度、落点三者有机结合，根据自身打法技术特点形成配合，如以旋转为主、控制好发球落点、以速度旋转为主、辅以落点等。直接为自身主动进攻服务。发球的方法多种多样，按形式来划分，可分为低抛发球、高抛发球和下蹲式发球；按方位来划分，可分为正手发球、反手发球和侧身发球；按性质来划分，可分为速度类发球、落点类发球、旋转类发球等。

（一）平击发球

1. 特点与作用

平击发球是乒乓球初学者掌握和学习发球的入门技术，它具有运行速度慢、力量轻、旋转弱的特点。它又分为正手平击发球和反手平击发球两种。

2. 动作要点

（1）正手平击发球。站位于近台中间偏右处，抛球同时执拍于向右侧上方引拍。上臂带动前臂向前平行挥动，拍形稍前倾，在球的下降期击球的中上部，使球的第二落点在球台中段区域。

（2）反手平击发球。站位于球台中间偏左处，右脚稍前或平行站立，身体略向左转，含胸收腹，将球抛至身体左侧前方的同时，抛拍手向左后方引拍。右臂外旋，拍形前倾，在球的下降期击球的中上部向右前方发力，使球的第一落点在球台的中段区域。

（二）急球

1. 特点与作用

它的特点是球速快、落点长、冲力强、球的飞行弧线低。在比赛中，可运用发急球的速度和落点变化偷袭对方，尤其是对付削球打法选手时，可迫使其退后防守，再结合摆短战术，起到出奇制胜的效果。它又分为正手急球和反手急球。

2. 动作要点

（1）正手急球。左脚稍前，身体略微向右转，当球向上抛起的同时，执拍手随即向右后上方引拍，拍形稍前倾，腰向右转。当球下降至网高时，以肘关节为轴，上臂带动前臂由右后方向左前方挥动，触球瞬间运用手腕手指的弹撞力量，向前向上击球中部稍偏上，完成动作后，注意迅速还原。

（2）反手急球。右脚稍前，身体略向左转，当球向上抛起的同时，执拍手随即向左后方引拍，上臂自然靠近身体右侧，手腕适当放松，重心置于右脚步。当球下降至网高或同高时，以肘关节为轴，上臂带动前臂由左后方向右前方挥动，拍面稍前倾，摩擦球的左侧中上部。

（三）正手发转与不转

1. 特点与作用

指发球方用正手同一种动作发了旋转速度强弱变化较大的球，这种球速较慢，前冲力较小。充分利用转与不转配套使用，以旋转配合落点，迷惑对方，造成对方判断错误，伺机抢先上手或直接得分。

2. 动作要点

站位靠近左半台（以右手为例），左脚在前，右脚在侧后，抛球的同时执拍手向后上方引拍。拍面后仰，手腕适当外展，手臂放松，腰向右转便于协调用力。当球降至网高时，执拍手迅速用力向前或向下挥拍，发完球后，身体重心和手臂动作应尽量快速还原，便于下一次击球。

发下旋球时，用球拍的下半部去摩擦球的中心部，拇指、食指、手腕在球拍触球瞬间加强爆发力，增强向下摩擦力，让球在球拍摩擦时间稍长一些。发不转球时，用球拍的中上部去碰击球的中下部，以撞击为主，拍面后仰的角度小些。

（四）反手发转与不转球

1. 特点与作用

一般横板两面攻打法的选手多采用此种发球，在落点上运用长短、左右的巧妙配合，有利于发球抢拉或抢攻。

2. 动作要点

右脚在前，左脚稍后，当球向上抛起的同时执拍手向左后上方引拍，身体随之向左转动，球拍稍后仰。当球下落时，手臂自左上方向右下方挥拍，在球拍触球的瞬间加大前臂、手腕手指的爆发力，增强球的摩擦力量。发完球后，身体重心和手臂动作应尽量快缩还原，便于下一次击球。右脚稍前或两脚平行，重心稍低，执拍手的肩部略低于对侧肩。抛球时，执拍手向后上方引拍，拍面后仰，同时身体向左侧适当转动，以便于发力。

发下旋球时，用球拍的前半部来摩擦球的中下部，在触球瞬间手腕用力摩擦球。发不转球时，用球拍的后半部去撞击球的中部，手腕和前臂有向前推球的感觉。

（五）正手发左侧上（下）旋球

1. 特点与作用

这种发球以侧旋转变化为主，飞行弧线向对方左侧偏拐，对方用平挡回击也向左侧上（下）反弹。它的动作幅度较小，出手快，两种发球动作相似，具有一定的隐蔽性，是比赛中各类打法运动员运用较多的发球。

2. 动作要点

左脚在前，右脚左侧后，当球向上抛起的同时执拍手向右后上方引拍，身体随之向右转动，球拍稍后仰，手腕外展。当球下落时，手臂自右上方向左下方挥摆，在球拍触球的瞬间加大前臂、手腕的爆发力，增强球的旋转。发完球后，身体重心和手臂动作应尽量快速还原，便于下一次击球。

发左侧上旋球时，球拍从球的右侧中下部向左侧面摩擦中部偏上，身体重心随之协调转动。发左侧下旋转时，手臂自右上方向左前下方挥拍，球拍从球的右侧中下部向左侧下部摩擦球，身体重心随之协调配合。

（六）反手发右侧上（下）旋球

1. 特点与作用

与正手发左侧上（下）旋球基本相同。飞行弧线向对方右侧偏拐，对方用平挡回击也向右侧上（下）反弹。

2. 动作要点

右脚稍前，重心置左右脚上。抛球的同时向左后方引拍，腰略向左转，拍面稍后仰，手腕适当内旋，当球下落时手臂自左上方向右下方挥摆。在触球瞬间加大前臂、手腕的爆发力，同时注意配合转体动作，使腰、臂协调用力，有利于增大发球的速度和力量，以增强球的旋转。发右侧上旋球，触球时拍面从球的中下部向左侧上部摩擦。发右侧下旋球，触球时拍面从球的左侧中下部向右侧摩擦。

（七）反手发急下旋球

1. 特点与作用

球速较快并带有下旋，飞行弧线低、落点长，对方用推、拨回接容易造成下网失误，用搓球回接容易造成下网失误，用搓球回接容易出现机会球。此种发球在比赛中只能作配合及牵制使用。

2. 动作要点

右脚稍前或两脚平行，腰略向左转，抛球的同时右臂微做内旋，拇指压拍使拍面稍后仰，向后上方引拍。当球降到低于网高时，前臂迅速用力向前下方推球，用边碰撞边摩擦球的动作击球的中下部，击球出的第一落点接近端线。

（八）高抛发球

高抛发球是 1964 年中国选手创新发明的一种重要的发球技术。发球时发球员将球向上抛 2～3 米甚至更高，利用球下落时的加速度增大对球拍的压力，从而加快了出手的速度和突然性，增大对方接发球的难度。它具有出手快、旋转强、变化多的特点。目前多被欧亚等世界优秀选手所采用。高抛发球有正手和反手高抛发球两种。下面选择几种常用的高抛发球加以介绍。

1. 侧身正手高抛发球

首先要注意抛球的稳健性，抛球手的肘部要贴近身体左侧，尽量让球抛起时接近垂直，使球在身体的右侧前方降落。当球下降至头部高度时，执拍手由右上方向左下方挥动。其次，要注意击球点不要离身体过远，一般在右侧腰前 15 厘米左右为宜。

发左侧上旋球时，球拍从球的右侧中下部向左侧上部摩擦。

发左侧下旋球时，球拍从球的右侧中下部向左侧下部摩擦。

发直线长短球时，要注意球拍击球高度和击球用力方向、拍形变化及第一落点，形成配套，增强发球的威胁性。

2. 反手高抛发球

反手高抛发球是 20 世纪 80 年代我国选手在反手低抛发球的基础上创新的发球技术，尤以前世乒赛单项冠军曹燕华最为突出。

右脚在前，左脚稍后，持拍手用力向上抛球，当球从最高点下降时，执拍手向左上方挥拍，上体略向左转，用以增大击球的距离。

发右侧上旋球时，在球下降到头部高度时，执拍手从左上方经身前向右下方挥拍，球拍触球的左中下部并向右侧上部摩擦。球拍触球瞬间手腕由左向右挥动，以增大球的旋转。

发右侧下旋球时，执拍手从左后上方向前下方挥摆，球拍从球的左侧中下部向右侧下部摩擦。球拍触球瞬间手腕由左向右抖动，以增大球的旋转。

（九）下蹲式发球

下蹲式发球在摩擦球的部位和方向上与站立式发球不同，下蹲式发球时球拍多摩擦球的上半部，发出的球的旋转性能和常规发球不同，具有旋转变化多、突然性和新异性强等特点，在关键时刻起到出其不意的效果，一般横拍选手多采用这种方法。

1. 下蹲发右侧上旋球和右侧下旋球

左脚稍前，右脚稍后，身体略向左偏斜，球向后上方抛起，将球拍上举至肩高，同时两膝弯曲成深蹲状，当球下降至头部高度时，执拍手迅速由左向右挥拍，手腕放松，挥拍路线呈半圆形。

发右侧上旋球时，拍面触球的左中部并向右侧上部摩擦，越网后向对方左边偏斜前进。发右侧下旋球时，拍面从球的正中部向右下部摩擦，越网后向对方左边偏斜前进。

2. 下蹲发左侧上旋球和右侧下旋球

身体正对球台，球向后抛起，执拍手向右下方引拍，两膝弯曲成深蹲状，当球下降至头部高时，执拍手由右后方向左前方挥拍。

发左侧上旋球时，拍面触球的右中部并向左侧上部摩擦，越网后向对方的右边偏斜前进。发左侧下旋球时，拍面从球的正中部向左侧下部摩擦，越网后向对方的右边偏斜前进。

（十）逆旋转发球

1. 特点与作用

逆旋转发球是近年来在原先顺旋转发球的基础上发明的一项新的发球技术。其动作隐蔽，出手迅速，发力协调，旋转较强且富于变化，用正手发出的球能具有类似反手发球的性质，特别适合于反手强的选手发球后两面上手抢攻。

2. 动作要点

左脚在前，右脚在侧后，引拍后肘部抬起，手腕向内后引动，触球时向外侧发力。发侧下旋时，触球的中下部，向下用力；发侧上旋时，触球的左侧上部，向前用力。

二、接发球技术训练

接发球是乒乓球技术中一个重要的组成部分，在比赛中每一分球的争夺都是从接发球开始的。接发球技术的好坏直接影响到运动员的比赛心理状态、技战术水平发挥以及运动成绩的取得。因此，具备优良的接发球技术是衡量一个优秀运动员的标准。现行乒乓球技术水平发展趋势以及规则改变对接发球技术的要求越来越高。如何将被动转化为主动，如何施展各自所具备的接发球技术水平是每一位乒乓球运动员都亟待解决的课题。

（一）站位的选择

站位的选择是否合理，主要根据自身打法特点和是否能够积极回接对方来球来断定。一般来讲，如果对方站在球台的左半台，本方也应站在球台的左半台；若对方是一名左撇子，他站在侧身位发球，本方则应站在中间偏右的位置，以便于照顾球台的前、后、左、右等各个部位。站位应离球台 30～40 厘米为宜。

（二）对来球的判断

准确的判断是接发球技术的第一环节，只有准确无误地判断出对方发球的旋转性质、球速及落点变化，才能有针对性地使用各种有效的接发球技术。

1. 对旋转的判断

在乒乓球比赛中常出现的旋转是左侧上、下旋，右侧上、下旋，高抛左、右旋，侧上、下旋，转与不转球等，发球者利用各种发球形式，将各类旋转性质表现出来。如用正反手发球、高抛和下蹲式发球等。在判断对方发球旋转性质时，可从以下方面考虑。

（1）球拍板形用力方向。一般情况下，发上旋球时，球拍用力方向都是由下往上摩擦球中上部，发下旋球时，球拍用力方向都是从上往下摩擦球中下部。发左侧上旋球时，球拍用力方向都是从右向左摩擦球左侧中上部；发下旋球时，球拍用力方向都是从右向左摩擦左侧中下部。

（2）球拍动作轨迹。发上旋和不转球时，球与球拍接触的一瞬间，手腕摆动的幅度一般不很大，并时常与假动作配合；在发侧下和下旋球时，为了增加摩擦，手腕摆动相对大而集中，这样球拍才能"粘"住球，动作也要相对固定。

（3）球的弧线。由于球拍击球部位和用力方向不同，上旋球和不转球的空中运行较快，常有往前"窜拱"的感觉。而下旋球在空中运行较平稳，弧线略高，落台后有"回跳"现象。

（4）出手。发上旋球和不转球一般出手比较快，并且突然动作模糊；下旋球的出手相对要慢些，因为要给足够的摩擦时间，才能使球产生强烈的下旋效果。

2. 对速度和落点的判断

（1）对长球的判断。为了发出较快而长的球，发球者必须站位离台稍远一点，球的第一落点必须在本方台面的端线附近，而且动作幅度明显大于一般发球。如果是发侧上旋斜线长球，要注意球的第二弧线有侧拐的特点。

（2）对短球的判断。为了所发的球能够达到预期目的，发球者在发短球时必须注意球拍动作幅度。必须依靠前臂和手腕手指控制拍面来吃住球，才能控制住球的落点。所以判断短球的落点与旋转主要是观察发球者的拍形用力方向、击球部位及动作大小。

（3）对半出台球的判断。为了比赛战术需要、发球者会有意伺机发出不同旋转落点和速度的半出台球。在判断这种球时，一是视其旋转性质而定，上旋和不转球比下旋和不旋球容易出台；二是根据发球者的习惯而定，要认真观察发球者发球规律，哪些球容易出台，哪些球不容易出台，是正手位还是反手位容易发出台或不出台等。这样在接球时才具有针对性和选择性，从而争取主动。

（三）接发球技术特点

接发球的方法由推、拨、搓、拉、攻、撇、削，以及劈、撕、晃接等多种综合技术组成的。因此，接发球技术是各项基本技术的综合运用。只有较全面地了解和掌握各种接发球技术方法，才能发挥自身技术特点及优势。下面介绍几种常用的接发球技术。

1. 挑接

挑接是接对方短球的一种积极主动的方法，技术方法选用得当，可以发挥自身优势，变被动为主动。挑接分为正手挑和反手挑。反手挑主要适用于横拍运动员。

挑接的基本动作要领，是当球即将越网时，手伸进台内，同时视来球的方位不同，选择不同的脚向前跨步，将腿插入台内。以右手握拍选手为例，如果是正手位，就上右脚；如果是反手位，就用反手挑，也可以上手臂的同侧脚；如果是侧身位，则上左脚，右脚适当跟上一点。在来球的高点期，击球后中部，以前臂用力撞击球为主，在击球的瞬间，手腕有一突然的微小内收（正手）和外展（反手），适当给球一点摩擦，以保证击球的准确性。

2. 搓接

搓接多用于接短球，一般不提倡用于回接长球，这也是中国运动员技术打法风格所追求的。由于搓球的动作小、出手快、隐蔽性强，在长期的运用实践中，运动员根据自身的特点，对这一技术进行了细化，分为快搓、慢搓、摆段、搓长、晃接等。

（1）摆短。摆短是快搓短球的一种精细技术。它最大的特点是出手快，隐蔽性强，能有效控制对手的拉、攻上手。在用摆短接发球时，要注意三点：① 在上升期接触球的中上部，以体现速度；② 手臂离身体要近一些，离得远，将影响击球准确性和质量；③ 手臂不要过早伸入台内，要形成较合理的节奏感，体现摆短出手快的感觉。

（2）搓长。现在优秀运动员一般运用的搓长技术，是和摆短配合运用的快搓底线长球。它是以速度和突然性取胜。在搓长时，重要的是，手法要尽可能与摆短相似，以前臂发力为主，手腕的摆动不要过大，以避免手上对球的感觉。

（3）晃撇。晃撇一般是在侧身位，正手搓侧旋球、斜线球，常用来接短球与侧身挑直线配合运用，可使对手不敢轻易侧身，进行有威胁的正手抢攻。晃撇接发球时，最好能够在来球的最高点击球，球拍接触球的后中下部，手腕略有外展，向左侧前下方摩擦球，使球带有左侧下旋，落台后向外拐，让对手不容易对准球。

3. 拉接

拉接一般是用来对付长球的方法。在拉接中，要特别注意击球时间，手低于台面接触球，一般情况下可视为下降期击球，高于球台面或基本与球台在一个平面上时，可视为上升期击球。在上升期击球，因击球点较高，容易发上力，能够保证一定击球弧线，从而提高准确性。而在下降期击球，因击球点低于台面，在击球时必须制造出适当弧线，才能保证击球准确性，此时主要是靠落点来控制对手。

4. 攻打

攻打在接发球中是一项难度比较大的技术，主要用来对付长球。由于现在发球的旋转非常强，突然性和速度也大大提高，在比赛中运动员接发球时，使用攻打技术已经很少。但是攻打技术是乒乓球的一项主要技术，其在比赛中的作用很重要，常常是得分球。

第三节　推挡技术训练

推挡球是推球和挡球的总称，是左推右攻打法的主要技术之一，也是其他类型打法不可缺少的技术。推挡球站位近、动作小、速度快、落点变化多，也有一些旋转变化。各种推挡技术配合使用时，能利用速度、落点和旋转变化争取主动和创造进攻机会。在被动或相持时可起到积极防守的作用，并可变被动、相持为主动。推挡球可分为平挡、快推、加力推、减力挡、推下旋、推侧旋等。

一、推挡球的特点和技术要领

（一）挡球（也称平挡）

挡球又分为正手挡球和反手挡球两种，其特点是力量小、球速慢、落点中、不旋转或轻微旋转。挡球动作简单、容易掌握，是初学者的入门技术。通过练习可以熟悉球性，体会动作，给进一步学习其他推挡技术打好基础。

1. 反手挡球要领

站位在球台中间或偏左，身体离台 40～50 厘米。两脚开立，比肩稍宽（以下其他各种技术均同），右脚略前或两脚平站，两膝微屈，收腹含胸，上体略向左转。右臂自然弯曲，引拍至身体前方或略偏左，同时前臂外旋，使拍形接近垂直。来球从台面弹起后，前臂向前，以拍迎球，在来球的上升期，以接近垂直的拍形推击球的中部。击球瞬间只以前臂和手腕轻轻用力，主要借助来球的反弹力将球挡回。击球后，手和臂顺势向前挥动，并迅速还原成击球前的准备姿势。动作过程中，身体重心放在双脚上。

2. 正手挡球要领

站位在球台中间或偏左，身体离台 40～50 厘米。两脚开立，左脚略前，两膝微屈，收腹含胸，上体略向右转。右臂自然弯曲并内旋，使拍面接近垂直，置于身体右侧前方。来球从台面弹起后，前臂向前，以拍迎球，在来球的上升期，以接近垂直的拍形推击球的中部。只以前臂和手腕轻轻用力，主要借助来球的反弹力将球挡回。击球后，手和臂顺势向前挥动，并迅速还原成准备姿势。动作过程中，身体重心放在双脚上。

（二）快推

1. 特点

动作小、速度快、落点活、稍带上旋或不转，既可积极防守，又可辅助进攻，是使用最多的一种反手推挡技术。

2. 要领

站位在球台中间或偏左，身体离台约 40 厘米。两脚平站或右脚略前，两膝微屈，收腹含胸，身体向前或略向左转。右上臂和肘关节靠近身体右侧，手臂自然弯曲，引拍至身前或偏左，同时前臂外旋，使拍面稍前倾，来球从台面弹起后，前臂和手腕向前或向前兼略向上挥拍迎球，在来球的上升前期，以稍前倾的拍形推击球的中上部。球拍击球瞬间，前臂和手腕自然向前或向前兼略向上发力，并主要借用来球反弹之力（即"借力"）将球快速击回。击球后，手和臂顺势向前挥动，并迅速还原成准备姿势。动作过程中，身体重心放在双脚上。

（三）加力推

1. 特点

球速快、力量重、落点活、稍带上旋或不转。能遏制对方进攻，迫使对方后退，创造进攻机会。与减力挡配合使用，更能控制和调动对方，取得主动，是威力最大的一种推挡技术。

2. 要领

站位在球台中间或偏左，身体离台约 50 厘米。两脚平站或右脚稍前，两膝微屈，收腹含胸，身体向前或略向左转。右上臂和肘关节靠近身体右侧，前臂外旋并向上提起，引拍至身前或偏左，与球网同高或略高，拍面稍前倾。来球飞越球网时，上臂、前臂和手腕向前，挥拍迎球，同时，腰、髋向左转动，在来球的上升后期或高点期，以前倾拍形推击球的中上部。击球瞬间，上臂、前臂和手腕向下方发力推压，腰、髋亦协助用力。击球后，手和臂顺势向前下方挥动，并迅速还原成准备姿势。动作过程中，身体重心从左脚移至右脚上。

（四）减力挡

1. 特点

动作小、力量轻，能减弱来球的反弹力，故落点近、弧线低、不旋转、前进力极弱多半在对方来球力量大或上旋强烈（特别是在对方站位较远）的情况下使用，能调动对方上前击球。如推后配合攻球或加力推，效果更好。

2. 要领

站位在球台中间或偏左，身体离台约 40 厘米。两脚平站或右脚略前，两膝微屈，收腹含胸，身体向前或略向左转。右上臂和肘关节靠近身体右侧，手臂自然弯曲，引拍至身前或偏左，同时前臂外旋，使拍面稍前倾。来球从台面弹起后，前臂和手腕向前挥拍迎球，在来球的上升期，以前倾拍形推击球的中上部。球拍击球瞬间，前臂和手腕轻轻后移，以减小来球的反弹力（即减力），使球轻轻飞回。击球后，迅速还原成准备姿势。动作过程中，身体重心放在双脚上。

（五）推下旋

1. 特点

力量重、弧线低、落点远、带急下旋（飞行速度快的下旋），球下沉，对方回击时不能借力，并容易落网，故能遏制对方进攻，创造进攻机会。它是威力很大的一种推挡技术。

2. 要领

站位在球台中间或偏左，身体离台约 40 厘米。两脚平站或左脚稍前，两膝微屈，收腹含胸，身体向前或略向左转。右上臂和肘关节靠近身体右侧，前臂略内旋并提起，引拍至身前或偏左，与球网同高或略高，拍面微后仰。来球从台面弹起后，前臂和手腕向前下方挥拍迎球，在来球的上升后期或高点前期推击球的中部。球拍击球瞬间，上臂、前臂和手腕用力使球拍向前下方摩擦球。击球后，手和臂顺势向前下方挥动，并迅速还原成准备姿势。动作过程中，身体重心放在双脚上。

（六）推挤

1. 特点

球速快、弧线低、推斜线时角度大，带左侧下旋，对方回击难度大，易从左侧出界，由于球拍击球部位是在来球的微转区，所以是对付弧圈球的一种比较稳健和有效的战术。

2. 要领

一般站位及准备动作应根据运动员身材高矮的不同，站位离台 30～40 厘米左右，人多站在球台左半台的 1/3 处，两脚开立，比肩略宽，右脚稍前，左脚稍后，相差半只脚左右，或两脚平行；上体稍前倾，身体重心在两脚间，两膝微屈；拍呈半横状，拍面与球台平面约呈 90°；握拍时食指稍用力，拇指放松，上臂和肘部自然靠近身体右侧，上臂与前臂的角度约为 100°，肩部放松。来球从台面弹起后，前臂和手腕向左前下方挥拍迎球，在来球的上升前期，以稍前倾的拍形推击球的中上部；球拍击球瞬间，前臂和手腕向左前下方发力；击球后，手和臂顺势向左前下方挥动，并迅速还原成准备姿势。在动作过程中，身体重心放在双脚上。

二、直拍推挡中的常见问题

（1）推球前，手腕不会后撤引拍，击球距离太短，会影响用力。

（2）上臂和肘部离开身体右侧，致使拍面过于垂直，影响推球的速度和用力，动作不稳定。

（3）上臂与身体夹得过紧，前臂过于靠近身体，导致向前加速距离太短，不易控制球和发力。

（4）站位过死，不会经常随来球位置的变化用小范围的移步来取得正确的击球位置。

（5）站位时，左脚过于靠前，难以运用腰、髋之力，影响推挡的力量，也不利于回击左大角的来球。

（6）只有手臂动作，不会运用身体重心的力量，因而推挡中难以发大力，动作不协调，缺乏稳定性。

（7）推球时，不会用转腰来辅助发力。

（8）举拍位置过低，无法推压，易于形成自下向上的毛病，回球弧线高、速度慢、易持加转弧圈球。

（9）手腕太活，拍面角度不稳定或手腕发力过早。

（10）手腕上翘或过分下吊，手腕与前臂动作不灵活，控球能力低。

第四节　攻球技术训练

攻球技术是乒乓球运动中最重要的基本技术，是进攻型选手在比赛中争取主动、克敌制胜的主要手段。近年来国际乒乓球联合会对乒乓球比赛规则的三项重大改革措施，均要求运动员加强进攻的主动性，所以无论是进攻型选手，还是防守型选手，攻球技术的好坏将直接影响到运动员的运动成绩及运动寿命。攻球可分为正手攻球、反手攻球和侧身攻球。在每种技术中又分为快攻、快点、快带、快拨、快拉、突击、扣杀、杀高球等各种技术。不同的攻球技术，所起的作用也不同。依据现代乒乓球运动技术的水平发展，无论是进攻型，还是防守型都必须全面掌握攻球技术，并各具特色，只有这样才能在比赛中取得良好的成绩。本书中在叙述各项技术的动作要领时，均以右手持拍为例，并且击球线路是斜线。其实在击球过程中，无论是击斜线还是直线回球，拍面和发力方向均应正对回球方向。例如：侧身攻打斜线球时，拍面和发力方向对准右侧方。若打直线球时，拍面和发力方向对准回球正前方。

一、正手攻球

（一）正手快攻

1. 特点和作用

具有站位近、动作小、出手快、进攻性强等特点。在比赛中，可直接得分或在相持中运用落点变化控制对方，伺机进攻得分。同时正手快攻也是所有正手攻球技术的基础，应重点掌握。

2. 动作要领

（1）站位。站位近台（即 40～50 厘米），两脚左右开立，间距与肩同宽或稍宽于肩，左脚在前，两脚脚尖前后相差约半脚距离。两膝微屈，上身稍前倾。

（2）引拍动作。前臂在腰、髋的带动下向右横摆，引拍至身体右侧方，身体重心移至右脚。大臂与身体右侧夹角 35°～40°，前臂自然弯曲，大致与地面平行，肘关节夹角约为 120°。拇指用力压拍，食指放松，手腕稍用力控制球拍使之成半横状，拍形前倾与台面约呈 80°。

（3）击球动作。右脚蹬地，前臂在腰、髋和大臂的带动下在来球的上升后期或高点期击球中上部，挥拍方向为左前上方。击球瞬间，前臂用力收缩，手腕配合内旋，以打为主，略带摩擦。

（4）结束动作。因惯性作用，球拍击球后随势挥至额前左侧，拍头朝向回球方向。身体重心随势移至左脚。根据对方回球情况迅速还原，准备回击下一板球。

（二）正手快点

1. 特点和作用

正手快点，俗称正手台内攻球，具有站位近、动作小、球速快、线路活等特点，技术完成难度较大，但突然性强，在接对方发至右半台近网小球时，运用得好可变被动为主动，是直、横拍快攻选手的一项主要技术。

2. 动作要领

（1）站位。站位靠近球台。

（2）引拍动作。来球偏球台右方时，右脚向右前方跨步。来球位于中路时，左脚向左前方跨步。脚步伸入台下，身体靠近球台，手臂迎前，伸入台内，手腕配合前臂向后有一小引动作。

（3）击球动作。前脚掌着地的同时，手腕、前臂向前上方挥拍击球，手指、手腕发力。来球下旋时，拍形后仰，击球中下部，向前上方发力击球。来球上旋或不转，拍形前倾，击球中上部，向前方发力。

（4）结束动作。前脚掌着地后，立即蹬地使身体还原，准备回击下一板球。

（三）正手快拉

1. 特点和作用

正手快拉，俗称正手拉抽或拉攻，具有速度较快、动作较小、旋转较强、线路灵活等特点。在比赛中，用正手提拉出各种不同落点和轻重快慢相结合的上旋球，以达到战术作用和伺机突击和扣杀。

2. 动作要领

（1）站位。站位近台，左脚稍前。

（2）引拍动作。前臂在腰、髋的带动下引拍至身体的右后下方，向右转体重心稍下降。球拍位置略低于球，拍形稍前倾。

（3）击球动作。前臂在腰、髋和大臂的带动下在来球的高点期或下降期击球的中部或中上部，挥拍方向为左前上方。击球瞬间有一向上摩擦球的动作，向上摩擦球的力量大于向前的力量。

（4）结束动作。随势挥拍，并根据对方回球情况迅速还原，准备回击下一板球。

（四）正手快带

1. 特点和作用

正手快带具有动作小、速度快、弧线低、线路活、稳定性高等特点。利用快带来回击高质量的弧圈球，并利用快带的速度限制对方连续拉，是本方在被动中争取主动的一种进攻性技术。

2. 动作要领

（1）站位。和正手攻球的站位大致相同。

（2）引拍动作。球拍和身体重心较高，引拍幅度不要太大，球拍引至略低于来球，腰部稍微转动。

（3）击球动作。前臂在腰、髋小幅度转动的带动下在来球的上升初期或上升后期击球中上部，击球点在身体右侧前方。

（4）结束动作。随势挥拍，并根据对方回球情况迅速还原，准备回击下一板球。

（五）正手突击

1. 特点和作用

正手突击俗称低球突击，具有动作小、球速快、突然性强、威胁性较大等特点。在比赛中，运用低球突击抢攻处理下旋来球可以直接得分，这是我国直拍和横拍正胶快攻型选手对付削球或搓球的主要得分技术。

2. 动作要领

（1）站位。站位近台，左脚稍前。

（2）引拍动作。前臂在腰、髋的带动下引拍至身体的右后下方，向右转体，重心置右脚上。

（3）击球动作。前臂在腰、髋的带动下在来球的高点期摩擦击球。来球下旋强时，球拍后仰，击球中下部。来球下旋弱时，球拍垂直，击球中部。发力用50%～70%的中等力量快速收缩，根据来球高低和旋转强弱而定。来球低且下旋强烈，用50%的力量。来球稍高或下旋不强，则加大力量。

（4）结束动作。随势挥拍，并根据对方回球情况迅速还原，准备回击下一板球。

（六）正手扣杀

1. 特点和作用

正手扣杀具有动作幅度大、力量重、球速快、攻击性强等特点。扣杀一般是在对方处于被动或回球质量差并出现高于网、低于肩或与肩同高的球时运用，是比赛中重要的得分手段。

2. 动作要领

（1）站位。根据对方来球的落点长短调整。来球落点靠近球网时，站位应主动靠前；来球落点靠近端线时，站位应主动退至中远台。

（2）引拍动作。大臂、前臂在腰、髋的带动下向体侧后引拍，适当增加引拍距离。同时整个手臂应适当伸开，上臂与身体夹角约呈 80°，肘关节夹角约为150°。

（3）击球动作。大臂、前臂同时在腰、髋的带动下在来球的上升期或高点期击球中上部，挥拍方向为左侧前下方，击球瞬间爆发性发力。

（4）结束动作。球拍随势挥至左肩后，小跳步迅速还原。

（七）正手中远台攻球

1. 特点和作用

动作幅度大，进攻性强，稳健性好，正手中远台攻球是在相持阶段运动员在中远台进攻的一项技术。

2. 动作要领

（1）站位。与正手攻球基本相同，但身体离台稍远，约 1 米。

（2）引拍动作。身体重心比攻球稍低，上臂与身体夹角约为70°，肘关节夹角约为 140°，前臂自然弯曲，约与地面平行。手臂在腰、髋的带动下引拍至身体的右侧后方，拍形接近垂直。

（3）击球动作。大臂、前臂同时在腰、髋的带动下在来球的下降前期击球中部，击球瞬间爆发性发力。

（4）结束动作。球拍随势挥至左侧前上方，身体重心由右脚移至左脚，并迅速还原准备下一板击球。

（八）正手杀高球

1. 特点和作用

正手杀高球指回击高于球网 2～3 米来球时的正手攻球动作。它具有动作幅度大、力量重、击球点较高等特点。在比赛中，运用正手杀高球可直接得分或压制对方的攻势。

2. 动作要领

（1）站位。身体离台约 1 米以后。上身和双脚侧向球台底线约 45°。

（2）引拍动作。前臂在腰、髋的带动下先向右后引拍，重心移至右腿。然后随着右脚内侧蹬地，重心升高，手臂也随着来球在本方台面弹起向上挥动，并略高于球，直至身体几乎完全伸展。

（3）击球动作。大臂、前臂同时在腰、髋的带动下在身体侧前方击球中上部，拍面前倾，挥拍方向为左前下方，击球时要将整个身体的力量集中作用于球上。若在来球的高点期或下降前期击球称为"快杀"；若在来球上升期击球称为"慢杀"。

（4）结束动作。随势挥拍要稍有控制挥拍幅度，并根据对方回球情况迅速还原，准备回击下一板球。

（九）正手放高球

1. 特点和作用

正手放高球具有站位远、弧线曲度大、打出距离长、稳健性较高等特点。放高球一般情况下是为了救急或在相持被动时利用球的飞行高度和旋转变化来争取时间，并伺机反攻。

2. 动作要领

（1）站位。站位离台约 1 米以后。

（2）引拍动作。重心降低，大臂、前臂同时在腰、髋的带动下引拍至右侧后下方，拍形稍后仰。

（3）击球动作。大臂、前臂同时在腰、髋的带动下在来球的下降期摩擦击球的中部或中部偏下部位，击球点在运动员的侧面或前面。击球时上臂由后下方向前上方挥动，前臂和手腕用力向上提拉，使球的落点尽量在对方端线附近。

（4）结束动作。击球后，整个身体随势向上伸展，并迅速还原准备回击下一板球。

二、侧身攻球

（一）特点和作用

侧身正手攻球具有球速快、力量重、线路变化多等特点。正手进攻比反手进攻威胁性强，侧身正手攻球是通过快速的步伐移动，以便使用正手进攻来增强反手位进攻能力的一项技术。

（二）动作要领

（1）站位。站位于侧身位。

（2）引拍动作。侧身位移动步伐时，攻斜线比正手攻球侧向大。攻斜线身体与球台端线呈 75°～90°，攻直线球约呈 60°。左脚在前，右脚在后，在转腰侧身的同时引拍。若是攻下旋球，拍形稍立，引拍位置稍低一些。若是打上旋球，拍形稍前倾，引拍位置稍高。

（3）击球动作。与正手攻球的各种基本击球动作基本相同，只是拍面方向和发力方向不同。若打斜线球，拍面对准右侧方。若打直线球，拍面对准回球正前方。

（4）结束动作。随势挥拍，并根据对方回球情况迅速还原，准备回击下一板球。

三、反手攻球

（一）反手拨球

1. 特点和作用

反手拨球具有动作小、球速快、线路变化多、稳定性好等特点。反手拨球是横拍进攻型选手经常采用的一种反手位助攻技术，在比赛中常用来对付弧圈球，也是一项容易掌握的基本技术。

2. 动作要领

（1）站位。站位于近台，两脚平行开立或左脚在前。

（2）引拍动作。肘关节前顶，球拍引至腹前偏左处，拍面前倾，手腕内收。

（3）击球动作。前臂在腰、髋的带动下在来球的上升期击球的中上部，挥拍方向为右侧前上方。击球瞬间，手腕外展，借来球的反弹力回击。

（4）结束动作。随势稍挥拍，并根据对方回球情况迅速还原，准备回击下一板球。

（二）反手快攻

1. 特点和作用

反手快攻具有站位近、动作小、出手快、进攻性强等特点。在比赛中，能扩大主动进攻的范围。这项技术是 20 世纪传统直拍打法必须掌握的技术，如今已经"濒临灭绝"。

2. 动作要领

（1）站位。站位于中近台，右脚稍前。

（2）引拍动作。身体适当左转，右肩下沉，前臂与台面平行，上臂与前臂夹角约为 130°，肘关节适当前顶，直握拍者球拍保持横状，横握拍者手腕内收，拍面接近垂直，球拍略高于来球。

（3）击球动作。前臂在腰、髋的带动下由左后方向右前方挥动，手腕配合外旋，在来球上升后期或高点期击球中部或中上部。反手攻打下旋球时，拍形垂直或略后仰，以肘关节为轴，以前臂发力为主，在来球高点期或下降前期击球的中部或中下部。以摩擦为主，从而制造一定的弧线。

（4）结束动作。随势挥拍，并根据对方回球情况迅速还原，准备回击下一板球。

（三）反手快点

1. 特点和作用

反手快点俗称反手台内攻球，其特点与正手快点相同，在比赛中，当接近网短球，或双方搓球摆短控制时，利用反手快点在反手位抢先上手，伺机进攻。横拍和直拍横打选手多采用此技术。

2. 动作要领

（1）站位。站位于近台，左脚稍前。

（2）引拍动作。一般以左脚向左前方上步。中间或中间稍偏左来球，则多以右脚向前上步。贴近球台，重心在左脚上，上体前迎，前臂伸向台内迎球。

（3）击球动作。快点下旋球时，拍形稍后仰，手腕稍放松，在下降期击球的中下部，手腕和手指向上方发力。快点上旋球时，拍形稍前倾，在高点期击球中上部，手腕和手指向前下方发力。击球时速度要快，用力适中。

（4）结束动作。随势稍挥拍，并根据对方回球情况迅速还原，准备回击下一板球。

（四）反手快撕

1. 特点和作用

反手快撕具有球速快、弧线低、威胁性大等特点。反手快撕是从反手快拨中发展而来，通过加强对球体的摩擦进行进攻或防守弧圈球。

2. 动作要领

（1）站位。比反手快拨离台稍远，左脚在前，右脚稍后。

（2）引拍动作。上身保持前倾，身体重心相对较低。前臂在腰、髋的带动下引拍至腹前偏左，腰部转动稍小。以肘部为轴，手腕配合手臂内旋，手腕内收。

（3）击球动作。前臂在腰、髋的带动下在来球的上升后期摩擦击球的中上部，挥拍方向为右前上方。击球瞬间，手腕由内收转为外展。

（4）结束动作。球拍顺势向右前上方挥动，前臂展开幅度不宜过大，并迅速还原准备回击下一板球。

（五）反手快拉

1. 特点和作用

反手快拉俗称反手快抽或拉攻，具有站位稍远、动作较大、速度快、落点变化多等特点。反手快拉是横拍选手对付下旋来球的一项主要技术，也是近年来直拍横打快拉加强反手位进攻的一种新技术。

2. 动作要领

（1）站位。站位于中近台，右脚稍前。

（2）引拍动作。一般多采用单步或跨步向左前方、左方或左后方移动，前臂在腰、髋的带动下左引下沉并外旋。右肩下沉并侧对球台，拍形稍前倾。

（3）击球动作。前臂在腰、髋的带动下在高点期或下降前期摩擦球的中上部，挥拍方向为右前上方。若来球下旋较强，拍形稍后仰，球拍触球时多以向上摩擦为主；若来球下旋较弱，则多以撞击为主，向前力量大于向上力量。

（4）结束动作。随势挥拍，并根据对方回球情况迅速还原，准备回击下一板球。

（六）反手快带

1. 特点和作用

反手快带具有动作小、速度快、弧线低、线路活、稳定性高等特点。利用反带来回击高质量的弧圈球，并利用反带的速度限制对方连续拉，使本方在被动中求主动的一种进攻性技术。

2. 动作要领

（1）站位。站位于近台，左脚在前。

（2）引拍动作。身体稍向左转，拉开上臂、前臂与身体的距离适中。球拍引至身体左侧前方，引拍幅度不大，拍形前倾。

（3）击球动作。前臂在腰、髋的带动下在来球的上升期击球中上部，挥拍方向为右前方，在借力中发力。击球瞬间，略带摩擦，以便制造合理弧线。

（4）结束动作。球拍顺势向右前方挥动，并迅速还原，准备回击下一板球。

（七）反手中远台攻球

1. 特点和作用

反手中远台攻球具有力量重、球速快、进攻性强、线路变化多等特点。在比赛中，当左半台出现高球而来不及侧身用正手进攻时采用此技术，可直接得分或为采用正手进攻创造机会。

2. 动作要领

（1）站位。站位于中远台，右脚稍前。

（2）引拍动作。大臂、前臂同时在腰、髋的带动下将拍引至身体左侧后方，右肩下沉并侧对球台，拍面垂直。

（3）击球动作。大臂、前臂同时在腰、髋的带动下在来球的下降前期击球的中部，挥拍方向为右前上方。

（4）结束动作。手臂随势挥动，注意不要完全伸直以便还原。

（八）反手突击下旋球

1. 特点和作用

反手突击下旋球具有力量重、球速快、突然性强等特点，动作幅度比正手突击更小，主要对付反手位下旋来球。

2. 动作要领

（1）站位。站位于中近台，右脚稍前。

（2）引拍动作。身体稍向左转，前臂在腰、髋的带动下将拍引至左侧腹部稍上，动作幅度小。

（3）击球动作。前臂在腰、髋的带动下在来球的高点期向右前上方摩擦击球。来球下旋强时，球拍后仰，击球中下部。来球下旋弱时，球拍垂直，击球中部。

（4）结束动作。随势挥拍并根据对方回球情况迅速还原，准备回击下一板球。

（九）反手扣杀

1. 特点和作用

反手扣杀具有站位稍远、动作幅度大、球速较快、力量较重等特点。在比赛中，当左半台出现半高球时，采用反手扣杀可直接得分或减弱对方的攻势。

2. 动作要领

（1）站位。站位于中近台，右脚稍前。

（2）引拍动作。前臂和大臂在腰、髋的带动下引拍至身体右侧偏后，拍面前倾。

（3）击球动作。前臂和大臂在腰、髋的带动下在来球的高点期向右前下方击球。来球上旋，击球中上部。来球下旋，减小拍面前倾程度，击球中部。

（4）结束动作。手臂随势挥动，保证回球准确性，同时注意不要完全伸直以便还原。

四、直拍反面攻球技术

直拍反面攻球技术是中国运动员独创的一项反手反面击球技术。运用此项技术击球时，腕关节的动作幅度和拍形变化角度增大，从而促进了直拍反手位拨、拉、打、带、挑和撕等技术的创新与发展，大大弥补了直拍反手位的不足。

（一）直拍反面快拨

1. 特点和作用

与横板反手快拨一样，直拍反面快拨具有动作小、球速快、线路变化多、稳定性好等特点。直拍反面快拨在相持时与推挡结合，从而通过变换击球节奏而制胜。

2. 动作要领

（1）站位。与反手位推挡相同。

（2）引拍动作。拇指压拍，食指放松，拍形稍前倾，手腕立起，执拍手一侧肩下沉，肘关节适当前顶。前臂在腰髋的带动下向左后下方稍引拍，球拍不得低于台面。

（3）击球动作。前臂在腰髋的带动下在来球的上升期击球的中上部，挥拍方向为右侧斜前上方。

（4）结束动作。随势挥拍重心由左脚转向右脚，并迅速还原准备回击下一板球。

（二）直拍反面攻球

1. 特点和作用

直拍反面攻球具有球速快、力量大、突然性强等特点。直拍反面攻球主要用于扣杀左大角的半高球，可直接得分或为侧身进行正手攻球创造机会。

2. 动作要领

（1）站位。站位离台 40～50 厘米，左脚稍前。

（2）引拍动作。和直拍反面快拨基本相同，拇指压拍，食指放松，拍形稍前倾，手腕立起，执拍手一侧肩下沉，肘关节适当前顶，前臂在腰髋的带动下向左后下方稍引拍。不同的是重心稍下降，手腕稍立，引拍幅度加大。

（3）击球动作。前臂在腰髋的带动下在来球的上升期或高点期击球的中上部，前臂以肘关节为轴，向右前上方挥拍，手腕由内收转为外展。

（4）结束动作。随势挥拍，并根据对方回球情况迅速还原，准备回击下一板球。

（三）直拍反面快撕

1. 特点和作用

直拍反面快撕具有球速快、弧线低、威胁性大等特点。反手快撕是从反手快拨中发展而来，通过加强对球体的摩擦进行进攻或防守弧圈球。

2. 动作要领

（1）站位。站位同横板反手快撕。

（2）引拍动作。前臂在腰、髋的带动下引拍至腹前偏左，拍形前倾与台面呈 45°～50°，引拍与来球同高，幅度比攻球大。

（3）击球动作。前臂在腰、髋的带动下在来球的上升期或高点期摩擦击球的中上部，前臂手腕控制好拍形，发力以向前为主。

（4）结束动作。随势挥拍，并根据对方回球情况迅速还原，准备回击下一板球。

（三）直拍反面快撕

1. 特点和作用

直拍反面快撕具有球速快、弧线低、威胁性大等特点。反手快撕是从反手快拨中发展而来，通过加强对球体的摩擦进行进攻或防守弧圈球。

2. 动作要领

（1）站位。站位同横板反手快撕。

（2）引拍动作。前臂在腰、髋的带动下引拍至腹前偏左，拍形前倾约与台面呈 45°～50°，引拍与来球同高，幅度比攻球大。

（3）击球动作。前臂在腰、髋的带动下在来球的上升期或高点期摩擦击球的中上部，前臂手腕控制好拍形，发力以向前为主。

（4）结束动作。随势挥拍，并根据对方回球情况迅速还原，准备回击下一板球。

（四）直拍反面弹打

1. 特点和作用

直拍反面弹打具有动作小、速度快、落点变化多、稳健性好等特点。直拍反面弹打主要用于对付台内或近台稍高于球网的球和加转弧圈球。

2. 动作要领

（1）站位。与反手快拨相同。

（2）引拍动作。身体重心略高，肘关节适当前顶。拇指压拍，食指放松，拍形稍前倾，手腕立起。

（3）击球动作。在来球的上升后期或高点期击球中上部，发力方向为前下方。拍形固定，发力短促。

（4）结束动作。手臂随势前送，但动作不大。

第五节　弧圈球技术训练

弧圈球是日本在 20 世纪 50 年代创新的一种新技术，它是以旋转为主，速度和落点为辅的进攻性技术。弧圈球技术发展的历史不长，但对乒乓球运动项目的影响非常大，欧洲和亚洲选手都把弧圈球技术作为重要的技术，并不断创新发展，目前旋转与速度、力量的高度结合，使弧圈球技术的威胁性越来越明显。

弧圈球技术可分为正手弧圈球技术和反手弧圈球技术。根据弧圈球技术的旋转特征可分为加转弧圈球、前冲弧圈球和侧旋弧圈球。

一、正手弧圈球

（一）正手加转弧圈球

1. 特点和作用

正手加转弧圈球具有飞行弧线较高、上旋强、球速较慢、着台后下沉较快等特点。正手加转弧圈球是对付下旋球的有效技术，在相持过程中与前冲弧圈球结合通过变化击球节奏而制胜。此外，由于击球时间是在下降期，可以在球下降的时间观察对方的动向然后再决定出手。

2. 动作要领

（1）站位。左脚稍前，身体离球台约60厘米，身体重心较低。

（2）引拍动作。前臂在腰、髋的带动下向右后下方引拍，身体重心移至右脚。右肩下沉，肘关节几乎伸直，直握拍者手腕屈，横握拍者手腕内收，拍面与台面垂直或稍前倾。

（3）击球动作。前臂在腰、髋和大臂的带动下向左前上方爆发性用力收缩，在来球的下降前期摩擦击球的中部或中部偏上，击球点在身体的右侧稍前，身体重心由右脚向左脚移动。击球瞬间，肘关节呈130°～160°，直握拍者手腕伸，横握拍者手腕外展，手指手腕加速发力。

（4）结束动作。随势挥拍，并迅速小跳步还原准备回击下一板球。

（二）正手前冲弧圈球

1. 特点和作用

正手前冲弧圈球具有出手快、力量大、球的飞行弧线低、球速快、上旋强等特点，着台后球的前冲力大并急剧下沉。正手前冲弧圈球较好地将力量与旋转结合，是对付发球、搓球、削球、推挡以及在相持中对拉的有效技术，在学习弧圈球技术时应重点掌握。

2. 动作要领

（1）站位。比拉加转弧圈球离台近一些，身体重心也稍高于拉加转弧圈球。

（2）引拍动作。前臂在腰、髋的带动下向右后方引拍，身体重心移至右脚。球拍与来球同高或稍低于来球，拍形稍前倾于拉加转弧圈球，直握拍者手腕屈，横握拍者手腕内收。

（3）击球动作。前臂在腰、髋和大臂的带动下在来球的上升后期和高点期摩擦击球的中上部，击球点在身体侧前方。挥拍方向为左前上方，以向前为主，略向上发力。击球瞬间，肘关节呈 110°～140°，直握拍者手腕伸，横握拍者手腕外展，手指手腕摩擦球动作比快带要多。

（4）结束动作。击球后手臂随势向左前上方挥动，保证力量充分作用到球上，并迅速还原，准备回击下一板球。

（三）正手侧旋弧圈球

1. 特点和作用

球飞行弧线比加转弧圈球低，比前冲弧圈球要高，并带有强烈的侧旋和上旋两种特征，着台后急速向侧下滑落。在比赛中多用于处理正手位大角度，回球右拐可增加对手的跑动范围和回球难度。

2. 动作要领

（1）站位。离台比拉加转弧圈球更近。

（2）引拍动作。前臂在腰、髋的带动下向右后下方引拍，身体重心置于右脚上，拍面对准回球方向。拉下旋球引拍位置要略低于拉前冲弧圈球，拉上旋球则与后者相同。

（3）击球动作。前臂在腰、髋和大臂的带动下先由后下方向右侧前方，再向左前方挥拍。在来球的下降前期摩擦击球的右侧中部，挥拍线路是由后下方先向右侧前方，再向左侧前上方的一个弧形路径，使球拍有一个内侧兜动的动作。手腕由内收转为外展，身体重心由右脚向左脚移动。

（4）结束动作。击球后手臂向左前方随势挥拍，并迅速还原准备回击下一板球。

（四）正手中远台对拉弧圈球

1. 特点和作用

正手中远台对拉弧圈球具有球速较慢、旋转较强、力量较大、着台后有一定的前冲力等特点，主要用于中远台的相持或由削转攻的过程中。

2. 动作要领

（1）站位。站位于中远台。

（2）引拍动作。与正手快带基本相同，拍面前倾，只是将引拍幅度加大。

（3）击球动作。前臂在腰、髋和大臂的带动下在来球的下降中期摩擦击球的中上部，向斜前上方发力击球，要主动发力。

（4）结束动作。随势挥拍，并迅速小跳步还原，准备回击下一板球。

二、反手弧圈球

（一）特点和作用

反手弧圈球具有出手快、突然性强、落点变化多等特点。用于反手位接发球、中远台对拉、搓中转拉。但由于引拍幅度受限，反手拉弧圈球在力量和旋转稍逊于正手拉弧圈球。反手拉弧圈球分为横拍反手拉弧圈球和直拍反手拉弧圈球。

（二）动作要领

（1）站位。两脚平行或右脚稍前站立，间距略大于肩宽，双膝微屈，重心在两脚之间。

（2）引拍动作。球拍引至腹部下方，肘关节略向前伸出，引拍时腰部有小幅度转动。直握拍者手腕屈，横握拍者手腕内收，拍面前倾。

（3）击球动作。与正手拉弧圈球相同。两脚蹬地，前臂在腰、髋和大臂的带动下向右前上方挥拍摩擦击球的中部或中上部。快拉时，击球时间为上升前期；近台主动抢冲的击球时间为上升后期或高点期；拉强烈上旋或中台向前上方发力时，击球时间为下降前期；中远台对拉的击球时间为下降中期。

（4）结束动作。击球后手臂的随势挥拍动作不要很大，整个手臂不应完全伸直。重心由左脚移至右脚，并迅速还原准备回击下一板球。

三、弧圈球练习方法和步骤

（1）认真聆听教练对弧圈球动作进行分析讲解，观摩教练的示范或利用多媒体观摩优秀运动员拉弧圈球的动作，以便建立正确的技术动作概念。

（2）进行原地或走动中的徒手挥拍练习。

（3）进行拉一板球的练习。一人发平击球或下旋球，另一人练习拉弧圈球，仅拉一板然后重新发球，体会应对不同性质来球的发力摩擦、动作要领和完整连贯动作。

（4）进行单线的一拉一挡、一拉一搓、一拉一削和中远台对拉，体会单线连续拉的动作要领。

（5）进行单线相同击球时间不同击球力量和单线相同力量不同击球时间的练习。

（6）结合实战进行技术训练。例如，一人发球或推挡，一人练侧身甚至侧身再扑正手拉球；或回摆后侧身冲的练习。

四、拉弧圈球易犯的错误及纠正方法

（1）拉加转弧圈球时拍面太前倾、挥拍过早、击球点离身体太近，易造成拉空或拉到拍边上。纠正方法：拍面稍立起，找准正确、合适的击球点和击球时间。

（2）拉前冲弧圈球时，引拍位置太低；击球时间太早；挥拍发力方向向上太多。纠正方法：引拍位置比拉加转弧圈球要高，并在来球的上升后期或高点期摩擦击球，发力方向以向前为主。

（3）拉侧旋弧圈球时，挥拍路径不对。纠正方法：明确挥拍线路是由后下方先向右侧前方，再向左侧前上方的一个弧形路径。

（4）反手位拉弧圈球时，肘关节没有前顶，击球点在身体外侧，击球时间晚，导致不易发力作用在球上。纠正方法：肘关节适当前顶，击球点控制在偏中路的位置，并找准正确的击球时间，避免球顶拍。

（5）拉球不善于运用身体和手腕的力量。纠正方法：明确和体会拉弧圈球时蹬地、转腰、转髋、手腕的收缩和手腕屈伸的发力传导和协同。

参考文献

［1］ 曲宗湖，杨文轩. 学校体育教学探究［M］. 北京：人民体育出版社，2000.

［2］ 李元伟. 科技与体育——关于新世纪体育科学技术发展问题［J］. 中国体育科技，2002，38（6）：3-8，19.

［3］ 徐本立. 运动训练学［M］. 济南：山东教育出版社，1990.

［4］ 王智慧，王国艳. 体育科技与体育伦理辨析［J］. 体育文化导刊，2016（6）：146-148.

［5］ 曹庆雷，李小兰. 前沿科技与体育［J］. 山东体育科技，2004，26（1）：37-38.

［6］ 董传升. "科技奥运"的困境与消解［M］. 沈阳：东北大学出版社，2004.

［7］ 张朋，阿英嘎. 科技与体育的对话——利弊述评［J］. 福建体育科技，2015，34（4）：1-3.

［8］ 谢丽. 从奥运会比赛成绩看运动器材的变化［J］. 体育文史（北京），2000（4）：52-53.

［9］ 杜利军. 奥林匹克运动与现代科学技术［J］. 中国体育科技，2001（3）：6.

［10］ 于涛. 从哲学角度再认识身体对揭示体育本质的意义［J］. 上海体育学院学报，2008（3）：18-20.

［11］ 张洪潭. 体育的概念、术语、定义之解说立论［J］. 西安体育学院学报，2006（4）：1-6.

［12］ 张庭华. 走出体育语言——从语言学界的共识看媒体体育语言现象［J］. 体育文化导刊，2007（7）：50-53.

［13］ 黄聚云. 从哲学角度再认识身体对揭示体育本质的意义［J］. 上海体育学院学报，2008（1）：1-8.

［14］ 爱德华·萨丕尔. 语言论［M］. 北京：商务印书馆，1985.

［15］ 于涛. 体育哲学研究［M］. 北京：北京体育大学出版社，2009.

［16］ 董文秀. 体育英语［M］. 北京：人民体育出版社，2009.

［17］ 伊恩. 罗伯逊. 社会学（下）［M］. 北京：商务印书馆，1991.

［18］ 汪寿松. 论城市文化与城市文化建设［J］. 南方论丛，2006（3）：101.

［19］R. E. 帕克. 城市社会学［M］. 北京：华夏出版社，1987.

［20］乔尔. 科特金. 全球城市史［M］. 北京：社会科学文献出版社，2006.

［21］卢元镇. 体育社会学［M］. 北京：高等教育出版社，2001.

［22］乔治. 维加雷洛. 从古老的游戏到体育表演［M］. 北京：中国人民大学出版社，2007.